IGLESIA DEL NAZARENO
MESOAMÉRICA

ÉXODO

MINISTERIO DE ESGRIMA BÍBLICO INFANTIL
Estudio Bíblico para Niños de 7 a 11 años
Versión Reina Valera 1960

> El Señor es mi fuerza y mi cántico; él es mi salvación. Él es mi Dios, y lo alabaré; es el Dios de mi padre, y lo enalteceré
> Éxodo 15:2.

DESCUBRAMOS JUNTOS LAS AVENTURAS DE

MOISÉS

Mesoamerica Region

Ministerio De Esgrima Bíblico Infantil: Guía Del Coach - Éxodo

Publicado por: Ministerios de Discipulado de la Región Mesoamérica

www.discipulado.MesoamericaRegion.org

www.MieddRecursos.MesoamericaRegion.org

Copyright © 2021 - Todos los derechos reservados

ISBN: 978-1-63580-186-6

La reproducción de este material está permitida solo para el uso de la iglesia local.

Todos los versículos de las Escrituras que se citan son de la Reina Valera 1960 a menos que se indique lo contrario.

Las personas que participaron en la elaboración original de MEBI:

Carolina Ambrosio

Eva Velázquez

Patricia Picavea

Patricia Zamora

Adaptado por: Pamela Vargas Castillo, con amor para los niños de la Iglesia del Nazareno

Impreso en Guatemala

Bienvenido al maravilloso ministerio de esgrima bíblico infantil

En este libro usted encontrará:

1. Lecciones de Estudios Bíblicos (p. 10)

2. Guía para trabajar el esgrima infantil con la modalidad de juegos y actividades (MEBI) (p. 71).

3. Guía para trabajar el esgrima infantil con la modalidad de preguntas y respuestas. (p. 149)

4. Preguntas y Respuestas de Éxodo. (p. 159)

NOTA: Es importante que se trabaje una sola modalidad como el distrito.

Contenido

BIENVENIDO Y RESUMEN DE ESTUDIOS BÍBLICOS PARA NIÑOS	6
PREPARACIÓN DEL MAESTRO	7
MINISTERIO LECCIONES	
Lección 1: ¿Qué Fue Lo Que Sucedió?	11
Lección 2: Nace Un Líder	14
Lección 3: Estás Parado En Tierra Santa	17
Lección 4: Moisés...¡Tú Puedes Hacerlo!	20
Lección 5: Un Trabajo Duro Que Empeora	23
Lección 6: Varas, Serpientes Y Magos	26
Lección 7: Sapos, Moscas Y Mosquitos ... ¡Oh!	29
Lección 8: Faraón ... Faraón ... ¡Deja Salir A Mi Pueblo!	32
Lección 9: ¡Egipto Es Arruinado!	35
Lección 10: ¡Libres Al Fin!	38
Lección 11: Estad Tranquilos... ¡El Señor Peleará Por Ustedes!	41
Lección 12: Pero, ¿Y Yo?	44
Lección 13: Un Ardiente Resplandor De Gloria	47
Lección 14: ¡R-E-S-P-E-T-O!	50
Lección 15: Una Comida Para Cerrar El Negocio	53
Lección 16: Quiero Vivir Entre Ustedes	56
Lección 17: Amueblando La Casa De Dios	59
Lección 18: Una Decisión Muy Mala	62
Lección 19: Una Segunda Oportunidad Para Hacer Lo Que Es Correcto	65
Lección 20: Dios Mora En El Tabernáculo	68
GUÍA PARA LA MODALIDAD DE ESGRIMA BÍBLICO CON JUEGOS Y ACTIVIDADES (MEBI)	71
Lista de Textos a Memorizar	76
Actividades para Enseñar el Versículo para Memorizar	79
Actividades para empezar	82
Categoría De Memorización	85
Avanza	86
Bingo Bíblico	87
Conteste y Avance	89
Crucigrama	92
Descubriendo el Texto	96
Dime el Personaje	98
El Dado Mandón	100
Memoria	101
Palabra Mágica	102

Secuencia de Letras	103
Sopa de Letras	104
Termine la Historia	108

Categoría de Reflexión — 109
Baúl de los Recuerdos	110
Cartón lleno	111
¿Cómo Lo Imaginas?	113
Enunciados	114
Espada de Dos Filos	115
Orden de Eventos	116
Siguiendo las Huellas	118
¿Qué nos enseña	119

Categoría de Arte Manual — 120
Banderas	121
Collage	122
Conteste y Dibuje	123
Emoción-Arte	124
Personajes en 3D	127
Títere	138

Categoría de Actuación — 139
Acróstico	140
Declamación	141
Dígalo Con Mímica	142
Dramatización	143
Ultima Hora	144

Categoría de Música — 145
Cantando el Texto	146
Canto Inédito	147
Ruleta Musical	148

GUÍA PARA LA MODALIDAD DE ESGRIMA BÍBLICO CON PREGUNTAS Y RESPUESTAS — 149
Introducción	151
Materiales para el Esgrima	151
Reglas	152
Lista de Textos a Memorizar	158
Actividades para Enseñar el Versículo para Memorizar	79
Preguntas y Respuestas	159
Tabla de Puntaje	199

Certificado De Culminación De Estudios — 200

BIENVENIDA Y RESUMEN

¡Bienvenido a la serie de Estudios Bíblicos para Niños que celebra el discipulado genuino a través de la Palabra transformadora de Dios!

Estos estudios ayudan a los niños, de 6 a 12 años, a adquirir una comprensión práctica de la Biblia. A través de esta serie, los niños ven la historia de Dios a través de la vida de personas reales y eventos históricos. Ven el amor de Dios revelado a través de palabras, acciones y milagros. Aprenden cómo obra Dios a través de la gente común y descubren su lugar en el plan de Dios para redimir al mundo.

Cada lección incluye el contexto bíblico, el contenido y las activididades de repaso. Además, la lección proporciona al maestro preguntas de discusión y de repaso. Las preguntas de repaso de nivel rojo y azul preparan a los niños para participar en un evento opcional de prueba bíblica.

RESUMEN DE LA SERIE DE ESTUDIOS BÍBLICOS PARA NIÑOS

GÉNESIS

Este estudio proporciona la base para toda la serie. Describe la relación de Dios con toda la creación y su deseo de establecer un pueblo para adorarlo. El estudio explica cómo Dios creó el mundo de la nada, formó a un hombre y una mujer y creó un hermoso jardín para su hogar. Revela cómo el mal, el pecado y la vergüenza llegaron al mundo y las consecuencias de las malas decisiones. Génesis presenta el plan de Dios para reconciliar la relación rota que es causada por el pecado. Presenta a Adán, Eva, Noé, Abraham, Isaac y Jacob. Habla sobre el pacto que Dios hizo con Abraham y cómo Jacob llegó a ser conocido como Israel. Génesis cuenta la historia de José, quien salva a los egipcios del hambre. Termina cuando el pueblo israelita se traslada a Egipto para escapar del hambre.

ÉXODO

Éxodo explica cómo Dios continuó cumpliendo su promesa a Abraham. Describe cómo Pharoh esclavizó a los israelitas. Revela cómo Dios usó a Moisés para rescatar a los israelitas de la esclavitud. En Éxodo, Dios establece su autoridad sobre los israelitas. Los guía a través del sacerdocio, el Tabernáculo, los Diez Mandamientos y otras leyes. Dios prepara a los israelitas para ser su pueblo y entrar en la Tierra Prometida. Cuando el Éxodo termina, solo una parte del pacto de Dios con Abraham está completa.

JOSUÉ, JUECES Y RUT

Este estudio explica cómo Dios cumplió su promesa a Abraham. Cuando Moisés estaba cerca del final de su vida, Dios eligió a Josué para dirigir a los israelitas. Josué llevó a las 12 tribus de Israel a conquistar la Tierra Prometida y vivir en ella. Después de la muerte de Josué, los israelitas lucharon por obedecer a Dios. Obedecerían, luego desobedecerían y luego sufrirían las consecuencias de la desobediencia. Mientras el pueblo sufría por sus decisiones infieles, Dios llamó a jueces para guiar a los israelitas a obedecer fielmente al Señor. Este estudio se centra en los jueces Deborah, Gideon y Samson. La historia de Rut tiene lugar durante este tiempo de sufrimiento. Rut, Noemí y Booz muestran el amor y la compasión de Dios en medio de circunstancias difíciles. Dios bendice su fidelidad y redime sus circunstancias. Rut se convierte en la bisabuela del rey David.

1 y 2 SAMUEL

El estudio de 1 y 2 de Samuel comienza con la vida y el ministerio del último juez de Israel, Samuel. Samuel siguió a Dios mientras guiaba a Israel. Los israelitas exigieron un rey como las naciones que los rodeaban. Con la guía del Señor, Samuel unge a Saúl como el primer rey de Israel. Saúl comienza bien su reinado, pero luego se aleja de Dios. Debido a esto, David es elegido y ungido como el próximo rey de Israel. David confía en que Dios lo ayudará a hacer cosas imposibles. David está dedicado a Dios. Pero David es tentado y elige pecar. A diferencia de Saúl, David está de luto por su pecado. Le pide a Dios que lo perdone. Dios restaura su relación con David, pero las consecuencias del pecado permanecen con David, su familia y la nación de Israel. A lo largo de estas historias de confusión, la presencia de Dios permanece constante. El rey David preparó el camino para una nueva clase de rey: Jesús.

MATEO

Este estudio es el punto focal de toda la serie. Los estudios anteriores apuntan a Jesús como el Mesías prometido y el Hijo de Dios. Este estudio se centra en el nacimiento, el ministerio, la crucifixión y la resurrección de Jesús. Jesús marcó el comienzo de una nueva era. Los niños aprenden sobre esta nueva era en varios eventos: las enseñanzas de Jesús, la tutoría de sus discípulos, su muerte y su resurrección. Jesús enseña lo que significa vivir en el reino de los cielos. A través de Jesús, Dios proporciona una nueva forma para que todas las personas tengan una relación con él.

HECHOS

Hechos registra el nacimiento de la iglesia y su crecimiento, especialmente a través de los ministerios de Pedro y Pablo. Al comienzo de este estudio, Jesús asciende al cielo y Dios envía el Espíritu Santo a todos los creyentes. Las buenas nuevas de salvación por medio de Jesucristo se esparcen a muchas partes del mundo. Los apóstoles predican el evangelio a los gentiles y comienza la obra misional. El mensaje del amor de Dios transforma tanto a judíos como a gentiles. Se puede ver una conexión directa entre el evangelismo de Pablo y Pedro y la vida de las personas de hoy.

PREPARACIÓN DEL MAESTRO

Es importante prepararse a fondo para cada lección. Los niños están más atentos y obtienen una mejor comprensión cuando el estudio se presenta bien. Si un maestro se prepara bien, también presentará bien la lección.

ELEMENTOS DE LA LECCIÓN

Cada lección contiene los siguientes elementos.

Versículo para memorizar: Cada lección incluye pasajes de las Escrituras para que los niños las memoricen. Estos versículos apoyan la "Verdad acerca de Dios". Los niños conocerán al Dios de la Biblia a través de su Palabra.

Verdades acerca de Dios: estas verdades ayudan al maestro a reconocer y enfatizar cómo las acciones de Dios revelan su carácter y amor por todas las personas. El maestro debe enfatizar las "verdades acerca de Dios" mientras enseña la lección.

Enfoque y resumen de la lección: esta sección destaca las principales ideas, eventos y pasajes de las Escrituras que cubre la lección.

Contexto bíblico: Esta sección proporciona al maestro más información sobre la historia bíblica. Ayudará al maestro a comprender mejor el pasaje de las Escrituras. La información enriquece los conocimientos y las habilidades del profesor.

¿Lo Sabías?: Esto proporciona un dato interesante sobre el contexto de la historia.

Vocabulario: Estas palabras y definiciones ayudarán al maestro a explicar el significado de las palabras utilizadas en la Biblia.

La hora de la historia — actividad: Esta sección sugiere un método de narración para conectar a los niños con la historia bíblica.

Lección bíblica: se centra en la lectura de las Escrituras y las preguntas de discusión. Esto ayudará a los niños a aplicar la historia a sus vidas.

Práctica del versículo para memorizar: Esta actividad ayuda a los niños a memorizar el versículo de cada lección.

SECUENCIA DE PREPARACIÓN

Los siguientes pasos describen la secuencia de preparación recomendada para el maestro.

Paso 1: REVISIÓN DE LA LECCIÓN

Debería leer detenidamente toda la lección. Preste especial atención al versículo para memorizar, las verdades sobre Dios, el enfoque y el resumen de la lección y los consejos para la enseñanza de la lección bíblica.

PASO 2: PASAJE DE LA BIBLIA Y ANTECEDENTES BÍBLICOS

Estudie los versículos de la Biblia, el trasfondo bíblico y las secciones de vocabulario.

PASO 3: NARRACIÓN DE HISTORIAS

El **texto en negrita** de cada estudio sugiere las palabras que debe decirles a los niños. Esta sección incluye un juego u otra actividad para preparar a los niños para la lección bíblica. Familiarícese con la actividad, las instrucciones y los materiales. Prepare y traiga los útiles necesarios a la clase. Prepare la actividad antes de que lleguen los niños.

PASO 4: LECCIÓN BÍBLICA

Repase la lección y apréndala lo suficientemente bien como para contar la historia de modo que los niños comprendan los puntos principales. Aprenda las definiciones de las palabras del vocabulario. Cuando aparezcan las palabras del vocabulario, haga una pausa para explicarlas. Después de la historia, haga las preguntas de discusión. Esto ayudará a los niños a comprender y aplicar la historia a sus vidas.

PASO 5: VERSÍCULO PARA MEMORIZAR

Memorice el versículo antes de enseñárselo a los niños. La página 76-78 contiene una lista de los versículos para memorizar. Las páginas 79-81 contienen actividades sugeridas para memorizar versículos. Elija una actividad para ayudar a los niños a aprender el versículo para memorizar. Prepare los útiles que traerá a clase. Familiarícese con la actividad y practique la forma en que instruirá a los niños.

HORARIO SUGERIDO

Debe planificar una o dos horas de clase. El siguiente es un horario sugerido para cada lección con opciones de 90 minutos y 2 horas. Puede ajustar el horario según sea necesario.

1½ hora	2 horas	
5 minutos		Debe repasar la lección de la semana anterior con los niños que lleguen temprano. También puede optar por obtener una vista previa de los versículos de memoria, historias o palabras de vocabulario para la lección de hoy.
5 minutos	10 minutos	Actividad de apertura de narración de cuentos
10 minutos	10 minutos	Historia bíblica
5 minutos	10 minutos	Repaso
10 minutos	15 minutos	Actividad opcional
10 minutos	15 minutos	Lección bíblica
10 minutos	15 minutos	Actividad de versículo para memorizar
30 minutos	30 minutos	Práctica del MEBI o Esgrima Bíblico
5 minutos	5 minutos	Repaso de los puntos principales y oración

CICLO DE SEIS AÑOS

Éxodo (2020-2021)

Josué, Jueces y Rut (2021-2022)

1 y 2 Samuel (2022-2023)

Mateo (2023-2024)

Hechos (2024-2025)

Génesis (2025-2026)

ESTUDIO BÍBLICO PARA NIÑOS
Éxodo

LECCIÓN 1
¿Qué fue lo que sucedió?
Éxodo 1:1-22

VERSÍCULO PARA MEMORIZAR
"Y los hijos de Israel fructificaron y se multiplicaron, y fueron aumentados y fortalecidos en extremo, y se llenó de ellos la tierra."
Éxodo 1:7

VERDADES ACERCA DE DIOS:
Esta lección le enseñará las siguientes verdades acerca de Dios. El asterisco * indica la verdad principal que usted deberá enseñar a los niños.

1. Dios mostró su bondad al pueblo cuando estaban en problemas. (*)
2. Dios siempre cumple sus promesas.
3. El tiempo de Dios a menudo es diferente al nuestro.

ENFOQUE Y RESUMEN DE LA LECCIÓN:
En este estudio los niños aprenderán que Dios cumple sus promesas y que provee para su pueblo escogido.

1. El final de Génesis se conecta con el comienzo de Éxodo.
2. En Éxodo vemos cómo se cumple una parte de la promesa que Dios le hizo a Abraham en Génesis 15.
3. Dios estuvo profundamente preocupado por el sufrimiento que el faraón causó a los israelitas.

CONTEXTO BÍBLICO:
El libro de Éxodo trata sobre la obediencia y la desobediencia, el valorar la vida y no respetarla, la sumisión y el obstinado egoísmo, el perdón y la amargura. El libro de Éxodo cuenta los detalles de la vida de Moisés, un siervo poderoso de Dios y líder del pueblo de Israel. Por medio de Moisés, Dios sacó a los israelitas de la esclavitud de Egipto, los ayudó a convertirse en una nación, y los preparó para entrar a la Tierra Prometida.

Al final de Génesis, vemos el contraste entre Israel y Egipto. Todos los hijos de Israel vivieron en Egipto. Adoraron a Dios y llegaron a ser una familia muy extensa. Los egipcios pensaban que su rey, a quien llamaban faraón, era su Dios. Lo adoraban. También adoraron a otros dioses falsos y practicaron la magia negra. Éxodo comienza con un nuevo faraón. Este rey no conocía a José o a su Dios. Había muchos israelitas viviendo en Egipto; el faraón pensó que se volverían en su contra. Los esclavizó; los forzó a trabajar muy duro construyendo ciudades. No quería dejarlos salir de Egipto.

Génesis termina con algunas preguntas por responder.

¿Qué hizo que los israelitas llegaran a estar tan incómodos en Egipto y que desearan ansiosamente salir de ahí?

¿Qué medios usó Dios para sacar a los israelitas de Egipto hacia la tierra que le prometió a Abraham cuatrocientos años antes?

Éxodo responde a estas preguntas. Sus niños aprenderán que Dios es fiel. Dios se involucra. Dios obra para acercar al pueblo hacia él. El Dios del Éxodo es el Dios de hoy.

¿LO SABÍAS?
Los israelitas construyeron las ciudades de Pitón y Ramsés, llamadas ciudades de almacenamiento, donde el faraón guardaba suministros para sus soldados.

VOCABULARIO:

Palabras de fe:
Prometer significa que te comprometes a hacer algo. Dios siempre hace lo que dice que hará; siempre cumple sus promesas.

Personas:

Abraham fue el padre de los israelitas, a quienes también se les conoció como los hebreos. Él fue el primer patriarca hebreo.

Isaac fue hijo de Abraham.

Jacob, también conocido como Israel, fue hijo de Isaac y nieto de Abraham.

Faraón era el título que se le asignaba al rey de Egipto.

Sifra y Fúa fueron parteras hebreas.

Hebreos e israelitas son dos términos que se usan para referirse a los descendientes de Jacob, también conocido como Israel.

Lugares:

Egipto es un país que se encuentra al noreste de África. En el tiempo del Éxodo, Egipto fue una nación poderosa.

Gosén fue una zona al noreste de Egipto donde vivieron los hebreos.

El río Nilo es el más largo de Egipto.

Conceptos:

Se llama descendientes a los hijos de una persona, sus nietos, bisnietos, y a todas las generaciones que le suceden.

Se llama parteras a las mujeres que ayudan a otras a dar a luz a sus hijos.

LA HORA DE LA HISTORIA - ACTIVIDAD:

Cada semana necesitará:

1. Algo para transportar como un pequeño bolso de viaje.
2. Un lugar para guardar los elementos de la historia de cada semana (Puede ser una bolsa, una canasta o caja).

Usará estos dos objetos en cada lección.

3. Objetos para la historia de hoy:

    Doce cosas similares como crayones, canicas o piedritas que sean lo suficientemente pequeñas para llevarlas en su bolso de viaje.

4. Un ladrillo o bloque
5. Un muñeco

Antes de la clase:
1. Lea Éxodo 1:1-22.
2. Junte los objetos de la historia de hoy. Reemplace los objetos que no están disponibles con una imagen.
3. Ponga los objetos de la historia de hoy dentro del bolso de viaje. Coloque el bolso de viaje en el lugar de contar historias.

Actividad de apertura: Siga al líder

Pida que los niños hagan una fila, uno detrás del otro. Escoja a un niño como líder. Dígales a los niños que deben mirar al líder e imitar todo lo que él haga.

La hora de la historia:

Lea estas instrucciones antes de comenzar.

1. Cuente la historia con sus propias palabras. Vaya sacando un objeto de su bolso para ilustrar un punto principal. Enfóquese en los puntos principales. Si le parece bien, incluya más detalles. Si le hace falta, utilice el guion que le sugerimos.
2. Mientras cuenta la historia, muestre cada objeto en el orden de la lista. Colóquelo en un lugar visible para los niños.
3. Después de contar la historia, guarde los objetos dentro del bolso.
4. Para repasar la historia, quite el primer objeto. Pídale a un voluntario que diga lo que representa. Muestre este objeto. Repita este procedimiento hasta que la historia sea recontada.
5. Diga, estamos en una expedición. Empaqué nuestro bolso de viaje con herramientas que nos ayudarán a explorar el libro de Éxodo. Cada semana buscaremos dentro del bolso de herramientas lo que necesitaremos para nuestro viaje. Hoy comenzaremos con ...Saque los objetos mientras cuenta la historia.

Los puntos principales en orden:

1. Levante los doce objetos similares. Diga, al final del libro de Génesis, Jacob (también conocido como Israel) tenía muchos hijos. Su hijo José llegó a ser un líder importante en Egipto. Durante una gran hambruna, José llevó a su padre, hermanos y todas sus familias a Egipto. Ellos vivieron en Gosén y se convirtieron en un pueblo muy numeroso.
2. Un ladrillo - Diga, después de que José murió, un nuevo rey que no lo conocía llegó a ser el faraón. El faraón tuvo miedo de que los israelitas se confabularan con sus enemigos y pelearan en contra de Egipto. Por esto obligó a los israelitas a ser sus esclavos; los obligó a hacer ladrillos y a construir sus ciudades.
3. Gesto para recordar - Eslabón de cadena - Muestre a los niños cómo unir sus dedos índices para representar la esclavitud de los israelitas en Egipto. O puede invitar a los niños a pensar en otro gesto.
4. Muñeco - Diga, aun cuando fueron esclavos, Dios bendijo a los israelitas con muchos hijos. Para impedir que las familias se hicieran más numerosas, el faraón mandó a las parteras hebreas a matar a los bebés varones cuando nacieran. Pero las parteras temieron a Dios y se rehusaron a matar a los niños. Después de esto, el faraón ordenó a los egipcios arrojar a los bebés varones hebreos al río Nilo.
5. Diga, ahora es su turno para contar la historia. Regrese los objetos al bolso. Pida a los niños, por turnos, que escojan un objeto del bolso, sin mirar. Pídales que expliquen lo que significa o que repasen el gesto para recordar. Después de haber sacado todos los objetos, pida que los niños los coloquen en el orden correcto de la historia.

Sugerencias didácticas:

Mientras dirige el estudio bíblico, enfatice en estas ideas.

- Revise Génesis 15:12-14 y 46:2-7.
- Diga en sus propias palabras cómo llegaron los israelitas a Egipto. Esto proveerá el contexto para el estudio de Éxodo.

Lea la Escritura con los niños:

Lea en voz alta Éxodo 1:1-22.

Preguntas de discusión:

A partir de la historia haga a los niños las siguientes preguntas. Recuerde que podría no haber una respuesta correcta o incorrecta.

1. ¿Cuál fue la causa por la que los israelitas salieran a Egipto? (Génesis 15:12-15; 46:2-7)
2. ¿Cómo se sentirían si fueran un esclavo israelita en Egipto?
3. ¿Piensan que los israelitas se sintieron abandonados por Dios? ¿Por qué?
4. ¿Por medio de quién obró Dios para ayudar a su pueblo que sufría? ¿De qué maneras piensan que Dios ayuda a la gente que sufre hoy?
5. ¿Cómo saben que Dios obra constantemente en sus vidas?

Pensamientos de cierre:

Este es el pensamiento que queremos que los niños aprendan.

Diga, Dios mostró su bondad al pueblo cuando estaban en problemas.

Los israelitas llegaron a Egipto como invitados de honor, pero luego se convirtieron en esclavos. El Señor nunca olvidó a los israelitas o la promesa que hizo de darles un territorio propio. El Señor les mostró su bondad a los israelitas aun cuando les sucedieron cosas terribles. Estuvo con ellos cuando sufrieron. Salvó a los bebés varones de la muerte. El Señor nunca te dejará. Él mira tus luchas. Él está contigo cuando suceden cosas malas. El Señor tenía un plan para los israelitas y tiene un plan para ti también.

PRÁCTICA PARA EL ESGRIMA BÍBLICO

Practique para Esgrima Bíblico con juegos y actividades (p. 71), o con preguntas y respuestas (p. 149).

LECCIÓN 2
Nace un Líder
Éxodo 2:1-22

VERSÍCULO PARA MEMORIZAR
Cuando la abrió, vio al niño; y he aquí que el niño lloraba. Y teniendo compasión de él, dijo: De los niños de los hebreos es éste. Éxodo 2:6

VERDADES ACERCA DE DIOS
*Esta lección le enseñará las siguientes verdades acerca de Dios. El asterisco * indica la verdad principal que usted deberá enseñar a los niños.*

1. Dios siempre estuvo presente en la vida de Moisés. Dios salvó la vida de Moisés y lo ayudó aun cuando Moisés pecó. (*)
2. Dios protege y cuida a la gente.
3. Dios obra en nuestra vida, aunque a veces no podemos ver lo que hace.

ENFOQUE Y RESUMEN DE LA LECCIÓN:
En este estudio, los niños aprenderán que Dios siempre está obrando aún cuando no podemos ver el resultado de lo que él hace.

1. Para salvar su vida, la madre de Moisés lo escondió, luego de tres meses lo puso en una canasta y lo dejó en el río Nilo.
2. La hija del faraón encontró esa canasta. Llamó al bebé Moisés y lo crio cómo si hubiera sido su propio hijo.
3. De adulto, Moisés mató a un egipcio que estaba maltratando a un esclavo hebreo.
4. Moisés escapó a Madián, se casó con Zéfora y tuvo un hijo.

CONTEXTO BÍBLICO:
La madre de Moisés, su hermana y la valerosa hija del faraón no obedecieron la orden del faraón de matar a los bebés varones hebreos. Debido a que su vida fue salvada, Moisés pudo ser educado y enseñado como un príncipe egipcio. Dios utilizó las experiencias de Moisés y su conocimiento del gobierno y la cultura egipcia.

De joven Moisés se identificó con los hebreos. Pecó cuando mató a un egipcio y lo escondió porque tuvo miedo. Cuando faraón se enteró quiso matarlo. Moisés huyó de Egipto y escapó a Madián. En Madián, Moisés continuó defendiendo a los que fueron maltratados. Protegió a las hijas de Reuel de un grupo de pastores. Reuel, también conocido como Jetro, invitó a Moisés a ser parte de su familia y casarse con su hija Zéfora. Moisés se convirtió en un pastor y comenzó una nueva vida, pero se sentía como extranjero en una tierra extraña.

Dios protegió a Moisés. Cuando Moisés pecó, Dios no lo abandonó. Dios utilizó todo lo que pasó en la vida de Moisés. Escogió a Moisés para rescatar a los israelitas.

¿LO SABÍAS?
Los hijos de una persona, sus nietos, bisnietos y todos los que les siguen son llamados descendientes. Abraham y Sara tuvieron un hijo llamado Jacob, también conocido como Israel. A los descendientes de Israel se les llamó israelitas.

Los israelitas no tenían un territorio propio. A menudo se les llamó hebreos, lo que significa errantes. Después de que Sara murió, Abraham se casó con Cetura. Su hijo fue llamado Madián. Los madianitas son descendientes de Abraham y Cetura. Los madianitas y los israelitas o hebreos fueron parientes. Lea Génesis 25:2.

VOCABULARIO:

Palabras de Fe:

La fe es confiar en la dirección de Dios, creer lo que Dios dice, depender de él y obedecerlo.

Personas:

Moisés fue un hebreo hijo de esclavos levitas. Su madre lo ocultó cuando nació. Él fue criado por la hija del faraón y llegó a ser un príncipe egipcio. Dios

escogió a Moisés para sacar a los israelitas de la esclavitud.

La hija del faraón fue miembro de la familia real egipcia. Ella desafió el decreto de su padre de matar a los bebés hebreos y trató a Moisés como si hubiese sido su propio hijo.

Un levita era alguien que nació en la familia de Leví. Leví fue uno de los hijos de Jacob, a quien también se lo conoce como Israel. Leví fue un israelita.

Reuel también fue conocido como Jetro. Él fue el sumo sacerdote de Madián, quien se convirtió en el suegro de Moisés.

Zéfora fue una pastora. Fue la hija mayor de Reuel y se casó con Moisés.

Lugares:

Madián estuvo localizado en la Península Arábica a lo largo de la costa este del Golfo de Aqaba.

Conceptos:

El papiro fue una forma antigua de papel hecho con el tejido esponjoso de la planta de papiro. Alguna vez esta planta fue muy abundante en el Delta del Nilo. Crece hasta una altura de dos o tres metros.

LA HORA DE LA HISTORIA - ACTIVIDAD:

Usted necesitará:
1. El bolso de viaje de la lección uno
2. Una caja (bolso, canasta o cartón)

Objetos para la historia de hoy:
3. Una canasta
4. Una barra de jabón o un paño
5. Bolas de algodón

Antes de la clase:
1. Lea Éxodo 2:1-22.
2. Consiga los objetos para la historia de hoy. Reemplace los elementos que no consiga con una imagen o dibujo.
3. De la bolsa de viaje, pase todos los objetos de la lección anterior a la caja y colóquela junto al lugar donde se contarán las historias.
4. Coloque los objetos de la historia de hoy dentro del bolso de viaje. Lleve el bolso de viaje al lugar donde se contarán las historias.

Actividad de apertura: Revisión de la lección

Pídale a un voluntario que seleccione un objeto de la caja y que explique lo que este representó en una lección anterior.

La hora de la historia: Lea estas instrucciones antes de comenzar.

1. Cuente la historia con sus propias palabras. Vaya sacando un objeto de su bolso para ilustrar un punto principal. Enfóquese en los puntos principales. Si le parece bien, incluya más detalles. Si le hace falta, utilice el guion que le sugerimos.
2. Mientras cuenta la historia, muestre cada objeto en el orden que indica la lista. Colóquelo en un lugar visible para los niños.
3. Después de contar la historia, guarde los objetos dentro del bolso.
4. Para repasar la historia, saque el primer objeto. Pídale a un voluntario que diga lo que representa. Muestre este objeto. Repita este procedimiento hasta que la historia sea vuelta a contar.
5. Repase el gesto para memorizar que se describe abajo. Haga este gesto cada vez que mencione lo que representa.
6. Diga, continuamos en nuestra expedición del libro de Éxodo. Prepare el bolso de viaje con las herramientas que vamos a necesitar. Hoy comenzaremos con... Saque los objetos mientras cuenta la historia.

Los puntos principales en orden:

1. Gesto para memorizar - Acunar al bebé - Muestre a los niños cómo acunar a un bebé en sus brazos. Este movimiento representa a Moisés el bebé.
2. Una canasta - Diga, Una familia levita tuvo un bebé varón. La madre lo escondió cuando el

faraón ordenó que todos los bebés varones hebreos debían ser asesinados. Cuando el bebé creció, tanto que no podía ser escondido, su madre hizo una canasta de papiro y la colocó entre las cañas que había en el Nilo.

3. Una barra de jabón o un paño para limpiar - Diga, La hija de faraón salió a bañarse al río Nilo. Ella vio la canasta y mandó a su sirviente a traérsela. Tuvo compasión por el bebé y decidió adoptarlo como su hijo. Lo llamó Moisés. Durante un tiempo, ella pagó a la madre de Moisés para que lo cuidara.

4. Bolas de algodón (lana de oveja) - Diga, Cuando Moisés era joven fue parte de la familia real. Aunque vivió y fue educado como un egipcio, tuvo compasión de los hebreos. Cuando Moisés llegó a la edad adulta, vio a un egipcio maltratando a un hebreo. Mató al egipcio y escondió el cuerpo. El faraón se enteró de esto y quiso matar a Moisés, pero él escapó a Madián. Él se sentó junto a un pozo en el que los pastores daban de beber a sus rebaños. Así conoció a las hijas de un hombre llamado Reuel, quien le dio un lugar para vivir y un trabajo. Moisés se casó con Zéfora, hija de Reuel, y se convirtió en un pastor.

5. Diga, Ahora es su turno para contar la historia. Regrese los objetos al bolso. Pida a los niños, por turnos, que escojan un objeto del bolso, sin mirar.

Sugerencias didácticas:

Mientras dirige el estudio bíblico, enfatice en estas ideas.

- Recuérdeles a los niños que Dios siempre está obrando en sus vidas. Dios obra constantemente para ayudarles aun cuando no pueden ver lo que él está haciendo. Su presencia está siempre con nosotros.
- Si fuera posible, comparta una experiencia personal que ilustre esto.

Lea la Escritura con los niños:

Lea en voz alta Éxodo 2:1-22.

Preguntas de discusión:

A partir de la historia haga a los niños las siguientes preguntas. Recuerde que podría no haber una respuesta correcta o incorrecta.

1. El decreto del faraón, o su orden, fue que la gente echara a los bebés al río Nilo. ¿Obedeció la madre de Moisés esta orden? ¿Por qué actuó de esta manera? Explique su respuesta.
2. Moisés creció como un príncipe en un palacio egipcio. ¿Por qué se preocupó él cuando vio a un egipcio golpeando a un hebreo?
3. A Dios no se le menciona en Éxodo 2. ¿Cómo sabemos que Dios obró constantemente para ayudar a Moisés?
4. Imaginen que conocían a Moisés y observaron estos acontecimientos. ¿Cómo describirían la forma en que el Señor protegió y preparó a Moisés para que fuera un gran líder? ¿Por qué creen que Dios no lo hizo de otra manera?
5. ¿Todavía prepara Dios a personas para que sean líderes? ¿De qué maneras podemos ver esto en la vida de las personas?

Pensamientos de cierre:

Este es el pensamiento que queremos que los niños aprendan.

Diga, Dios salvó la vida de Moisés y lo ayudó, aun cuando Moisés pecó y mató al egipcio.

Dios obró para salvar la vida de Moisés por medio de muchos eventos emocionantes. ¿Se han preguntado si Dios obra en sus vidas? A menudo nosotros no experimentamos rescates dramáticos como el que experimentó Moisés. No siempre podemos ver a Dios, pero él obra constantemente en nuestras vidas. Él nos guía y nos ayuda para que lleguemos a ser aquello para lo que él nos creó. Dios nos ama y nos ayuda aun cuando hacemos cosas incorrectas. Dios tenía grandes planes para Moisés y también tiene planes para ustedes. Él obra constantemente en tu vida.

PRÁCTICA PARA EL ESGRIMA BÍBLICO

Practique para Esgrima Bíblico con juegos y actividades (p. 71), o con preguntas y respuestas (p. 149).

LECCIÓN 3
¡Cuidado donde te paras!
Éxodo 2:23 – 3:1-22

VERSÍCULO PARA MEMORIZAR
Y respondió Dios a Moisés: YO SOY EL QUE SOY. Y dijo: Así dirás a los hijos de Israel: YO SOY me envió a vosotros. Éxodo 3:14

VERDADES ACERCA DE DIOS:
Esta lección le enseñará las siguientes verdades acerca de Dios. El asterisco * indica la verdad principal que usted deberá enseñar a los niños.

1. Dios escogió obrar por medio de Moisés para rescatar a su pueblo de la esclavitud. (*)
2. Dios es santo.
3. Dios se preocupa por lo que le sucede a su pueblo.
4. Dios escoge a personas para que trabajen con él para cumplir sus propósitos.

ENFOQUE Y RESUMEN DE LA LECCIÓN:
En este estudio los niños aprenderán que Dios cumple sus propósitos llamando a personas para que trabajen con él.

1. El Señor recordó su pacto con Abraham y sintió compasión por su pueblo esclavizado.
2. El Señor se apareció a Moisés en una zarza ardiente.
3. El Señor le compartió su plan de rescatar a los Israelitas.
4. El Señor le dijo a Moisés que les entregara este mensaje a los ancianos de Israel.

CONTEXTO BÍBLICO:
Éxodo 3 nos ayuda a entender el carácter de Dios y su misión de salvación.

Dios buscó a Moisés mientras él vivía una vida ordinaria y pastoreaba ovejas. Dios se le apareció como fuego en una zarza y le pidió que se quitara sus sandalias. La presencia de Dios hizo santo al suelo. Se convirtió en lugar sagrado, separado solamente para Dios.

Dios quiere que experimentemos una relación personal con él. Nos invita a trabajar con él para salvar a todas las personas. Cuando Moisés preguntó, "¿Quién soy yo para que vaya al faraón, y saque de Egipto a los hijos de Israel?" Dios respondió, "yo estaré contigo" (3:12). Moisés debía confiar en la fuerza de Dios y no en sus propias fuerzas. Cuando Dios nos envía, nunca estamos solos. Él siempre va con nosotros. Nos da habilidad para hacer lo que nos pide que hagamos.

En las culturas antiguas los nombres tenían mucho significado. El nombre de una persona revelaba su verdadera identidad y carácter. En 3:13, Moisés le dijo a Dios, "He aquí que llego yo a los hijos de Israel, y les digo: El Dios de vuestros padres me ha enviado a vosotros. Si ellos me preguntaren: ¿Cuál es su nombre?, ¿Qué les responderé? Moisés estaba preguntando cómo le presentaría a Dios a personas que no lo conocían.

Dios le respondió, "YO SOY EL QUE SOY. Di a los israelitas, Yo soy me ha enviado a ustedes." Esto enfatiza que la presencia de Dios está siempre aquí y ahora. Dios es eterno. No tiene principio. No tiene final. Solo Él es aquél que siempre es.

¿LO SABÍAS?
En la Biblia, el Señor a menudo se revela a sí mismo como fuego.

VOCABULARIO:
Palabras de Fe:

Santo significa completo y puro. También significa que algo o alguien está apartado para Dios. Dios es santo. Él es diferente a todos los otros seres porque solo él es completamente bueno y perfecto.

Personas:

A Jetro también se lo conoce como Reuel, el sumo sacerdote de Madián. Él era el suegro de Moisés.

Los cananitas fueron personas que vivieron en Canaán.

Yo soy el que soy es el nombre personal de Dios. Este es el nombre que él usa para referirse a sí mismo.

Los ancianos son los líderes varones de una tribu de Israel. Los ancianos usualmente eran hombres mayores.

Lugares:

Horeb es el monte donde Dios se apareció a Moisés en la zarza ardiente. La zarza ardía, pero no se consumía.

Conceptos:

Las maravillas o señales son milagros hechos por Dios.

LA HORA DE LA HISTORIA - ACTIVIDAD:

Usted necesitará:
1. El bolso de viaje de la lección uno
2. Una caja (bolso, canasta o cartón) con los objetos de la lección anterior.

Objetos para la historia de hoy:
3. Un fósforo o una vela
4. Una pequeña rama o una pequeña planta
5. Una sandalia o zapato
6. Una hoja de papel de construcción y un marcador
7. Joyas de color dorado o plateado y un pedazo pequeño de tela

Antes de la clase:
1. Lea Éxodo 2:23-3:22.
2. Consiga los objetos para la historia de hoy. Reemplace los elementos que no consiga con una imagen o dibujo.
3. De la bolsa de viaje, pase todos los objetos de la lección anterior a la caja y colóquela junto al lugar de contar historias.
4. Coloque los objetos de la historia de hoy dentro del bolso de viaje. Coloque el bolso de viaje en el lugar donde se contarán las historias.
5. Imprima esta frase en el papel de construcción: "YO SOY EL QUE SOY." Coloque dicho papel boca abajo en el lugar de contar historias.

Actividad de apertura: Repaso de la lección

Pídale a un voluntario que seleccione un objeto de la caja y que explique lo que este representó en una lección anterior.

La hora de la historia: Lea estas instrucciones con suficiente tiempo de anticipación.

1. Cuente la historia con sus propias palabras. Vaya sacando un objeto de su bolso para ilustrar un punto principal. Enfóquese en los puntos principales. Si le parece bien, incluya más detalles. Si le hace falta, utilice el guion que se provee.
2. Mientras cuenta la historia, muestre cada objeto en el orden de la lista. Colóquelo en un lugar visible para los niños.
3. Después de contar la historia, guarde los objetos dentro del bolso.
4. Para repasar la historia, quite el primer objeto. Pídale a un voluntario que diga lo que representa. Muestre este objeto. Repita este procedimiento hasta que vuelvan a contar la historia.
5. Repase la señal para recordar qué se describe abajo. Haga esta señal cada vez que mencione lo que representa.
6. Diga, continuamos en nuestra expedición del libro de Éxodo. Empaqué nuestro bolso de viaje con las herramientas que vamos a necesitar. Hoy comenzaremos con ...Saque los objetos mientras cuenta la historia.

Los puntos principales en orden:

1. Un fósforo o una vela, una planta o una rama. Diga, Mientras Moisés pastoreaba las ovejas, vio una zarza que ardía. Aunque se quemaba no se consumía. Moisés fue a ver esa visión extraña.

2. Una sandalia o un zapato - Diga, Dios llamó a Moisés desde la zarza ardiente y dijo, "No te acerques. Quita tu calzado de tus pies, porque el lugar en el que tú estás, tierra santa es" (3:5). Dios había visto la miseria de su pueblo en Egipto. Él estaba preocupado por su sufrimiento. Vino a rescatarlos y guiarlos a una tierra buena y espaciosa.

3. Cartel "Yo soy" - Diga, Moisés se opuso al llamado de Dios. Preguntó, "¿Quién soy yo para que vaya al faraón, y saque de Egipto a los hijos de Israel?" (3:11). Moisés también quería saber qué debería decir si la gente le preguntaba quién le había enviado. Dios respondió, "YO SOY EL QUE SOY. Y dijo: Así dirás a los hijos de Israel: YO SOY me envió a vosotros." (3:14).

4. Señal para Recordar - Las manos a los lados de la boca. Esto representa que Dios llamó a Moisés para que fuera..

5. Joyería de color dorado o plateado y ropa - Diga, Dios le compartió más sobre su plan de rescate. Le dijo a Moisés que el pueblo no saldría de Egipto con las manos vacías. Los egipcios les darían a los israelitas oro, plata y vestidos (3:22).

6. Diga, Ahora es su turno de contar la historia. Regrese los objetos al bolso. Pida a los niños, por turnos, que escojan un objeto del bolso, sin mirar. Pídales que expliquen lo que significa o que repasen la señal para recordar.

Sugerencias didácticas:
Mientras dirige el estudio bíblico, enfatice en estas ideas.

- Diga con sus propias palabras cómo el Señor cumplió la promesa que le hizo a Abraham en Génesis 15.
- Recuérdele a los niños que Dios a menudo obra por medio de personas ordinarias para cumplir sus propósitos.

Lea la Escritura con los niños:
Lea en voz alta Éxodo 2:23-3:22.

Preguntas de discusión:
A partir de la historia haga a los niños las siguientes preguntas. Recuerde que podría no haber una respuesta correcta o incorrecta.

1. ¿Cuál fue el pacto que Dios hizo con Abraham, Isaac y Jacob?
2. ¿Qué quiso decir Dios cuando dijo que el suelo cerca de la zarza ardiente era tierra santa?
3. Dios dijo que iba a rescatar a los israelitas. Envió a Moisés a sacar al pueblo de Egipto. ¿Quién realmente rescató a los israelitas?
4. ¿Cómo responderían si Dios les pidiera que rescataran a toda una nación de esclavos?
5. ¿Qué promesas le hizo Dios a Moisés? Si Dios les hubiera dado un trabajo similar y les hubiera hecho esas promesas, ¿tendrían el valor de hacer lo que les pide? ¿Por qué?, o ¿por qué no?

Pensamientos de cierre:
Este es el principio que queremos que los niños aprendan.

Diga, Dios escogió obrar por medio de Moisés para rescatar a su pueblo de la esclavitud. ¿Se han preguntado alguna vez cómo Dios cumple sus propósitos en el mundo? Hay veces en que Dios obra solo para hacer algo que solo él puede hacer. Muchas veces, Dios involucra a personas en su obra. Dios podría haber rescatado a su pueblo de Egipto sin ayuda. Nada es demasiado difícil para él. Sin embargo, Dios llamó a Moisés para obrar con él.

Dios puede llamarlos para que trabajen con él. La Biblia cuenta muchas historias de cómo Dios obró por medio de personas de todas las edades, ¡incluyendo a niños! Si Dios los llama a hacer algo para él, pueden confiar en él completamente.

PRÁCTICA PARA EL ESGRIMA BÍBLICO
Practique para Esgrima Bíblico con juegos y actividades (p. 71), o con preguntas y respuestas (p. 149).

LECCIÓN 4
Moisés...¡Tú puedes hacerlo!
Éxodo 4:1-21, 27-31

VERSÍCULO PARA MEMORIZAR
Ahora pues, ve, y yo estaré con tu boca, y te enseñaré lo que hayas de hablar. Éxodo 4:12

VERDADES ACERCA DE DIOS:
*Esta lección le enseñará las siguientes verdades acerca de Dios. El asterisco * indica la verdad principal que usted deberá enseñar a los niños.*

1. Dios le mostró a Moisés que él tiene poder para cumplir sus promesas. (*)
2. Dios tiene poder para hacer milagros.
3. Dios promete ayudar a aquellos a quienes les ha confiado una tarea.

ENFOQUE Y RESUMEN DE LA LECCIÓN:
En este estudio, los niños aprenderán que Dios tiene poder para cumplir sus promesas y para hacer milagros.

1. El Señor llamó a Moisés para que lo sirviera yendo a Egipto.
2. El Señor dio a Moisés la capacidad de hacer señales milagrosas para que los israelitas supieran que el Señor lo había enviado.
3. El Señor envió a Aarón para que ayudara a Moisés.
4. Al comienzo lo que sucedió en Egipto desanimó a Moisés y al pueblo. Dios siempre estuvo llevando a cabo su plan.

CONTEXTO BÍBLICO:

Los israelitas fueron liberados, pero aún tuvieron que enfrentar dificultades. ¿Qué fue lo que les sucedió? El Señor había realizado señales milagrosas para revelar su presencia y poder. Su plan fue gobernar al pueblo de Israel como Dios y Rey.

En este estudio bíblico, Dios creó las funciones del sacerdote y profeta para que lo sirvieran como sus representantes. Los profetas hablan en nombre de Dios. Moisés, profeta de Dios, recibe y comunica los mensajes de Dios al pueblo. También realiza señales y milagros. Aarón, sacerdote de Dios, representa a Dios en la adoración. Un sacerdote guía al pueblo a experimentar la presencia de Dios por medio de la adoración. Hoy, El pastor de la iglesia o el predicador es el guía espiritual.

Moisés tuvo temor de hablar en nombre de Dios. Cuando él rogó a Dios que enviara a alguien más, Dios se enojó. (Éxodo 4:13-14) No está mal hacerle preguntas a Dios. Es más, Dios nos anima a preguntar para conocer la verdad. Cuando encontramos la respuesta a nuestras preguntas, necesitamos actuar. No nos debemos sentir mal por sentir temor. Este estudio muestra la reacción de los israelitas ante el mensaje de Dios y sus mensajeros.

¿LO SABÍAS?

Moisés realizó señales o milagros. Cada señal tenía un significado especial. Por ejemplo, cuando Moisés sacó su mano leprosa de su vestimenta, estuvo completamente sana. Dios tuvo la intención de advertir al faraón que Dios podía obrar poderosamente por medio de Moisés, sus palabras y sus acciones.

VOCABULARIO:

Palabras de Fe:

Obediencia es hacer lo que sabemos que Dios nos pide que hagamos. Dios quiere que le obedezcamos y que hagamos lo que nos dice en la Biblia.

Personas:

Aarón, el Levita, fue hermano mayor de Moisés. El Señor dijo que Aarón le ayudaría a Moisés a hablar con el faraón y con el pueblo.

Conceptos:

La vara de Dios fue la vara de pastor de Moisés, una herramienta usada para guiar a las ovejas. Dios lo usó para hacer señales milagrosas.

Se dice leproso a una persona que tiene una enfermedad en la piel llamada lepra. Esta enfermedad era muy contagiosa en los tiempos bíblicos.

Se dice sordo a una persona que no puede oír.

Se dice muda a una persona que no puede hablar.

LA HORA DE LA HISTORIA - ACTIVIDAD:

Usted necesitará:
1. El bolso de viaje de la lección uno
2. La caja (bolso, canasta o cartón) con los objetos de la lección anterior.

Objetos para la historia de hoy:
3. Una serpiente de juguete
4. Una vara
5. Un mapa, preferentemente de la Tierra Santa
6. Marcadores mágicos

Antes de la clase:
1. Lea Éxodo 4:1-21, 27-31
2. Junte los objetos de la historia de hoy. Reemplace los objetos que no están disponibles con una imagen.
3. De la bolsa de viaje, pase todos los objetos de la lección anterior a la caja y colóquela junto al lugar de contar historias. Coloque esto junto al lugar de contar historias.
4. Ponga los objetos de la historia de hoy dentro del bolso de viaje. Coloque el bolso de viaje en el lugar de contar historias.

Actividad de apertura: Repaso de la lección

Pida a un voluntario que seleccione un objeto de la caja y que explique lo que este representó en una lección anterior.

La hora de la Historia: *Lea estas instrucciones antes de comenzar.*

1. Cuente la historia con sus propias palabras. Vaya sacando un objeto de su bolso para ilustrar un punto principal. Enfóquese en los puntos principales. Si le parece bien, incluya más detalles. Si le hace falta, utilice el guion que le sugerimos.
2. Mientras cuenta la historia, muestre cada objeto en el orden de la lista. Colóquelo en un lugar visible para los niños.
3. Después de contar la historia, guarde los objetos dentro del bolso.
4. Para repasar la historia, quite el primer objeto. Pídale a un voluntario que diga lo que representa. Muestre este objeto. Repita este procedimiento hasta que la historia sea recontada.
5. Repase el gesto para recordar qué se describe abajo. Haga esta señal cada vez que mencione lo que representa.
6. Diga, continuamos en nuestra expedición del libro de Éxodo. Empaqué nuestro bolso de viaje con las herramientas que vamos a necesitar. Hoy comenzaremos con …Saque los objetos mientras cuenta la historia.

Los puntos principales en orden:

1. Una serpiente de juguete - Diga, El Señor le dio a Moisés la habilidad para realizar señales milagrosas de tal manera que los israelitas supieran que el Señor lo había enviado. Cuando Moisés colocó la vara en el suelo, se convirtió en una serpiente. Cuándo la tomó de la cola, se volvió a convertir en una vara. Moisés metió su mano debajo de su manto, cuando la sacó tenía lepra; luego volvió a la normalidad. Si después de eso las personas aún no creían, Moisés llegó a convertir el agua en sangre.

2. Una vara - Diga, Moisés finalmente estuvo de acuerdo en hacer lo que Dios le había llamado a hacer. Él se despidió de Jetro, también conocido como Reuel, y llevó a su esposa y su familia con él. También llevó la vara de Dios. Lea 4:20.

3. Señal para recordar - Pida que los niños señalen con sus dedos pulgares sobre sus hombros para representar que Moisés regresó a Egipto. O puede invitar a los niños a pensar en otra señal. Diga, Mientras cuento la historia, hagan este gesto cuando escuchen lo que este representa.

4. Mapa - Diga, en el desierto, Moisés se encontró con Aarón como el Señor le había dicho previamente. Juntos fueron a Egipto. En Egipto, se encontraron con los ancianos de los israelitas y les contaron todo lo que Dios dijo. Moisés les mostró las señales milagrosas. El pueblo adoró a Dios.

5. Diga, Ahora es su turno para contar la historia. Regrese los objetos al bolso. Pida a los niños, por turnos, que escojan un objeto del bolso, sin mirar. Pídales que expliquen lo que significa o que repasen la señal para recordar. Después de haber sacado todos los objetos, pida que los niños los coloquen en el orden correcto de la historia.

Consejos didácticos:
Mientras dirige el estudio bíblico, enfatice en estas ideas.

- Recuérdeles a los niños que Moisés tenía miedo de regresar a Egipto. Esta fue una reacción humana normal. Moisés aprendió a confiar en Dios y en sus promesas de que le ayudaría.
- El Señor quería rescatar a los israelitas de una vida mala y darles una vida buena. Él era su Dios y Rey. Los protegería y cuidaría.

Lea la Escritura con los niños:
Lea en voz alta Éxodo 4:1-21, 27-31.

Preguntas de discusión:
A partir de la historia haga a los niños las siguientes preguntas. Recuerde que podría no haber una respuesta correcta o incorrecta.

1. ¿Si Dios pidiera que fueran a un lugar donde saben que las personas no los quieren, ustedes obedecerían? ¿Por qué sí? o ¿por qué no?

2. ¿Cuáles fueron los tres milagros que el Señor le pidió hacer a Moisés? ¿Cómo se sentirían si Dios les diera la habilidad de realizar estos milagros?

3. Moisés dijo que "no era de fácil palabra y torpe de lengua". No pensó que podía hacer lo que el Señor le había pedido. ¿Alguna vez han sentido angustia o temor por hacer lo que el Señor les ha pedido hacer? Expliquen su respuesta.

4. ¿Qué palabras de ánimo le dio el Señor a Moisés en Éxodo 4:11-12? ¿Cómo los ha animado el Señor?

5. Lea Éxodo 4:31. ¿Qué hizo la gente cuando vio a Moisés realizar las señales y escuchó que el Señor se preocupaba por ellos? ¿Cómo creen que se sintieron? ¿Por qué?

Pensamientos de cierre:
Este es el pensamiento que queremos que los niños aprendan.

Dios le mostró a Moisés que él tiene poder para cumplir sus promesas.

Diga, ¿Quién tuvo el poder para rescatar a los israelitas, Dios o Moisés? ¡Dios! Sin embargo, Dios quiso utilizar a Moisés para rescatarlos. Moisés tuvo miedo de regresar a Egipto. Pero, el Señor prometió enseñarle y guiarle.

Dios no espera que lo sigamos sin su ayuda. Él conoce sus fortalezas y debilidades. Dios guió y ayudó a Moisés. Él los guiará y ayudará a ustedes también. Dios llamó a Moisés cuando Moisés tenía ochenta años de edad. ¡Ustedes pueden servir a Dios hoy!

PRÁCTICA PARA EL ESGRIMA BÍBLICO
Practique para Esgrima Bíblico con juegos y actividades (p. 71), o con preguntas y respuestas (p. 149).

LECCIÓN 5
Un trabajo duro que empeora
Éxodo 5:1-6:9

VERSÍCULO PARA MEMORIZAR
Asimismo yo he oído el gemido de los hijos de Israel, a quienes hacen servir los egipcios, y me he acordado de mi pacto. Éxodo 6:5

VERDADES ACERCA DE DIOS:
*Esta lección le enseñará las siguientes verdades acerca de Dios. El asterisco * indica la verdad principal que usted deberá enseñar a los niños.*

1. Dios animó a su pueblo en tiempo de dificultad. (*)
2. Dios busca redimir a su pueblo.
3. Dios es más poderoso que los reyes y gobernadores humanos.

ENFOQUE Y RESUMEN DE LA LECCIÓN:
En este estudio, los niños aprenderán que Dios no siempre actúa tan rápido como nos gustará, o en la forma en que esperamos, pero siempre obra para nuestro bien.

1. Moisés y Aarón se reunieron con el faraón.
2. El faraón no quería dejar ir a los israelitas.
3. Como castigo, el faraón decretó que los israelitas tenían que encontrar su propia paja y cumplir con su cuota de fabricación de ladrillos.
4. Los israelitas no escucharon a Moisés porque se desanimaron.

CONTEXTO BÍBLICO:
Los israelitas no habían adorado a su Dios por cientos de años. Escucharon a Aarón y Moisés y decidieron creer en Dios y adorarlo. Tenían esperanza por primera vez después de generaciones. Pero el faraón no creía en el Dios de los israelitas. Su respuesta destruyó su esperanza. Su demanda imposible de recoger su propia paja y de producir el mismo número de ladrillos desanimó a Moisés y a los israelitas. Dios le dijo a Moisés que el faraón se iba a resistir. La crueldad del faraón no permitió que los israelitas vieran la promesa de libertad de Dios. Cuando la gente sufre, a menudo se desanima y no puede ver las promesas de Dios, su bondad y amor.

Si el faraón les hubiera dejado salir después de la primera demanda, el poder y la gloria de Dios no se hubiera revelado. Con el tiempo, los israelitas aprendieron a confiar en Dios completamente. Dios pacientemente moldeó su carácter. El carácter, como el acero, se forja con el tiempo. Ambos adquieren forma bajo fuerte presión y mucho calor. Dios enseñó, guió, disciplinó, cuidó y animó a los israelitas durante las dificultades dolorosas. Estas experiencias sirvieron para formarlos como el pueblo de Dios.

¿LO SABÍAS?
Los faraones a menudo tomaban el nombre de sus dioses favoritos combinados con el suyo propio. Luego se presentaban ante su pueblo como si fueran un dios.

VOCABULARIO:
Palabras de fe:

Redimir significa rescatar a alguien de sus sufrimientos o esclavitud y dejarlo en libertad.

Personas:

Los capataces o encargados de esclavos eran hombres israelitas y egipcios. Ellos obligaban a los esclavos a hacer su trabajo.

Lugares:

Canaán fue un territorio al este de Egipto. El Señor prometió entregar este territorio a los israelitas. Otros pueblos vivían ahí en el tiempo del Éxodo.

Conceptos:

Una Cuota es una cantidad fija de cosas que se demandan y deben ser cumplidas.

LA HORA DE LA HISTORIA - ACTIVIDAD:
Usted necesitará:
1. El bolso de viaje de la lección uno
2. La caja (bolso, canasta o cartón) con los objetos de la lección anterior.

Objetos para la historia de hoy:
3. Una agenda o calendario
4. Paja o pasto seco
5. Una cuerda
6. Un globo
7. Una imagen de una persona orando o una figura de manos orando

Antes de la clase:
1. Lea Éxodo 5:1-6:9.
2. Junte los objetos de la historia de hoy. Reemplace los objetos que no están disponibles con una imagen.
3. De la bolsa de viaje, pase todos los objetos de la lección anterior a la caja y colóquela junto al lugar de contar historias. Lleve esto junto al lugar de contar cuentos.
4. Ponga los objetos de la historia de hoy dentro del bolso de viaje. Coloque el bolso de viaje en el lugar donde se contarán las historias.

Actividad de apertura: Siga al líder
Pida que los niños hagan una fila, uno detrás del otro. Escoja a un niño como líder. Dígales a los niños que deben mirar al líder e imitar todo lo que él haga. El líder guía al grupo alrededor del salón. Él o ella hace diferentes gestos con sus manos, sonidos, o señales de viaje para que los niños lo imiten. Por ejemplo, el líder da pasitos, pasos grandes o saltos. El juego debe terminar en el lugar donde se contarán las historias.

La hora de la historia: Lea estas instrucciones antes de comenzar.
1. Cuente la historia con sus propias palabras. Vaya sacando un objeto de su bolso para ilustrar un punto principal. Enfóquese en los puntos principales. Si le parece bien, incluya más detalles. Si le hace falta, utilice el guion que le sugerimos.
2. Mientras cuenta la historia, muestre cada objeto en el orden de la lista. Colóquelo en un lugar visible para los niños.
3. Después de contar la historia, guarde los objetos dentro del bolso.
4. Para repasar la historia, quite el primer objeto. Pídale a un voluntario que diga lo que representa. Muestre este objeto. Repita este procedimiento hasta que la historia sea recontada.
5. Revise la señal para recordar qué se describe abajo. Haga esta señal cada vez que mencione lo que representa.
6. Diga, continuamos en nuestra expedición del libro de Éxodo. Empaqué nuestro bolso de viaje con las herramientas que vamos a necesitar. Hoy comenzaremos con …Saque los objetos mientras cuenta la historia.

Los puntos principales en orden:
1. Agenda o calendario - Diga, Moisés y Aarón tuvieron su primer encuentro con el faraón. Pidieron que el faraón dejara ir al pueblo. El faraón se rehusó.
2. Paja o pasto seco - Diga, Después de que Aarón y Moisés se encontraran con el faraón, el faraón decretó que los israelitas buscaran su propia paja y se les demandó que entregaran el mismo número de ladrillos. El faraón se refirió a ellos como haraganes.
3. Señal para recordar - Muestre a los niños cómo proteger sus ojos del sol como si estuvieran buscando paja. O puede invitar a los niños a pensar en otra señal. Diga, Mientras cuento la historia, hagan este movimiento cuando escuchen lo que éste representa.
4. Una cuerda - Diga, Los israelitas fueron esclavos. Fueron esclavos de los egipcios. Tuvieron que obedecer al faraón, los encargados de esclavos y los capataces. Si desobedecían, eran castigados o aún asesinados. Sin importar cuán injustas o crueles fueran las circunstancias, los israelitas

fueron obligados a obedecer y trabajar sin paga. Ellos eran prisioneros del faraón y de los egipcios.

5. Un globo - diga, Cuando Moisés les dijo que Dios los liberaría, los israelitas se emocionaron. Sople el globo, pero no lo amarre. Diga, Así como este globo se llena con aire, ellos fueron llenos de esperanza. Deje salir un poco de aire del globo. Diga, Cuando el faraón se rehusó a dejarlos ir, se desanimaron. Pero cuando el faraón les ordenó conseguir su propia paja y todavía cumplir con su cuota, ellos perdieron toda esperanza. Suelte el resto del aire.

6. La imagen o figura de oración - Diga, Moisés también se desanimó. Entonces moisés oró a Dios y Dios contestó su oración. Dios le aseguró a Moisés que cumpliría su promesa de liberar a su pueblo.

7. Diga, Ahora es su turno para contar la historia. Regrese los objetos al bolso. Pida a los niños, por turnos, que escojan un objeto del bolso, sin mirar. Pídales que expliquen lo que significa o que repasen la señal para recordar. Luego de que todos los objetos hayan sido sacados, pida que los niños los coloquen en el orden correcto de la historia.

Consejos didácticos:
Mientras dirige el estudio bíblico, enfatice en estas ideas.
- Dios no siempre obra tan rápidamente como quisiéramos o en la forma en que esperamos. Cuando esto sucede, sentirse desanimados es una reacción humana.
- Cuando Moisés se desanimó, habló honestamente con Dios. Cuando hablamos honestamente con Dios podemos recibir su ánimo y ayuda.

Lea la Escritura con los niños:
Lea en voz alta Éxodo 5:1-6:9

Preguntas de discusión:
A partir de la historia haga a los niños las siguientes preguntas.
1. Si fueran israelitas, ¿Cómo se sentirían si tuvieran que juntar su propia paja y hacer el mismo número de ladrillos cada día?
2. ¿Hizo Moisés bien cuando se quejó con Dios por lo que estaba sucediendo? ¿Por qué sí? o ¿por qué no?
3. El versículo para memorizar de hoy dice que Dios escuchó el gemido de los israelitas. ¿Escucha Dios sus oraciones? ¿Cómo lo saben?
4. En Éxodo 6:9, los israelitas se desanimaron y no escucharon lo que Moisés dijo. ¿Sería difícil confiar en Dios en esta situación? ¿Por qué sí? o ¿por qué no?
5. Imaginen que son Moisés. ¿Les gustaría continuar como el vocero de Dios después de lo que sucedió en la lección de hoy? Expliquen su respuesta.

PENSAMIENTOS DE CIERRE:
Este es el pensamiento que queremos que los niños aprendan.

Diga, Dios animó a su pueblo en tiempo de dificultad.
¿Han tratado de hacer lo que es correcto y han tenido malos resultados? Moisés hizo exactamente lo que el Señor le pidió. Sus esfuerzos hicieron que una mala situación empeorara. Los israelitas sufrieron aún más. Después de eso, ¿Qué hizo Moisés? Él habló con Dios sobre sus problemas. El Señor le aseguró a Moisés que cumpliría su promesa. El faraón no podría arruinar los planes de Dios.

Cuando sirvan al Señor y se presenten malas circunstancias, hagan lo que hizo Moisés. Hablen con el Señor sobre la situación. Sentirán su presencia. ¡Él los animará!

PRÁCTICA PARA EL ESGRIMA BÍBLICO
Practique para Esgrima Bíblico con juegos y actividades (p. 71), o con preguntas y respuestas (p. 149).

LECCIÓN 6
Varas, serpientes y magos
Éxodo 6:28-7:24

VERSÍCULO PARA MEMORIZAR
Y sabrán los egipcios que yo soy Jehová, cuando extienda mi mano sobre Egipto, y saque a los hijos de Israel de en medio de ellos. Éxodo 7:5

VERDADES ACERCA DE DIOS:
*Esta lección le enseñará las siguientes verdades acerca de Dios. El asterisco * indica la verdad principal que usted deberá enseñar a los niños.*

1. Dios usó las plagas para mostrar su poder. (*)
2. A menudo Dios da muchas oportunidades para que la gente haga lo correcto.
3. Dios espera que su pueblo lo obedezca.

ENFOQUE Y RESUMEN DE LA LECCIÓN:
En este estudio, los niños aprenderán cómo Dios usó las plagas para mostrar su poder.

1. El Señor dijo que el faraón no escucharía a Moisés y a Aarón.
2. Aarón arrojó su vara y esta se convirtió en una serpiente.
3. Cuando Aarón golpeó el agua del río Nilo, todas las aguas en Egipto se convirtieron en sangre.
4. Los magos del faraón también realizaron estas señales, pero la vara de Aarón se tragó a todas las varas de los magos.

CONTEXTO BÍBLICO:
Esta lección se enfoca en los dos primeros encuentros milagrosos entre el Señor y el faraón. Los hechiceros del faraón pudieron replicar los dos primeros milagros. La habilidad de los magos para imitar estos milagros hizo que el faraón creyera que el Señor solo era otro dios local y no el verdadero Dios.

En el primer milagro, la vara de Aarón se convirtió en una serpiente. Los magos del faraón también hicieron que sus varas se convirtieran en serpientes, pero la serpiente de Aarón se comió a la de los magos. Esto probó que el milagro de Dios era más poderoso que su magia. Pero como Dios lo anticipó, el faraón tercamente rehusó admitir que el Señor Dios era más poderoso que él o sus dioses.

El segundo milagro fue el primero de diez plagas. Aarón golpeó el Nilo con su vara. Esto hizo que el agua se convirtiera en sangre. La vida en Egipto dependía del río Nilo. El dios egipcio del Nilo se llamaba Hapi, a quien se le atribuía la grandeza del río. El propósito de este milagro fue mostrar que Hapi era inferior a Dios el Señor. Pero una vez más, los hechiceros pudieron replicar el milagro de Dios con su magia. Una vez más, el faraón rehusó reconocer la superioridad y autoridad de Jehová.

¿LO SABÍAS?
Hapi fue el antiguo dios egipcio del Nilo. La gente creía que Hapi vivía en una cueva en la fuente del río Nilo; creían que los cocodrilos y los sapos lo alimentaban. Se representaba como un gran hombre gordo, cubierto de lodo del río, de color azul, negro o verde.

VOCABULARIO:
Palabras de fe:

Con la adoración le decimos y expresamos a Dios que lo amamos más que a cualquier persona o cosa.

Personas:

Los sabios, hechiceros y magos fueron hombres entrenados en la magia egipcia. Ellos tenían conocimiento de los dioses egipcios.

Conceptos:

Un profeta es alguien a quien Dios escogió para recibir su palabra. Un profeta también declara la palabra de Dios al pueblo.

Las artes secretas son poderes o actividades misteriosas que a menudo se conocen como magia.

LA HORA DE LA HISTORIA - ACTIVIDAD:

Usted necesitará:
1. El bolso de viaje de la lección uno
2. La caja (bolso, canasta o cartón) con los objetos de la lección anterior.

Objetos para la historia de hoy:
3. Arcilla o plastilina endurecida
4. Una serpiente de juguete
5. Un líquido de color rojo en un recipiente con tapa hermética
6. Una vara (para representar una vara mágica)

Antes de la clase:
1. Lea Éxodo 6:28-7:24.
2. Junte los objetos de la historia de hoy. Reemplace los objetos que no están disponibles con una imagen.
3. De la bolsa de viaje, pase todos los objetos de la lección anterior a la caja y colóquela junto al lugar de contar historias.
4. Ponga los objetos de la historia de hoy dentro del bolso de viaje. Coloque el bolso de viaje en el lugar de contar historias.

Actividad de apertura: Siga al líder

Pida que los niños hagan una fila, uno detrás del otro. Escoja a un niño como líder. Diga a los niños que deben mirar al líder e imitar todo lo que él haga. El líder guía al grupo alrededor del salón. Él o ella hace diferentes gestos con sus manos, sonidos, o señales de viaje para que los niños lo imiten. Por ejemplo, el líder da pasitos, pasos grandes o saltos. El juego debe terminar en el lugar donde se contará la historia.

Opcional - Repaso de la lección:

Pídale a un voluntario que seleccione un objeto de la caja y que explique lo que este representó en una lección anterior.

La hora de la historia: Lea estas instrucciones antes de comenzar.

1. Cuente la historia con sus propias palabras. Vaya sacando un objeto de su bolso para ilustrar un punto principal. Enfóquese en los puntos principales. Si le parece bien, incluya más detalles. Si le hace falta, utilice el guion que le sugerimos.
2. Mientras cuenta la historia, muestre cada objeto en el orden de la lista. Colóquelo en un lugar visible para los niños.
3. Después de contar la historia, guarde los objetos dentro del bolso.
4. Para repasar la historia, quite el primer objeto. Pídale a un voluntario que diga lo que representa. Muestre este objeto. Repita este procedimiento hasta que terminen de contar la historia.
5. Revise la señal para recordar qué se describe abajo. Haga esta señal cada vez que mencione lo que representa.
6. Diga, esta semana, nuestra expedición nos lleva al faraón mismo, el rey de una de las naciones más poderosas de ese tiempo. En nuestro bolso de viaje tengo tres objetos que se relacionan con el faraón, Dios y los israelitas. Saque los objetos mientras cuenta la historia.

Los puntos principales en orden:

1. Arcilla o plastilina endurecida - Diga, el Señor dijo que el faraón no escucharía a Moisés y Aarón y que el corazón del faraón se endurecería. Esto es exactamente lo que sucedió.
2. Una serpiente de juguete - Diga, el Señor dio a Moisés la habilidad de hacer señales y maravillas. Permitió que Aarón, hermano de Moisés, le ayudara. Cuando Aarón arrojó su

vara, ésta se convirtió en una serpiente. Los magos del faraón también hicieron esto. El faraón no escuchó, aún cuando la vara de Aarón se comió a las serpientes de los magos.

3. Señal para recordar - Pida que los niños coloquen sus manos sobre sus orejas para representar que el faraón no escucharía. O puede invitar a los niños a pensar en otra señal. Diga, Mientras cuento la historia, hagan éste movimiento cuando escuchen lo que este representa.
4. Líquido rojo en un envase con tapa hermética - Diga, luego, Aarón golpeó el agua del Nilo y esta se convirtió sangre.
5. Una vara - diga, el faraón tampoco escuchó porque sus magos y sabios hicieron lo mismo con sus artes secretas.
6. Diga, ahora es su turno de contar la historia. Regrese los objetos al bolso. Pida a los niños, por turnos, que escojan un objeto del bolso, sin mirar. Pídales que expliquen lo que significa o que repasen la señal para recordar. Después de sacar todos los objetos, pida que los niños los coloquen en el orden correcto de la historia.

Sugerencias didácticas:
Mientras dirige el estudio bíblico, enfatice en estas ideas.

- El Señor hizo los milagros, no Aarón o Moisés.
- Las cosas sucedieron exactamente como el Señor lo había dicho.
- Moisés y Aarón obedecieron cada nueva orden de Dios y lo hicieron tal como él se los mandó. (7:6,20)

Lea la Escritura con los niños:
Lea en voz alta Éxodo 6:28-7:24.

Preguntas de discusión:
A partir de la historia haga a los niños las siguientes preguntas. Recuerde que podría no haber una respuesta correcta o incorrecta.

1. Lea Éxodo 7:2. Imaginen que son Moisés y Aarón. ¿Tendrían miedo de decirle al faraón lo que el Señor les dijo? ¿Cómo creen que se sintieron Moisés y Aarón?
2. ¿Cuál fue el primer milagro que Aarón realizó? ¿Qué sucedió para mostrar que el Señor era más poderoso que los hechiceros egipcios?
3. ¿Qué dijo el Señor a Moisés en Éxodo 7:14? ¿Qué significaba esto?
4. Lea Éxodo 7:6 y 7:20. Dios hizo las señales y maravillas, pero él obró por medio de Moisés y Aarón. ¿Cuál fue la responsabilidad de ellos?
5. Lea Éxodo 7:22. Los hechiceros hicieron las mismas cosas que Dios hizo por medio de Moisés y Aarón. Después de eso, ¿cómo creen que se sintieron Moisés y Aarón? ¿Debió ser fácil o difícil para ellos seguir confiando en Dios? ¿Por qué?

Pensamientos de cierre:
Este es el pensamiento que queremos que los niños aprendan.

Diga, Dios usó las plagas para mostrar su poder.

¿Quién fue más poderoso, un mago humano o el Señor? Al comienzo, parecía que los magos egipcios fueron tan poderosos como Dios. Pero no lo eran. A veces, otras personas o cosas parecen ser más poderosas que Dios; pero esto es solo una ilusión. La verdad es que Dios es más grande y poderoso. Él sabe más que cualquiera y lo sabe todo. La Biblia dice en Éxodo 6:6 y 7:20, que Moisés y Aarón hicieron todo lo que el Señor les ordenó. Ellos obedecieron y confiaron en Dios.

Dios puede mostrarte su poder también. No se parecerá a las plagas, pero si confían en él y lo obedecen, experimentarán el poder de Dios en sus vidas.

PRÁCTICA PARA EL ESGRIMA BÍBLICO
Practique para Esgrima Bíblico con juegos y actividades (p. 71), o con preguntas y respuestas (p. 149).

LECCIÓN 7
Sapos, Moscas y Mosquitos... ¡Oh!
Éxodo 7:25-8:32

VERSÍCULO PARA MEMORIZAR:
Jehová dijo a Moisés: Levántate de mañana y ponte delante de Faraón, he aquí él sale al río; y dile: Jehová ha dicho así: Deja ir a mi pueblo, para que me sirva. Éxodo 8:20

VERDADES ACERCA DE DIOS:
*Esta lección le enseñará las siguientes verdades acerca de Dios. El asterisco * indica la verdad principal que usted deberá enseñar a los niños.*

1. Por medio de las plagas, Dios mostró que los dioses egipcios eran dioses falsos. (*)
2. Dios gobierna sobre toda su creación por medio de su poder.
3. Dios escucha las oraciones de sus siervos fieles.

ENFOQUE Y RESUMEN DE LA LECCIÓN:
En esta lección, los niños aprenderán que Dios mostró que los dioses egipcios eran falsos.

1. El Señor envió una plaga de sapos y los magos la imitaron.
2. El Señor envió una plaga de mosquitos y los magos no pudieron hacerlo.
3. El Señor envió una plaga de moscas que se posaron solo en Egipto y no en Gosén.
4. Aunque el Señor envió a Moisés y Aarón, una y otra vez para hablar con el faraón, él no dejó ir a los israelitas. El corazón del faraón se endureció.

CONTEXTO BÍBLICO:
En este sitio vemos que faraón comienza a cambiar sus respuestas a Jehová. La plaga de sapos fue la primera plaga que afectó personalmente al faraón. ¡Había sapos en el palacio, sapos en su dormitorio, sapos en su cama y sapos sobre él! Aunque sus hechiceros podían hacer aparecer sapos no podían eliminarlos. Por primera vez el faraón pidió ayuda a Moisés. Moisés dejó que el faraón escogiera el tiempo para dejarlos salir para probar la grandeza de Dios. La plaga de mosquitos fue la primera que los hechiceros no pudieron imitar. Ellos admitieron que Dios era más grande que ellos y que todos sus dioses, pero el faraón continuó resistiendo a Dios. En la cuarta plaga, el Señor envió un enjambre de moscas a Egipto y controló a dónde iban. Jehová predijo el tiempo exacto y el lugar de la plaga. Él anticipó que los israelitas no serían afectados por las moscas. Lo hizo para probar su poder. Esta vez, el faraón trató de negociar con Moisés. Él quiso que los israelitas adoraran a Dios en Egipto, pero Moisés no lo aceptó. Cuando se fue la plaga, el faraón rompió su promesa.

A menudo esto ocurre cuando las personas que no conocen a Dios necesitan su ayuda. Ruegan a Dios y a otros por ayuda y prometen cambiar, pero, después que consiguen la ayuda y el problema pasa, rompen su promesa y vuelven a su vida antigua.

¿LO SABÍAS?

Los mosquitos y las moscas son muy peligrosos cuando hay grandes cantidades de ellos. Comen plantas y dañan las cosechas, especialmente el trigo. Contagian a animales y personas con enfermedades y ponen muchos huevos.

VOCABULARIO:

Palabras de fe:

El poder de Dios es más grande y poderoso que cualquier persona o cosa. Dios puede hacer cualquier cosa.

Conceptos:

Los mosquitos son insectos voladores muy pequeños parecidos a pequeños moscos.

Un amasador era un recipiente grande que se usaba para mezclar la masa del pan. Luego de que la masa se mezclaba con la levadura, se la dejaba en el amasador para que se inflara y levantara.

LA HORA DE LA HISTORIA - ACTIVIDAD:

Usted necesitará:
1. El bolso de viaje de la lección uno
2. La caja (bolso, canasta o cartón) con los objetos de la lección anterior.

Objetos para la historia de hoy:
3. Siete dulces rojos, pueden ser M&M
4. Un sapo de juguete o un sapo de peluche
5. Una mata moscas
6. Un poco de arcilla o plastilina

Antes de la clase:
1. Lea Éxodo 7:25-8:32.
2. Junte los objetos de la historia de hoy. Reemplace los objetos que no están disponibles con una imagen.
3. De la bolsa de viaje, pase todos los objetos de la lección anterior a la caja y colóquela junto al lugar de contar historias.
4. Ponga los objetos de la historia de hoy dentro del bolso de viaje. Coloque el bolso de viaje en el lugar de contar historias.

Actividad de apertura: Repaso de la lección
Pídale a un voluntario que seleccione un objeto de la caja y que explique lo que este representó en una lección anterior.

La hora de la historia: Lea estas instrucciones antes de comenzar.
1. Cuente la historia con sus propias palabras. Vaya sacando un objeto de su bolso para ilustrar un punto principal. Enfóquese en los puntos principales. Si le parece bien, incluya más detalles. Si le hace falta, utilice el guion que le sugerimos.
2. Mientras cuenta la historia, muestre cada objeto en el orden de la lista. Colóquelo en un lugar visible para los niños.
3. Después de contar la historia, guarde los objetos dentro del bolso.
4. Para repasar la historia, quite el primer objeto. Pídale a un voluntario que diga lo que representa. Muestre este objeto. Repita este procedimiento hasta que la historia sea recontada.
5. Revise la señal para recordar qué se describe abajo. Haga esta señal cada vez que mencione lo que representa.
6. Diga, Continuamos en nuestra expedición de exploración del libro de Éxodo. Tengo en mi bolso de viaje algunas herramientas que vamos a necesitar. Hoy nuestro viaje comienza con …Saque los objetos mientras cuenta la historia.

Los puntos principales en orden:

1. Caramelos rojos o M&M - Diga, en la primera plaga, Dios convirtió el agua del Nilo en sangre.

2. Sapo de peluche o de juguete - Diga, siete días después que el Señor tocó el río Nilo, le dio otra oportunidad alal faraón para que lo obedeciera. El faraón se rehusó y Dios envió una plaga de sapos. Los sapos subieron del Nilo y saltaron por todo el territorio. ¡Estaban por todas partes! Los magos también hicieron que los sapos subieran del Nilo. El faraón decidió que el pueblo saliera y pidió a Moisés que orara a Dios para que quitara los sapos. Moisés lo hizo y todos los sapos murieron justo donde estaban. Pronto la tierra apestaba. Los sapos fueron recolectados en grandes cantidades pero el faraón rompió su promesa de dejar salir al pueblo.

3. Matamoscas - Diga, después de la plaga de sapos, el Señor envió la plaga de mosquitos. Aarón golpeó la tierra y el polvo se convirtió en mosquitos. Esta vez, los magos no pudieron replicar el milagro. En asombro dijeron, "Esta es la mano de Dios."

4. Luego que los mosquitos se fueron, Dios le ofreció al faraón otra oportunidad para que lo obedeciera. El faraón se rehusó y Dios envió la plaga de las moscas. Estuvieron por todo Egipto excepto en la tierra de Gosén donde vivían los israelitas. Dios protegió a los israelitas de las moscas.

5. Arcilla o plastilina endurecida - Diga, Aún así el faraón no hizo caso a lo que Moisés y Aarón dijeron. No iba a obedecer a Dios dejando salir al pueblo. Como la arcilla que se expone al sol y al viento, el corazón del faraón se había endurecido.

6. Señal para Recordar - Muestre a los niños cómo flexionar los músculos de su brazo. Esto representa que las plagas mostraron el poder de Dios. O puede invitar a los niños a pensar en otra señal. Diga, Mientras cuento la historia hagan esta señal cuando escuchen lo que representa.

7. Diga, Ahora es su turno para contar la historia. Regrese los objetos al bolso. Pida a los niños, por turnos, que escojan un objeto del bolso, sin mirar. Pídales que expliquen lo que significa o que repasen la señal para recordar. Luego de que haya sacado todos los objetos, pida que los niños los coloquen en el orden correcto de la historia.

Sugerencias didácticas:
Mientras dirige el estudio bíblico, enfatice en estas ideas:
- Cada plaga destruyó algo en Egipto y debilitó a la nación.
- Los magos egipcios reconocieron que las plagas provenían del poder de Dios.
- La terquedad del faraón causó gran e innecesario sufrimiento para él y para los egipcios.

Lea la Escritura con los niños:
Lea en voz alta Éxodo 7:25-8:32.

Preguntas de discusión:
A partir de la historia haga a los niños las siguientes preguntas. Recuerde que puede que no haya respuestas correctas o incorrectas.

1. ¿Cómo creen que Moisés se sintió cuando él oró y el Señor detuvo las plagas de sapos y moscas?
2. Imaginen que ustedes fueran un israelita. ¿Qué pensarían si supieran que los magos egipcios no pudieron producir mosquitos del polvo?
3. Lea Éxodo 8:22. En esta plaga, ¿En qué manera el Señor trató de forma diferente a los israelitas? ¿Por qué lo hizo?
4. Imaginen a millones de sapos, mosquitos y moscas cubriendo de repente su ciudad, pueblo o aldea. ¿Cómo afectaría eso su vida?
5. ¿Qué le dirían al faraón si fueran un mago egipcio que vio a Dios hacer cosas que ni ustedes, ni sus dioses pudieran hacer?

Pensamientos de cierre:
Este es el pensamiento que queremos que los niños aprendan.
Diga, por medio de las plagas, Dios mostró que los dioses egipcios eran falsos.

Egipto fue una de las naciones más poderosas sobre la tierra. Contaban con el mejor ejército y la mayor riqueza de todos. Hasta pensaban que tenían a los mejores dioses. Los magos pensaron que podían hacer todo lo que Dios hacía. Se sorprendieron cuando no pudieron producir mosquitos a partir del polvo de la tierra. Solo Dios, el Señor, gobierna sobre toda la creación. Solo él puede hacer que se cumpla su voluntad.

Cuando los mosquitos pulularon solo en Egipto y no en Gosén, fue evidente de que el Señor tenía el control de esta plaga. También fue evidente que él protegería a su pueblo. El Señor le mostró al faraón y a todos los egipcios que él era él único y verdadero Dios. Él fue, es y será siempre el único y verdadero Dios.

PRÁCTICA PARA EL ESGRIMA BÍBLICO
Practique para Esgrima Bíblico con juegos y actividades (p. 71), o con preguntas y respuestas (p. 149).

LECCIÓN 8
Faraón... Faraón... ¡Deja salir a mi pueblo!
Éxodo 9:1-35

VERSÍCULO PARA MEMORIZAR:
Y a la verdad yo te he puesto para mostrar en ti mi poder, y para que mi nombre sea anunciado en toda la tierra. Éxodo 9:16

VERDADES ACERCA DE DIOS:
*Esta lección le enseñará las siguientes verdades acerca de Dios. El asterisco * indica la verdad principal que usted deberá enseñar a los niños.*

1. No hay nadie como el Señor en toda la tierra.*
2. Dios tiene poder sobre el clima, los animales y aún los reyes.
3. Dios tiene un propósito en cada cosa que hace.

ENFOQUE Y RESUMEN DE LA LECCIÓN:
En esta lección, los niños aprenderán que Dios es todo poderoso.
1. El Señor pudo haber destruido instantáneamente a Egipto y a todos los que lo habitaban.
2. En lugar de eso, el Señor intencionalmente envió a Moisés y Aarón para pedir que faraón diera el permiso para salir. Eso reconocía que el faraón tenía algo de autoridad en la tierra. Por medio del conflicto entre el faraón, sus magos, y Dios, el Señor mostró que era todo poderoso.
3. El faraón todavía se negaba a dejar salir a los israelitas de Egipto.
4. El Señor envió tres plagas más: la muerte de los animales, abscesos y granizo.

CONTEXTO BÍBLICO:
Éxodo 9:16 dice, "Y a la verdad yo te he puesto para mostrar en ti mi poder, y para que mi nombre sea anunciado en toda la tierra." Este versículo importante revela el plan maestro de Dios.
Al contrario de lo que los egipcios creían, no eran grandes a causa de sus dioses o de su faraón. Jehová había engrandecido a Egipto a pesar de su rechazo a él. Él quería probar a ellos y por medio de ellos a todos los demás que no hay nadie como él en toda la tierra. Había llegado el tiempo de que el mundo supiera que Jehová es el Dios supremo. No hay nada que él no pueda hacer. Él gobierna en toda la tierra y sobre todas las naciones. Su pueblo obediente experimentó su cuidado mientras que sus enemigos desobedientes enfrentaron terribles consecuencias.

Un versículo clave en esta lección es Éxodo 9:30. Es la primera vez que se usa la frase "temer al Señor" en toda la Biblia. Significa respetar a Dios y lo que él puede hacer, o enfrentar las consecuencias de la desobediencia. El faraón y sus oficiales no tenían temor al Señor. Eran orgullosos y desobedientes. El llamado de atención a temer al Señor es un recordatorio para responder a Dios respetuosamente. Él merece nuestra adoración, devoción, servicio y amor.

¿LO SABÍAS?

Haap, también conocido como Apis, fue el dios egipcio del toro. Los egipcios escogieron un toro real para representar a Haap. A este toro le dieron un cuidado súper especial porque pensaban que Apis protegía a sus ganados. La plaga de los ganados derrotó a este dios.

VOCABULARIO:

Palabras de Fe:

Pecado es desobedecer a Dios. Pecamos cuando hacemos algo que sabemos que Dios ha dicho que no hagamos. También pecamos cuando no hacemos lo que Dios ha dicho que hagamos.

Conceptos:

Los abscesos son bultos infectados que se encuentran bajo la piel y son muy dolorosos.

El hollín es el polvo que queda después de que el fuego se ha extinguido en un horno, tubo de chimenea o chimenea.

LA HORA DE LA HISTORIA - ACTIVIDAD:

Usted necesitará:
1. El bolso de viaje de la lección uno
2. La caja (bolso, canasta o cartón) con los objetos de la lección anterior.

Objetos para la historia de hoy:
3. Una vaca de juguete u otro animal
4. Una batería
5. Pegamento
6. Un jabón en barra
7. Bolas de algodón

Antes de la clase:
1. Lea Éxodo 9:1-35.
2. Junte los objetos de la historia de hoy. Reemplace los objetos que no están disponibles con una imagen.
3. De la bolsa de viaje, pase todos los objetos de la lección anterior a la caja y colóquela junto al lugar de contar historias.
4. Ponga los objetos de la historia de hoy dentro del bolso de viaje. Coloque el bolso de viaje en el lugar de contar historias.

Actividad de apertura: Siga al líder

Pida que los niños hagan una fila, uno detrás del otro. Escoja a un niño como líder. Diga a los niños que deben mirar al líder e imitar todo lo que él haga. El líder guía al grupo alrededor del salón. Él o ella hace diferentes gestos con sus manos, sonidos, o señales de viaje para que los niños lo imiten. Por ejemplo, el líder da pasitos, pasos grandes o saltos. El juego debe terminar en el lugar de contar cuentos.

Opcional - Repaso de la lección:

Pídale a un voluntario que seleccione un objeto de la caja y que explique lo que este representó en una lección anterior.

La hora de la historia: Lea estas instrucciones antes de comenzar.
1. Cuente la historia con sus propias palabras. Vaya sacando un objeto de su bolso para ilustrar un punto principal. Enfóquese en los puntos principales. Si le parece bien, incluya más detalles. Si le hace falta, utilice el guion que le sugerimos.
2. Mientras cuenta la historia, muestre cada objeto en el orden de la lista. Colóquelo en un lugar visible para los niños.
3. Después de contar la historia, guarde los objetos dentro del bolso.
4. Para repasar la historia, quite el primer objeto. Pídale a un voluntario que diga lo que representa. Muestre este objeto. Repita este procedimiento hasta que la historia sea recontada.
5. Revise la señal para recordar qué se describe abajo. Haga esta señal cada vez que mencione lo que representa.
6. Diga, Continuamos en nuestra expedición de exploración del libro de Éxodo. Tengo en mi bolso de viaje algunas herramientas que vamos a necesitar. Hoy nuestro viaje comienza con ...Saque los objetos mientras cuenta la historia.

Los puntos principales en orden:
1. Vaca de juguete - Diga, Después de la plaga de moscas, el faraón rompió su promesa de dejar salir a los israelitas. El Señor envió una plaga sobre los ganados. Cientos, quizás miles de vacas egipcias, caballos, camellos, ovejas y cabras murieron; pero ninguno que perteneciera a los israelitas.
2. Batería - Diga, Ésta es una fuente de poder. Hoy va a representar al poder del Señor. El Señor dijo al faraón, "Yo te podría haber eliminado a ti y a tu

pueblo de la faz de la tierra. Sin embargo, te he levantado para mostrar mi poder" (9:15-16).

3. Bolas de algodón - Diga, Luego, el Señor envió una plaga de abscesos para la gente y los animales. Finalmente, envió una fuerte tormenta de granizo. Los animales de Egipto estaban muertos, el pueblo enfermo de abscesos, y sus cosechas diezmadas por el granizo.

4. Pegamento - Diga, A pesar de estas plagas, el faraón rehusó escuchar. Parecía como si estuviera pegado (con pegamento) a una idea, "Sin importar lo que el Señor haga, o lo mal que podamos estar, no dejaré salir a los israelitas".

5. Señal para Recordar - Pida a los niños levantar tres dedos. Diga, Estos tres dedos representan que Dios envió tres plagas más. O, invite a los niños a pensar en otra señal. Diga, Mientras cuento la historia haga esta señal cuando escuche lo que representa.

6. Diga, Ahora es su turno para contar la historia. Regrese los objetos al bolso. Pida a los niños, por turnos, que escojan un objeto del bolso, sin mirar. Pídales que expliquen lo que significa o que repasen la señal para recordar. Luego de que todos los objetos hayan sido sacados, pida que los niños los coloquen en el orden correcto de la historia.

Consejos didácticos:
Mientras dirige el estudio bíblico, enfatice en estas ideas:

- Dios es tanto poderoso como misericordioso. Dios dijo repetidamente al faraón lo que sucedería si no obedecía. Dios dio al faraón la oportunidad de evitar el desastre.
- En 9:14, parecía que el Señor sugirió que las plagas llegarían a su fin. La redención para los israelitas estaba a la vista.

Lea la Escritura con los niños:

Lea en voz alta Éxodo 9:1-35

Preguntas de discusión:
A partir de la historia haga a los niños las siguientes preguntas. Recuerde que podría no haber una respuesta correcta o incorrecta.

1. El Señor actuó en forma diferente con el ganado de los egipcios y el de los israelitas. ¿Qué nos enseña esto acerca de la relación del Señor con los israelitas?
2. ¿Qué dice Dios sobre sí mismo en 9:13-17? ¿Qué declaración te impresiona más? ¿Por qué?
3. ¿Cómo ésta descripción de Dios influencia en tu fe y tu confianza en él?
4. ¿Cuál fue el propósito de Dios al tratar con el faraón (9:15-16)?
5. Lea 9:33-34. ¿Qué sucedió cuando Moisés extendió sus manos hacia el Señor? ¿Qué dice esto sobre el poder de Dios?

Pensamientos de cierre:
Este es el pensamiento que queremos que los niños aprendan.

Diga, No hay nadie como el Señor en toda la tierra. Él tiene poder sobre el clima, los animales y aún los reyes.

A veces, es difícil entender o ver a Dios en nuestras circunstancias presentes. Podría parecer distante o alejado. En esta lección, los niños aprenderán que Dios obra constantemente en nuestras vidas. No fue por accidente que el faraón y Egipto llegaran a ser tan poderosos. Aunque parecía que el faraón tenía control sobre los israelitas, esto no era verdad. El faraón era parte del plan de Dios.

Dios es el mismo hoy como lo fue en los días del Éxodo. ¡No hay nadie como el Señor! Él conoce y tiene más poder que cualquiera o cualquier cosa. No hay nada en tu vida que esté más allá de su poder o de su alcance. Él puede derrotar a tus enemigos.

PRÁCTICA PARA EL ESGRIMA BÍBLICO
Practique para Esgrima Bíblico con juegos y actividades (p. 71), o con preguntas y respuestas (p. 149).

LECCIÓN 9
¡Egipto es arruinado!
Éxodo 10:1-11:10

VERSÍCULO PARA MEMORIZAR:
Entonces Faraón hizo llamar a Moisés, y dijo: Id, servid a Jehová; solamente queden vuestras ovejas y vuestras vacas; vayan también vuestros niños con vosotros. Éxodo 10:24

VERDADES ACERCA DE DIOS:
*Esta lección le enseñará las siguientes verdades acerca de Dios. El asterisco * indica la verdad principal que usted deberá enseñar a los niños.*

1. Dios continuó dándole al faraón oportunidades para que se rindiera ante él. (*)
2. Dios tiene poder sobre la vida y la muerte.
3. Dios manifiesta su poder a todos.

ENFOQUE Y RESUMEN DE LA LECCIÓN:
En esa lección, los niños aprenderán que Dios tiene poder sobre todos y, sobre todo.
1. El Señor continuó hablándole al faraón por medio de Moisés.
2. El Señor envió una plaga de langostas. Nada verde se salvó.
3. El Señor envió una plaga de obscuridad que duró tres días.
4. El Señor dijo que enviaría una plaga en contra de los primogénitos de las familias y de los animales. Todos morirían.

CONTEXTO BÍBLICO:

En este sitio de nuestra Excavación, Jehová continúa demostrando su poder y autoridad. La plaga de langostas y la de obscuridad muestran su poder.

El Señor hizo que soplara un fuerte viento que llevó a un enjambre de langostas hacia Egipto que cubrió completamente el territorio. Comieron toda planta que sobrevivió a la plaga de granizo. Esto eliminó todas las reservas de alimento de Egipto. No habría alimento en ningún lugar y la gente moriría de hambre. Los oficiales del faraón presionaron al faraón para que dejara salir a los israelitas de Egipto, pero él se rehusó. Cuando llegaron las langostas, el faraón confesó que había pecado en contra del Señor y en contra de Moisés. Pidió a Moisés que lo perdonara y que orara al Señor para que quitara la plaga. Moisés oró y Dios quitó la plaga, pero el faraón todavía no iba a dejar salir a los israelitas.

En la novena plaga, Jehová envió tres días de obscuridad sobre la tierra. Los egipcios estuvieron en completa obscuridad, pero los israelitas sí tenían luz. La obscuridad era más densa que la de la noche. Era como la obscuridad de una cueva profunda. Casi se podía tocar la obscuridad. Después de tres días de total obscuridad, el juicio, desesperación y temor sentido por los egipcios debió ser abrumador. Los egipcios y sus dioses estaban indefensos ante Jehová, pero el faraón todavía se resistía. Por eso Dios envió la décima y última plaga, la muerte de los primogénitos.

¿LO SABÍAS?

Los egipcios adoraban al sol. Ra, Horus y Osiris eran los dioses egipcios del sol. También creían que Sejmet, la diosa del fuego, podía destruir a los enemigos de los egipcios matándolos con los rayos del sol. La plaga de la obscuridad probó la supremacía de Jehová sobre los dioses del sol.

VOCABULARIO:

Palabras de Fe:

Los escogimientos son decisiones que hacemos. Escogemos bien cuando decidimos obedecer a Dios. Escogemos mal cuando desobedecemos a Dios.

Personas:
Los oficiales del faraón eran miembros de su corte real, quienes a menudo daban consejos al faraón.

Lugares:
El Mar Rojo estaba al Este de Egipto.

Conceptos:
Una langosta es un tipo de saltamontes. Las langostas viajan en enjambres, comiendo y destruyendo las cosechas.

Un gemido es un llanto fuerte y prolongado que se hace a causa del sufrimiento y la miseria.

Un primogénito es el primer hijo que nace en una familia.

LA HORA DE LA HISTORIA - ACTIVIDAD:

Usted necesitará:
1. El bolso de viaje de la lección uno
2. La caja (bolso, canasta o cartón) con los objetos de la lección anterior.

Objetos para la historia de hoy:
3. Una hoja de papel rayado con la palabra "Recordatorio" escrita en la parte superior
4. Repelente para insectos
5. Una linterna
6. Una muñeca de juguete y un animalito de peluche

Antes de la clase:
1. Lea Éxodo 10:1-11:10.
2. Junte los objetos de la historia de hoy. Reemplace los objetos que no están disponibles con una imagen.
3. Entregue la bolsa de viaje, pase todos los objetos de la lección anterior a la caja y colóquela junto al lugar de contar historias.
4. Ponga los objetos de la historia de hoy dentro del bolso de viaje. Coloque el bolso de viaje en el lugar de contar historias.

Actividad de apertura: Repaso de la lección
Pídale a un voluntario que seleccione un objeto de la caja y que explique lo que este representó en una lección anterior.

La hora de la historia:
1. Cuente la historia con sus propias palabras. Vaya sacando un objeto de su bolso para ilustrar un punto principal. Enfóquese en los puntos principales. Si le parece bien, incluya más detalles. Si le hace falta, utilice el guion que le sugerimos.
2. Mientras cuenta la historia, muestre cada objeto en el orden de la lista. Colóquelo en un lugar visible para los niños.
3. Después de contar la historia, guarde los objetos dentro del bolso.
4. Para repasar la historia, quite el primer objeto. Pídale a un voluntario que diga lo que representa. Muestre este objeto. Repita este procedimiento hasta que la historia sea recontada.
5. Revise la señal para recordar qué se describe abajo. Haga esta señal cada vez que mencione lo que representa.
6. Diga, Continuamos en nuestra expedición de exploración del libro de Éxodo. Tengo en mi bolso de viaje algunas herramientas que vamos a necesitar. Hoy nuestro viaje comienza con ...Saque los objetos mientras cuenta la historia.

Los puntos principales en orden:
1. Papel con el título "Recordatorio" - Diga, El Señor habló al faraón por medio de Moisés. Cuando Moisés habló con faraón fue como entregarle un recordatorio de parte de Dios. Todo lo que Moisés le dijo al faraón fue un mensaje directo de parte de Dios.
2. Repelente para insectos - Diga, El faraón se rehusó a obedecer por lo tanto el Señor envió una plaga de langostas. Las langostas comieron el resto de la cosecha que no murió con el granizo. Nada verde se salvó. Cuando Moisés oró, el Señor envió un viento del Oeste que sacó a las langostas hacia el Mar Rojo. Todavía el faraón no obedecería.

3. Linterna - Diga, El Señor envió una plaga de obscuridad que duró por tres días. La obscuridad fue tan obscura que se la podía sentir. Los egipcios no podían ver a nadie ni salir de sus casas. Sin embargo, los israelitas tenían luz. Aun así, el faraón no dejaría salir al pueblo. Le dijo a Moisés que desapareciera de su vista y que nunca volviera ante él.

4. Muñeca de juguete y animalito de peluche - Diga, Antes de que Moisés se despidiera del faraón, le dio un mensaje más. El Señor le dijo a Moisés que enviaría una plaga en contra de todos los primogénitos, de las personas y de los animales. Ellos morirían. Las otras plagas arruinaron la tierra, pero ésta destruiría a las personas y a los animales.

5. Señal para Recordar - Pida que los niños se cubran la parte superior de su cabeza para representar a las langostas y la obscuridad que cubrió Egipto. O puede invitar a los niños a pensar en otra señal. Diga, Mientras cuento la historia haga esta señal cuando escuche lo que representa.

6. Diga, Ahora es su turno para contar la historia. Regrese los objetos al bolso. Pida a los niños, por turnos, que escojan un objeto del bolso, sin mirar. Pídales que expliquen lo que significa o que repasen la señal para recordar.

Consejos didácticos:

Mientras dirige el estudio bíblico, enfatice en estas ideas:

- El Señor dio la razón por la que envió las plagas en 10:1-2.
- Algunos niños podrían expresar preocupación debido a que Dios endureció el corazón del faraón. Si este es el caso, las muchas veces que el faraón endureció su propio corazón. Explique que cuando esto sucedió Dios estaba aceptando y fortaleciendo los escogimientos que el faraón ya había hecho con firmeza. Si voluntariamente escogemos desobedecer a Dios, hay consecuencias.

Lea la Escritura con los niños:

Lea en voz alta Éxodo 10:1-11:10.

Preguntas de discusión:

A partir de la historia haga a los niños las siguientes preguntas. Recuerde que podría no haber una respuesta correcta o incorrecta.

1. Lea éxodo 10:1-2. ¿qué quería el señor que los israelitas supieran e hicieran? ¿qué tan importante es para nosotros saber esto y hacerlo?
2. Durante la plaga de langostas el faraón dijo que había pecado y pidió perdón. ¿Fue realmente honesto con Dios? ¿Cómo lo sabes? (10:16-20)
3. ¿Cómo cambiaría tu vida si Dios enviara una plaga de obscuridad en dónde vives?
4. Imagina que eres un Egipcio viviendo en obscuridad. ¿Qué pensarías si supieras que los israelitas tenían luz donde vivían?
5. ¿Qué aprendemos del poder de Dios a partir de las tres plagas que hemos tratado en este estudio bíblico?

Pensamientos de cierre:

Este es el pensamiento que queremos que los niños aprendan.

Diga, Dios continuó danto oportunidades para que el faraón se rindiera ante él.

¡Dios da segundas oportunidades! La historia de las plagas es un ejemplo de cómo Dios da muchas oportunidades a las personas para que lo obedezcan. Antes de cada plaga, el Señor dio al faraón la oportunidad para que dejara salir al pueblo. Éxodo 34:6 dice, "¡Jehová! ¡Jehová! fuerte, misericordioso y piadoso; tardo para la ira, y grande en misericordia y verdad;"

La paciencia de Dios no es ilimitada. Él quiere que lo conozcamos, amemos y obedezcamos. Dios es un Dios de gracia, pero la gente debe aceptar su gracia y escoger obedecer antes de que sea demasiado tarde.

PRÁCTICA PARA EL ESGRIMA BÍBLICO

Practique para Esgrima Bíblico con juegos y actividades (p. 71), o con preguntas y respuestas (p. 149).

LECCIÓN 10
¡Libres al Fin!
Éxodo 12:1-42

VERSÍCULO PARA MEMORIZAR:
Y Jehová dio gracia al pueblo delante de los egipcios, y les dieron cuanto pedían; así despojaron a los egipcios. Éxodo 12:36

VERDADES ACERCA DE DIOS:
Esta lección le enseñará las siguientes verdades acerca de Dios. El asterisco * indica la verdad principal que usted deberá enseñar a los niños.

1. Dios fue fiel a su promesa de liberar a su pueblo de la esclavitud. (*)
2. Dios cuida esmeradamente a su pueblo.
3. Dios siempre termina derrotando al mal.

ENFOQUE Y RESUMEN DE LA LECCIÓN:
En esta lección, los niños aprenderán que Dios cumple sus promesas y sus propósitos.

1. Dios envió la última plaga, la plaga de los primogénitos.
2. Los israelitas celebraron la primera Fiesta de los Panes sin Levadura, la Pascua.
3. El faraón dejó salir a los israelitas.
4. Los israelitas salieron de Egipto exactamente en la forma y en el tiempo que el Señor lo había dicho.

CONTEXTO BÍBLICO:

En esta lección conoceremos las instrucciones para la Pascua, la plaga de muerte de los primogénitos y la salida (éxodo) de Israel de Egipto. Estos eventos les enseñaron a los israelitas lecciones importantes acerca de Dios y de lo que Dios esperaba de ellos.

Los israelitas conocieron que Jehová es fiel. Cientos de años antes, Dios prometió a Abraham que sacaría de Egipto a sus descendientes con riquezas. Los descendientes de Abraham que se encontraban esclavizados en Egipto no sabían de la promesa que Dios había hecho a Abraham. Dios vino a rescatarlos porque Dios siempre cumple sus promesas.

Los israelitas también conocieron que Dios desea su gratitud y fidelidad. Si querían ser liberados del faraón debían ser fieles a Dios. Tenían que realizar la Pascua si querían ser liberados de la plaga de la muerte. No podían salvarse por ellos mismos. Para ser salvos tenían que obedecer a Dios.

Los israelitas también aprendieron una tercera lección. Debían celebrar la Pascua cada año. En la comida de Pascua, debían enseñar a cada nueva generación, su historia, sus tradiciones y la bondad de Dios.

¿LO SABÍAS?

Los judíos continúan celebrando la Pascua hoy en día. Los niños judíos juegan un juego en el que buscan levadura por toda la casa.

VOCABULARIO:

Palabras de Fe:

Fiel significa confiable y digno de ser creído. Dios siempre es fiel. Él es confiable y siempre cumple sus promesas. Dios espera que su pueblo sea fiel a él y a los demás.

Conceptos:

El hisopo es un arbusto pequeño de tallo velludo. Estos tallos retienen bien el agua cuando están juntos con sus hojas y flores.

La Fiesta de los Panes sin Levadura es una celebración de siete días que incluye la Pascua. En esta fiesta, los israelitas solo comieron pan sin levadura. Esto les recuerda que salieron rápidamente de Egipto y que no pusieron ninguna levadura en el pan. Esto se hizo porque no podían esperar a que el pan se leudara.

La Pascua es una fiesta que celebra la liberación de los israelitas de la esclavitud en Egipto. Es un tiempo para recordar que Dios pasó de largo por las casas de los israelitas durante la última plaga y libró a los primogénitos de la muerte.

Una ordenanza es una regla o ley dada por el Señor a los israelitas.

Los clanes fueron grupos de personas, muy parecidos a las 12 tribus de Israel.

Una vigilia es un espacio de tiempo en el que una persona está en alerta. El Señor se mantuvo en vigilia al cuidar de la seguridad de los israelitas.

LA HORA DE LA HISTORIA - ACTIVIDAD:

Usted necesitará:
1. El bolso de viaje de la lección uno
2. La caja (bolso, canasta o cartón) con los objetos de la lección anterior.

Objetos para la historia de hoy:
3. Una vela de cumpleaños con la forma de un "1"
4. Pita o pan de matzo
5. Una hoja de papel de construcción con la palabra "¡¡¡Salgan!!!"
6. Un marcador verde
7. Una Biblia

Antes de la clase:
1. Lea Éxodo 12:1-42.
2. Junte los objetos de la historia de hoy. Reemplace los objetos que no están disponibles con una imagen.
3. De la bolsa de viaje, pase todos los objetos de la lección anterior a la caja y colóquela junto al lugar de contar historias.
4. Ponga los objetos de la historia de hoy dentro del bolso de viaje. Coloque el bolso de viaje en el lugar de contar historias.
5. Imprima "¡¡¡Salgan!!!" en la hoja de papel de construcción con el marcador verde. Coloque esta hoja boca abajo en el lugar de contar cuentos.

Actividad de apertura: Siga al líder

Pida que los niños hagan una fila, uno detrás del otro. Escoja a un niño como líder. Diga a los niños que deben mirar al líder e imitar todo lo que él haga. El líder guía al grupo alrededor del salón. Él o ella hace diferentes gestos con sus manos, sonidos, o señales de viaje para que los niños lo imiten. Por ejemplo, el líder da pasitos, pasos grandes o saltos. El juego debe terminar en el lugar de contar cuentos.

Opcional - Repaso de la lección:

Pídale a un voluntario que seleccione un objeto de la caja y que explique lo que este representó en una lección anterior.

La hora de la historia: Lea estas instrucciones antes de comenzar.
1. Cuente la historia con sus propias palabras. Vaya sacando un objeto de su bolso para ilustrar un punto principal. Enfóquese en los puntos principales. Si le parece bien, incluya más detalles. Si le hace falta, utilice el guion que le sugerimos.
2. Mientras cuenta la historia, muestre cada objeto en el orden de la lista. Colóquelo en un lugar visible para los niños.
3. Después de contar la historia, guarde los objetos dentro del bolso.
4. Para repasar la historia, quite el primer objeto. Pídale a un voluntario que diga lo que representa. Muestre este objeto. Repita este procedimiento hasta que la historia sea recontada.
5. Revise la señal para recordar qué se describe abajo. Haga esta señal cada vez que mencione lo que representa.
6. Diga, Continuamos en nuestra expedición de exploración del libro de Éxodo. Tengo en mi bolso de viaje algunas herramientas que vamos a necesitar. Hoy nuestro viaje comienza con ...Saque los objetos mientras cuenta la historia.

Los puntos principales en orden:

1. Vela con la forma de un "1" - Diga, Dios estaba a punto de enviar la décima y última plaga a los egipcios. A media noche, los hijos primogénitos de los egipcios y de los animales morirían.

2. Pita o pan de matzo - Diga, El Señor dijo a los israelitas que preparen una comida especial. Comieron pan sin leudar que es un pan que no tiene levadura. Mataron un cordero y pusieron una parte de su sangre en los dinteles de sus casas. Dios pasó de largo por sus casas y ninguno de los primogénitos de los israelitas murió. Los israelitas comieron el cordero y el pan rápidamente para estar listos para salir de Egipto.

3. Hoja con la palabra "¡¡¡Salgan!!!" - Diga, Después de la plaga de los primogénitos, el faraón llamó a Moisés y Aarón, y les dijo que salieran. Los egipcios dieron a los israelitas regalos de oro, plata y vestidos.

4. Biblia - Diga, Los israelitas salieron de Egipto en el día exacto y en la forma exacta que el Señor le prometió a Abraham, cientos de años antes. (Génesis 15:12-14, Éxodo 40-41)

5. Señal para Recordar - Pida que los niños muevan sus manos en alto como si se despidieran para indicar que los israelitas eran libres. O puede invitar a los niños a pensar en otra señal. Diga, Mientras cuento la historia haga esta señal cuando escuche lo que representa.

6. Diga, Ahora es su turno para contar la historia. Regrese los objetos al bolso. Pida a los niños, por turnos, que escojan un objeto del bolso, sin mirar. Pídales que expliquen lo que significa o que repasen la señal para recordar. Luego de que todos los objetos hayan sido sacados, pida que los niños los coloquen en el orden correcto de la historia.

Consejos didácticos:
Mientras dirige el estudio bíblico, enfatice en estas ideas:

- El Señor planeó cada detalle del Éxodo, el tiempo y las provisiones que llevarían. Aunque podría parecer que el Señor no estaba involucrado al comienzo, en verdad estaba obrando todo el tiempo.

Lea la Escritura con los niños:
Lea en voz alta Éxodo 12:1-42.

Preguntas de discusión:
A partir de la historia haga a los niños las siguientes preguntas. Recuerde que podría no haber una respuesta correcta o incorrecta.

1. Imagina que eres un Israelita en la primera Pascua. Describe lo que piensas y sientes.
2. Si fueras un Israelita, ¿cómo te sentirías si supieras que el Señor pasó de largo por tu casa?
3. ¿Por qué dijo Dios a su pueblo que celebren la Fiesta de la Pascua y de los Panes sin Levadura?
4. ¿Por qué crees que otras personas se fueron de Egipto junto a los israelitas?
5. ¿Cuán importante fue para los israelitas recordar lo que el Señor dijo? ¿Cuán importante es hacerlo hoy?

Pensamientos de cierre:
Este es el pensamiento que queremos que los niños aprendan.

Diga, Dios fielmente liberó a su pueblo de la esclavitud, exactamente como lo prometió.

¡Finalmente! Los israelitas eran libres. ¿Puedes imaginar cómo fue salir de Egipto en medio de la noche? El Señor les proveyó pan, vestido, oro, plata, y todo lo demás que necesitaban. Los egipcios los ayudaron y el Señor los cuidó. Las promesas del Señor son confiables. Recuerda Éxodo 12:28 dice, "Los Israelitas fueron y lo hicieron así. Tal como el Señor había mandado" Él nos cuida. Es importante que nosotros lo obedezcamos, así como los israelitas lo hicieron.

PRÁCTICA PARA EL ESGRIMA BÍBLICO
Practique para Esgrima Bíblico con juegos y actividades (p. 71), o con preguntas y respuestas (p. 149).

LECCIÓN 11
Estad tranquilos... ¡el Señor peleará por ustedes!
Éxodo 13:17-14:31

VERSÍCULO PARA MEMORIZAR:
Jehová peleará por vosotros, y vosotros estaréis tranquilos. Éxodo 14:14

VERDADES ACERCA DE DIOS:
Esta lección le enseñará las siguientes verdades acerca de Dios. El asterisco * indica la verdad principal que usted deberá enseñar a los niños.

1. Dios peleó por su pueblo y derrotó a los egipcios en el Mar Rojo. (*)
2. Dios pelea por su pueblo.
3. Dios sabe cuándo las personas son fuertes y cuándo no lo son.

ENFOQUE Y RESUMEN DE LA LECCIÓN:
En esta lección, los niños aprenderán que Dios defiende a su pueblo.

1. El Señor guió a los israelitas con una columna de nube y una columna de fuego.
2. El faraón cambió de parecer y persiguió a los israelitas.
3. El Señor hizo que el viento partiera el Mar Rojo.
4. Los israelitas cruzaron el Mar Rojo a salvo mientras que los egipcios se ahogaron.

CONTEXTO BÍBLICO:
Esta lección se enfoca en la salida de los israelitas de Egipto. Al comienzo todo iba bien. Marcharon valientemente, cargados con los regalos de los egipcios. Siguieron una columna de nube durante el día y una columna de fuego durante la noche. Confiando en la victoria total de Jehová sobre el faraón, finalmente fueron libres de la esclavitud, ¡libres para adorar al Señor!

Entonces las carrozas de los egipcios aparecieron. Los israelitas sabían que no eran rivales para el ejército del faraón. Atrapados frente al mar entraron en pánico. El faraón rehusó dejarlos salir en libertad, aún a pesar de la décima plaga, la muerte de los primogénitos. ¿Podría Jehová derrotar al ejército más poderoso del mundo? ¿Los rescataría? Porque si Dios no peleaba la batalla por ellos, ellos sabían que estaban condenados.

Al momento, su mayor problema no era el ejército del faraón. Su mayor debilidad fue su falta de fe en Dios. ¿No les había probado la grandeza de su poder? ¿No les había probado la grandeza de su amor por ellos? ¿No les había probado su fidelidad para cumplir sus promesas? Parecía que la visión del ejército del faraón hubiese borrado de su memoria las obras milagrosas y maravillosas de Dios.

No. Dios lo había hecho todo antes y volvería a hacer todo ahora. Ellos solo tenían que estar quietos y confiar en Dios. La batalla era del Señor. Nada había por hacer solo confiar y obedecer. Todavía eso es verdad para el pueblo de Dios hoy.

¿LO SABÍAS?
A los Filisteos se les conocía como a la "gente del mar." Ellos se establecieron en Canaán aproximadamente 1.100 años antes de que Jesús naciera. Es posible que originariamente vinieran de la Isla de Creta. Los belicosos Filisteos se volvieron enemigos del pueblo de Dios.

VOCABULARIO:
Palabras de Fe:

Confiar significa creer que Dios es bueno y que siempre cumple sus promesas. El pueblo que confía en Dios depende de él y lo obedece.

Personas:

Los filisteos fueron un pueblo belicoso que vivieron al Este de Egipto, a lo largo de la costa de Canaán.

José fue el hijo de Jacob, también conocido como Israel. José llegó a ser el primer ministro de Egipto y salvó a su familia de la hambruna.

El Ángel de Dios fue el mensajero del Señor.

Lugares:

Pi-Hahirot fue el último lugar en donde acamparon los israelitas antes de cruzar el Mar Rojo. La ubicación exacta es desconocida.

Conceptos:

Una carroza fue un vehículo de dos o cuatro ruedas que fue halada por caballos y se usaba para la guerra.

LA HORA DE LA HISTORIA - ACTIVIDAD:

Usted necesitará:
1. El bolso de viaje de la lección uno
2. La caja (bolso, canasta o cartón) con los objetos de la lección anterior.

Objetos para la historia de hoy:
3. Bolas de algodón
4. Fósforos
5. Una trampa para ratas o ratones
6. Una peinilla
7. Una escoba

Antes de la clase:
1. Lea Éxodo 13:17-14:31.
2. Junte los objetos de la historia de hoy. Reemplace los objetos que no están disponibles con una imagen.
3. De la bolsa de viaje, pase todos los objetos de la lección anterior a la caja y colóquela junto al lugar de contar historias.
4. Ponga los objetos de la historia de hoy dentro del bolso de viaje. Coloque el bolso de viaje en el lugar de contar historias.

Actividad de apertura: Repaso de la lección:
Pídale a un voluntario que seleccione un objeto de la caja y que explique lo que este representó en una lección anterior.

La hora de la historia: Lea estas instrucciones antes de comenzar.
1. Cuente la historia con sus propias palabras. Vaya sacando un objeto de su bolso para ilustrar un punto principal. Enfóquese en los puntos principales. Si le parece bien, incluya más detalles. Si le hace falta, utilice el guion que le sugerimos.
2. Mientras cuenta la historia, muestre cada objeto en el orden de la lista. Colóquelo en un lugar visible para los niños.
3. Después de contar la historia, guarde los objetos dentro del bolso.
4. Para repasar la historia, quite el primer objeto. Pídale a un voluntario que diga lo que representa. Muestre este objeto. Repita este procedimiento hasta que la historia sea recontada.
5. Revise la señal para recordar qué se describe abajo. Haga esta señal cada vez que mencione lo que representa.
6. Diga, Continuamos en nuestra expedición de exploración del libro de Éxodo. Tengo en mi bolso de viaje algunas herramientas que vamos a necesitar. Hoy nuestro viaje comienza con ...Saque los objetos mientras cuenta la historia.

Los puntos principales en orden:

1. Bolas de algodón y fósforos - Diga, Por fin los israelitas fueron libres. El Señor los guió por medio de una columna de nube durante el día y una columna de fuego por la noche. Él no los guío por la ruta más corta. Feroces guerreros los esperaban adelante. En lugar de eso, los guío en un viaje más largo por el desierto.

2. Una trampa para ratas o ratones - Diga, El faraón cambió de parecer y persiguió a los israelitas con su ejército. El desierto estaba a un lado y el Mar Rojo al otro. Pero, los egipcios se estaban aproximando. Los israelitas estaban atrapados. Se quejaron con Moisés, "¿Por qué nos has traído a morir aquí?" Moisés respondió, "No tengan temor. Permanezcan firmes y verán la liberación que el Señor les dará hoy."

3. Una peinilla - Diga, El Señor envió un viento muy fuerte. Sopló durante toda la noche y partió el Mar Rojo.

4. Una Escoba - Diga, Los israelitas cruzaron el Mar Rojo en seco. Muros de agua estuvieron a su izquierda y derecha. Los egipcios los persiguieron. Cuando los israelitas cruzaron con seguridad, los muros de agua se vinieron abajo. Los egipcios fueron barridos dentro del mar y se ahogaron.

5. Señal para Recordar - Pida que los niños levanten las manos, los codos derechos, con las palmas una enfrente como si se fueran a juntar. Esto representa el espacio entre los muros de agua en el Mar Rojo. O puede invitar a los niños a pensar en otra señal. Diga, Mientras cuento la historia haga esta señal cuando escuche lo que representa.

6. Diga, Ahora es su turno para contar la historia. Regrese los objetos al bolso. Pida a los niños, por turnos, que escojan un objeto del bolso, sin mirar. Pídales que expliquen lo que significa o que repasen la señal para recordar. Luego de que todos los objetos hayan sido sacados, pida que los niños los coloquen en el orden correcto de la historia.

Consejos didácticos:

Mientras dirige el estudio bíblico, enfatice en estas ideas:

- El Señor continuamente usó su asombroso poder para proteger a Israel de cada nuevo peligro.
- Dios dijo al pueblo que no trataran de salvarse a sí mismos, sino que esperaran a que él actuara. Cuando enfrentamos situaciones en las que no hay nada que podamos hacer, debemos confiar en Dios y esperar su ayuda.

Lea la Escritura con los niños:

Lea en voz alta Éxodo 13:17-14:31.

Preguntas de discusión:

A partir de la historia haga a los niños las siguientes preguntas. Recuerde que podría no haber una respuesta correcta o incorrecta.

1. ¿Por qué el faraón cambió de parecer y persiguió a los israelitas?
2. ¿Cómo crees que sería ser guiado y protegido por una columna de nube y una columna de fuego?
3. Lea Éxodo 14:10. ¿Qué pensarías o cómo te sentirías si fueras un Israelita que está siendo perseguido por los egipcios? ¿Cuál de tus experiencias recientes te ayudan a confiar en el Señor?
4. Imagina que te encuentras viajando con los israelitas. Describe cómo te sientes mientras caminas en seco por el Mar Rojo, con la arena bajo tus pies y las paredes de agua a ambos lados.
5. Si fueras un Filisteo, ¿qué pensarías al enterarte de que Dios guió a los israelitas para que cruzaran con seguridad el Mar Rojo y luego destruyera los ejércitos de Egipto?

Pensamientos de cierre:
Este es el pensamiento que queremos que los niños aprendan.

Diga, Dios peleó por su pueblo y derrotó a los egipcios en el Mar Rojo.

Los israelitas aún enfrentaron peligros mayores. Cuando el ejército de los egipcios apareció, los israelitas entraron en pánico. Habían olvidado los milagros que el Señor había realizado por medio de Moisés y Aarón. Pero aprenderían que el poder de Dios no tiene límites. Él puede realizar su plan a pesar de lo terrible que parezca la situación. En el Mar Rojo, el Señor derrotó a los egipcios de una vez por todas.

¿Qué problemas enfrentas? ¿Te atemorizan? Vuélvete a Dios y confía en él. Recuerda lo que él ha hecho en el pasado y espera su ayuda para lo que necesitas.

PRÁCTICA PARA EL ESGRIMA BÍBLICO

Practique para Esgrima Bíblico con juegos y actividades (p. 71), o con preguntas y respuestas (p. 149).

LECCIÓN 12
Pero, ¿y yo?
Éxodo 16:1-31; 17:1-7

VERSÍCULO PARA MEMORIZAR:
¿Quién como tú, oh Jehová, entre los dioses? ¿Quién como tú, magnífico en santidad, terrible en maravillosas hazañas, hacedor de prodigios? Éxodo 15:11

VERDADES ACERCA DE DIOS:
Esta lección le enseñará las siguientes verdades acerca de Dios. El asterisco * indica la verdad principal que usted deberá enseñar a los niños.

- * Dios suplió las necesidades de los israelitas.
- Dios quiere que su pueblo confíe en él y lo obedezca.
- Dios puede usar cosas ordinarias en forma extraordinaria.

ENFOQUE Y RESUMEN DE LA LECCIÓN:
En esta lección, los niños aprenderán que Dios quiere que la gente sepa que él es fiel, que confíen en él y lo obedezcan.

1. Cada vez que los israelitas enfrentaron un nuevo problema, protestaron y se quejaron.
2. Cuando necesitaron alimento, el Señor proveyó un pan especial llamado maná.
3. Cuando el Señor les dio el maná, les probó para ver si obedecerían sus instrucciones.
4. Los israelitas se quejaron porque no tenían agua. El Señor les dio agua.

CONTEXTO BÍBLICO:
Después de que Dios derrotó al ejército del faraón, las cosas cotidianas como la comida o el agua llegaron a ser su mayor preocupación. La reacción de los israelitas ante los desafíos de la vida cotidiana probó su fe y revelaron el nivel de su confianza en Dios.

Cuando tuvieron hambre y sed, protestaron y se quejaron. Se pusieron enojados, impacientes y desagradecidos. Se pusieron irrespetuosos y resentidos con Moisés, Aarón y Dios. Dijeron que su vida como esclavos del faraón fue mejor que la vida de libertad bajo el liderazgo de Moisés y Aarón.

Dios misericordiosamente se detuvo al no castigarlos. En lugar de esto, les dio milagrosamente codornices y maná para que comieran. Sacó agua de la roca para que bebieran. Dios les probó que proveería para sus necesidades y que él era fiel. Pero, los israelitas continuaron protestando, quejándose y desobedeciendo. En lugar de confiar en Dios, el pueblo confió en sus pensamientos y sentimientos. Devolvieron infidelidad ante la fidelidad de Dios.

¿LO SABÍAS?
De acuerdo a la Biblia, esta es la única vez en que el maná, el pan del cielo, existió.

VOCABULARIO:
Palabras de Fe:

El Sabbat es el día que Dios separó para el descanso, la adoración y para hacer lo bueno.

Lugares:

El Desierto de Sin es una zona desértica al sureste de Egipto y a lo largo del Mar Rojo.

Masá Meriba es el nombre que Moisés dio al lugar donde el Señor sacó agua de la roca. Masá significa prueba. Meriba significa queja.

Conceptos:

Maná es el pan especial que Dios proveyó para los israelitas en el desierto. Maná significa "¿Qué es esto?"

La codorniz es un pequeño pájaro gordo con plumas grises y de color café.

La cresa son las larvas de gusanos que crecen a partir de los huevos de las moscas. Encontramos cresa en la comida podrida.

La Gloria del Señor significa la presencia del Señor.

LA HORA DE LA HISTORIA - ACTIVIDAD:
Usted necesitará:
1. El bolso de viaje de la lección uno
2. La caja (bolso, canasta o cartón) con los objetos de la lección anterior.
3. Objetos para la historia de hoy:
    Una hoja de papel de construcción y un marcador
    Hojuelas de Cereales Congelados, galletas delgadas o pita
    Botellas de agua selladas
    Una almohada pequeña

Antes de la clase:
1. Lea Éxodo 16:1-31; 17:1-7.
2. Imprima estas palabras y frases en el papel: gemido, lloriqueo, protesta, gimoteo, queja, y también las frases "¡si solo hubiéramos muerto en Egipto!" y "¿Por qué nos trajiste aquí para morir?"
3. Junte los objetos de la historia de hoy. Reemplace los objetos que no están disponibles con una imagen.
4. De la bolsa de viaje, pase todos los objetos de la lección anterior a la caja y colóquela junto al lugar de contar historias.
5. Ponga los objetos de la historia de hoy dentro del bolso de viaje. Coloque el bolso de viaje en el lugar de contar historias.

Actividad de apertura: Repaso de la lección
Pídale a un voluntario que seleccione un objeto de la caja y que explique lo que este representó en una lección anterior.

La hora de la historia: Lea estas instrucciones antes de comenzar.
1. Cuente la historia con sus propias palabras. Vaya sacando un objeto de su bolso para ilustrar un punto principal. Enfóquese en los puntos principales. Si le parece bien, incluya más detalles. Si le hace falta, utilice el guion que le sugerimos.
2. Mientras cuenta la historia, muestre cada objeto en el orden de la lista. Colóquelo en un lugar visible para los niños.
3. Después de contar la historia, guarde los objetos dentro del bolso.
4. Para repasar la historia, quite el primer objeto. Pídale a un voluntario que diga lo que representa. Muestre este objeto. Repita este procedimiento hasta que la historia sea recontada.
5. Revise la señal para recordar qué se describe abajo. Haga esta señal cada vez que mencione lo que representa.
6. Diga, Continuamos en nuestra expedición de exploración del libro de Éxodo. Tengo en mi bolso de viaje algunas herramientas que vamos a necesitar. Hoy nuestro viaje comienza con …Saque los objetos mientras cuenta la historia.

Los puntos principales en orden:
1. Letreros con una palabra o frase - Entregue cada letrero a un niño diferente. Después, pida que cada niño, lea su letrero en voz alta. Diga, Mientras los israelitas iban por el desierto se les acabó el alimento. El pueblo protestó y se quejó contra Moisés. Dijeron, "Si solo hubiéramos muerto en Egipto." "Teníamos montones de comida ahí. Nos has traído al desierto para morir de hambre."

2. Hojuelas congeladas - Diga, Entonces, el Señor les dio un nuevo tipo de comida. Cada mañana, el suelo se cubrió con delgadas hojuelas que parecían congeladas. Los israelitas no sabían qué era, por lo que las llamaron maná, que significa "¿Qué es esto?"

Almohada pequeña - Diga, Dios probó al pueblo para ver si lo obedecerían. Dios dijo, que juntaran el maná para comer cada día, cinco días a la semana. No deberían guardar nada al terminar la noche. Pero al sexto día, debían juntar suficiente para ese día y el siguiente, que era sábado. El séptimo día, el pueblo debía descansar y no trabajar. Algunas personas obedecieron a Dios. Otros no lo hicieron.

3. Botella de agua sellada - Diga, El agua de los israelitas casi se había acabado. Se quejaron de nuevo. El Señor pidió a Moisés que golpeara la roca, y salió agua de la roca para que la gente bebiera.

4. Señal para Recordar - Pida que los niños muevan sus manos en alto como si se despidieran para indicar que los israelitas eran libres. O puede invitar a los niños a pensar en otra señal. Diga, Mientras cuento la historia haga esta señal cuando escuche lo que representa.

5. Diga, Ahora es su turno para contar la historia. Regrese los objetos al bolso. Pida a los niños, por turnos, que escojan un objeto del bolso, sin mirar. Pídales que expliquen lo que significa o que repasen la señal para recordar. Luego de que todos los objetos hayan sido sacados, pida que los niños los coloquen en el orden correcto de la historia.

Consejos didácticos:

Mientras dirige el estudio bíblico, enfatice en estas ideas:
- A pesar de todo lo que el Señor había hecho por ellos, los israelitas todavía no respondieron con confianza u obediencia.
- Cuando los israelitas se quejaron en contra de Moisés y Aarón, en realidad se quejaron contra Dios.

Lea la Escritura con los niños:
Lea en voz alta Éxodo 16:1-31 y 17:1-7.

Preguntas de discusión:

A partir de la historia haga a los niños las siguientes preguntas. Recuerde que podría no haber una respuesta correcta o incorrecta.

1. ¿Estuvo bien que los israelitas se quejaran por no tener comida o alimento? ¿Por qué sí? o ¿por qué no?
2. Los israelitas se quedaron sin comida y sin agua. ¿Cómo reaccionaron? ¿Por qué crees que reaccionaron de esta manera?
3. Imagina que eres un Israelita y que tu alimento cae del cielo. ¿Qué pensarías, dirías, o harías la primera vez que hubieras visto el maná?
4. ¿Por qué el Señor quería que el pueblo recogiera alimento extra el sexto día? ¿Por qué este mandato era una bendición para ellos?
5. ¿Piensas que los israelitas pasaron o no pasaron en las pruebas que Dios les dio en el desierto? Conversen sobre esto.

Pensamientos de cierre:

Este es el pensamiento que queremos que los niños aprendan.

Diga, Dios suplió las necesidades de los israelitas.

No estaba mal que los israelitas quisieran alimento y agua. Todos necesitamos esto para vivir y estar sanos. El problema fue que no confiaron en que Dios se ocuparía de estas necesidades. En su lugar, con enojo, protestaron y se quejaron. Olvidaron que en el pasado el Señor les proveyó. También, fueron descuidados y no lo obedecieron. Algunos guardaron maná al terminar la noche, y otros no descansaron el sábado.

Puedes aprender de los errores de los israelitas. Confía en la bondad de Dios, pide su ayuda y obedécelo completamente. Dios te ama. Él es sabio. Él provee para tus necesidades.

PRÁCTICA PARA EL ESGRIMA BÍBLICO
Practique para Esgrima Bíblico con juegos y actividades (p. 71), o con preguntas y respuestas (p. 149).

LECCIÓN 13:
Un ardiente resplandor de gloria
Éxodo 19:1-25

VERSÍCULO PARA MEMORIZAR:
Ahora pues, si diereis oído a mi voz, y guardareis mi pacto, vosotros seréis mi especial tesoro sobre todos los pueblos; porque mía es toda la tierra. Y vosotros seréis un reino de sacerdotes y gente santa. Éxodo 19:5-6

VERDADES ACERCA DE DIOS:
Esta lección le enseñará las siguientes verdades acerca de Dios. El asterisco * indica la verdad principal que usted deberá enseñar a los niños.

1. Dios reveló su santidad y poder en el Monte Sinaí. (*)
2. El poder de Dios es más grande que cualquier persona o cosa.
3. Dios es santo, por lo tanto, quienes se relacionan con él deben respetarlo y obedecerlo.

ENFOQUE Y RESUMEN DE LA LECCIÓN:
En esta lección, los niños aprenderán que Dios reveló su santidad y poder en el Monte Sinaí y que desea hacer de Israel un pueblo santo.

1. Después de tres meses, el pueblo de Dios llegó al Monte Sinaí.
2. El Señor deseó hacer de los israelitas su especial tesoro si lo obedecían.
3. El Señor descendió al monte en fuego.
4. Moisés y Aarón subieron a la montaña para encontrarse con Dios en representación del pueblo.

CONTEXTO BÍBLICO:
La primera parte del viaje de Israel había terminado. Con humo y fuego, Jehová les llevó al lugar de la zarza ardiente. Este fue el lugar donde Dios se encontró primero con Moisés. El Señor ofreció hacer un pacto con los israelitas. La aceptación de ese pacto cambió su relación con Dios para siempre.

Este pacto trajo nuevas bendiciones y responsabilidades. Israel se convirtió en el tesoro especial de Jehová. Por medio de esta nueva relación, pudieron conocerlo mejor y amarlo más. Se convertirían en un reino de sacerdotes. Reflejarían el carácter de Dios en sus vidas y compartirían su enseñanza con todo el mundo. Ellos habían sido liberados y ahora ayudarían a liberar al mundo. Israel siempre sería diferente por causa de su relación con Jehová. De esta nación del pacto Israel vendría, el Salvador del mundo, Jesucristo, a redimir a todos los pueblos.

¿LO SABÍAS?
En el Antiguo Testamento, un sacerdote intercedía o mediaba entre el pueblo y Dios. El sacerdote habló a Dios en nombre del pueblo. También habló al pueblo en nombre de Dios. El Nuevo Testamento nos dice que Jesús es nuestro sacerdote e intercesor. Ya que Jesús fue humano por algún tiempo, él entiende lo que sentimos. Ya que él también es Dios, cuando nos acercamos a Jesús, nos acercamos a Dios.

VOCABULARIO:
Palabras de Fe:

Un pacto es un acuerdo muy importante. Contiene promesas muy serias. En el Pacto que Dios hizo con los israelitas, él prometió amarlos, bendecirlos y protegerlos. Ellos a su vez prometieron amarlo, adorarlo y obedecerlo. Los pactos de Dios nos ofrecen una relación de amor con él.

Personas:

Un sacerdote es una persona que habla con Dios en nombre del pueblo y que entrega al pueblo la respuesta de Dios. En Éxodo, los sacerdotes ayudaron al pueblo a tener una relación con Dios.

Lugares:
El Monte Sinaí es un monte en la zona desértica de Sinaí.

Conceptos:
Consagrar significa hacer santo a algo o alguien, o dedicar un objeto o una persona al servicio de Dios.

LA HORA DE LA HISTORIA - ACTIVIDAD:

Usted necesitará:
1. El bolso de viaje de la lección uno
2. La caja (bolso, canasta o cartón) con los objetos de la lección anterior.

Objetos para la historia de hoy:
3. Un teléfono
4. Una pluma
5. Billetes de juguete de grandes cantidades
6. Un letrero de Prohibida la Entrada (o haga uno con papel de construcción)

Antes de la clase:
1. Lea Éxodo 19:1-25.
2. Junte los objetos de la historia de hoy. Reemplace los objetos que no están disponibles con una imagen.
3. De la bolsa de viaje, pase todos los objetos de la lección anterior a la caja y colóquela junto al lugar de contar historias.
4. Ponga los objetos de la historia de hoy dentro del bolso de viaje. Coloque el bolso de viaje en el lugar de contar historias.

Actividad de apertura: Siga al líder
Pida que los niños hagan una fila, uno detrás del otro. Escoja a un niño como líder. Diga a los niños que deben mirar al líder e imitar todo lo que él haga. El líder guía al grupo alrededor del salón. Él o ella hace diferentes gestos con sus manos, sonidos, o señales de viaje para que los niños lo imiten. Por ejemplo, el líder da pasitos, pasos grandes o. El juego debe terminar en el lugar de contar cuentos.

Opcional - Repaso de la lección:
Pídale a un voluntario que seleccione un objeto de la caja y que explique lo que este representó en una lección anterior.

La hora de la historia: Lea estas instrucciones antes de comenzar.

1. Cuente la historia con sus propias palabras. Vaya sacando un objeto de su bolso para ilustrar un punto principal. Enfóquese en los puntos principales. Si le parece bien, incluya más detalles. Si le hace falta, utilice el guion que le sugerimos.
2. Mientras cuenta la historia, muestre cada objeto en el orden de la lista. Colóquelo en un lugar visible para los niños.
3. Después de contar la historia, guarde los objetos dentro del bolso.
4. Para repasar la historia, quite el primer objeto. Pídale a un voluntario que diga lo que representa. Muestre este objeto. Repita este procedimiento hasta que la historia sea recontada.
5. Revise la señal para recordar qué se describe abajo. Haga esta señal cada vez que mencione lo que representa.
6. Diga, Continuamos en nuestra expedición de exploración del libro de Éxodo. Tengo en mi bolso de viaje algunas herramientas que vamos a necesitar. Hoy nuestro viaje comienza con …Saque los objetos mientras cuenta la historia.

Los puntos principales en orden:

1. Un Teléfono - Diga, Finalmente el pueblo de Dios llegó al Monte Sinaí. Moisés subió a la montaña; el mismo lugar donde Dios le habló por medio de la zarza ardiente. Dios llamó a Moisés y le dio un mensaje para los israelitas.
2. Una Pluma - Diga, Dios le recordó a Moisés lo que él había hecho por los israelitas. Dijo, "Vosotros visteis lo que hice a los egipcios, y cómo os tomé sobre alas de águilas, y os he traído a mí." (19:4).
3. Dinero de juguete - Diga, Dios había salvado a los israelitas. Quería convertirlos en su

especial tesoro si ellos obedecían sus mandamientos y guardaban su pacto. Cuando Moisés entregó este mensaje a los israelitas, ellos dijeron, "Haremos todo lo que el Señor ha dicho."

4. Un letrero "Prohibida la Entrada" - Diga, Tres días más tarde, las nubes cubrieron el Monte Sinaí y el trueno retumbó. Los rayos relampaguearon. El sonido de una fuerte trompeta se escuchó. Dios bajo al monte en fuego. Moisés subió a la cima del monte. Dios le advirtió que el pueblo no debería intentar subir al monte o morirían.

5. Señal para Recordar - Pida que los niños pongan sus manos sobre su cabeza, tocando las puntas de sus dedos para indicar que Moisés subió al Monte Sinaí. O, puede invitar a los niños a pensar en otra señal. Diga, Mientras cuento la historia haga esta señal cuando escuche lo que representa.

6. Diga, Ahora es su turno para contar la historia. Regrese los objetos al bolso. Pida a los niños, por turnos, que escojan un objeto del bolso, sin mirar. Pídales que expliquen lo que significa o que repasen la señal para recordar. Luego de que todos los objetos hayan sido sacados, pida que los niños los coloquen en el orden correcto de la historia.

Consejos didácticos:

Mientras dirige el estudio bíblico, enfatice en estas ideas:

- Afirme que la santidad de Dios se mostró en el Monte Sinaí.
- Era importante que el pueblo respetara la santidad de Dios y que se preparara cuidadosamente antes de aproximarse a él.
- En el Antiguo Testamento, Dios parecía inaccesible cuando por primera vez les enseñó a respetarlo como su único Dios. Dios deseaba una relación saludable con su pueblo. Para hacerlo posible, él estaba dispuesto a enseñarles pacientemente.

Lea la Escritura con los niños:

Lea en voz alta Éxodo 19:1-25.

Preguntas de discusión:

A partir de la historia haga a los niños las siguientes preguntas.

1. Lea en voz alta Éxodo 19:4-5. ¿Por qué crees que el Señor dijo esto a los israelitas?
2. ¿Cómo responderías después de escuchar el mandato del Señor a ser obedientes?
3. Los israelitas dijeron que harían todo lo que el Señor mandaba. ¿Crees que obedecieron? ¿Por qué o por qué no?
4. ¿En qué forma la escena del Señor descendiendo al monte cambia tu imagen de Dios?
5. En Éxodo 19:23, el Señor manda a Moisés a tener al monte como santo. ¿Qué lugar tenemos como lugar santo para honrar a Dios?

Pensamientos de cierre:

Este es el pensamiento que queremos que los niños aprendan.

¡Un monte temblando! ¡Truenos! ¡Relampagueo! Un fuerte sonido de trompeta, ¡Dios es santo y poderoso! No debemos acercarnos a él sin reverencia. También sabemos que Dios ama a la gente. ¿Entonces cómo debemos acercarnos a él?

Jesús, el Hijo de Dios, hizo posible que conociéramos a Dios como Padre. El conocer la santidad y el poder de Dios nos enseña a respetarlo. Jesús hizo posible que nos acercáramos a Dios y que disfrutáramos de una relación personal con él. Si Jesús es tu Salvador, agradécele por lo que ha hecho por ti. Si no lo es, pregúntale a tu líder quién es Jesús y cómo podrías tener una relación con él.

PRÁCTICA PARA EL ESGRIMA BÍBLICO

Practique para Esgrima Bíblico con juegos y actividades (p. 71), o con preguntas y respuestas (p. 149).

LECCIÓN 14
¡R-E-S-P-E-T-O!

Éxodo 20:1-21

VERSÍCULO PARA MEMORIZAR:
No tendrás dioses ajenos delante de mí. No te harás imagen, ni ninguna semejanza de lo que esté arriba en el cielo, ni abajo en la tierra, ni en las aguas debajo de la tierra. Éxodo 20:3-4

VERDADES ACERCA DE DIOS:
Esta lección le enseñará las siguientes verdades acerca de Dios. El asterisco * indica la verdad principal que usted deberá enseñar a los niños.

1. Dios dio a los israelitas sus mandamientos para que pudieran vivir en relación de pacto con él. (*)
2. Dios quiere que su pueblo lo respete y obedezca.
3. Dios quiere que la gente de su pueblo se trate bien.

ENFOQUE Y RESUMEN DE LA LECCIÓN:
En esta lección, los niños aprenderán que Dios les dio Los Diez Mandamientos para que puedan vivir en buena relación con él y entre ellos.

1. Dios personalmente habló con los israelitas.
2. Dios dio mandamientos a los israelitas para ayudarles a vivir correctamente con él y entre ellos.
3. Los israelitas tuvieron miedo cuando vieron el poder de Dios.
4. Solo Moisés se acercó a Dios.

CONTEXTO BÍBLICO:
Jehová mostró su gracia a Israel cuando los defendió del faraón y sus dioses, sacándolos de la esclavitud. Les dio agua y alimento y les invitó a tener una relación de pacto con él. En un pacto, ambas partes tienen responsabilidades. Ahora ellos necesitaban entender claramente sus responsabilidades. Necesitaban saber lo que Dios esperaba de ellos. Era tiempo de recibir la ley de Dios, los Diez Mandamientos.

Jehová quería un pueblo santo a quien pudiera bendecir. Quería que su pueblo fuese una bendición para todo el mundo. Pero los israelitas solo habían conocido las enseñanzas del faraón y de los egipcios. Necesitaban reemplazar sus antiguas formas de pensar y actuar y aprender los caminos de Dios.

Por lo tanto, Jehová se acercó y hablo con el pueblo. Cuando se dieron cuenta que Dios era completamente santo y poderoso, tuvieron miedo. Moisés les dijo que algo de su temor era bueno. Era mejor tener cuidado y guardar sabiamente el pacto que ser descuidados y romper el pacto tontamente. Su respeto y asombro los guardaría del pecado.

¿LO SABÍAS?
Muchos judíos continúan viviendo según Éxodo 16:29. Algunos viven suficientemente cerca de su sinagoga para ir caminando hacia ella el sábado. Ellos no manejan en sábado. Otros ni siquiera salen de sus casas.

VOCABULARIO:
Palabras de Fe:

Un Mandamiento es una ley dada por Dios que le dice a la gente cómo vivir.

Personas:

Un Siervo o una Criada fue una persona de confianza que servía a la familia con la cual vivía.

Un Extranjero fue una persona que no era Israelita.

Conceptos:
Un ídolo es cualquier cosa a quien se adora en lugar de Dios o algo a lo que se ama más que a Dios. Otras naciones adoraron a ídolos y a imágenes. Al pueblo de Dios se le prohibió adorarlos.

Celoso significa querer que alguien solo te amé a ti. Dios es un Dios celoso porque quiere que nosotros le amemos más que a cualquier persona o cosa.

Codiciar significa querer algo que le pertenece a alguien más al punto de estar dispuesto a desobedecer a Dios para tenerlo.

LA HORA DE LA HISTORIA - ACTIVIDAD:
Usted necesitará:
1. El bolso de viaje de la lección uno
2. La caja (bolso, canasta o cartón) con los objetos de la lección anterior.

Objetos para la historia de hoy:
3. Una hoja de papel con preguntas
4. Una regla
5. Un megáfono

Antes de la clase:
1. Lea Éxodo 20:1-21.
2. Junte los objetos de la historia de hoy. Reemplace los objetos que no están disponibles con una imagen.
3. De la bolsa de viaje, pase todos los objetos de la lección anterior a la caja y colóquela junto al lugar de contar historias.
4. Ponga los objetos de la historia de hoy dentro del bolso de viaje. Coloque el bolso de viaje en el lugar de contar historias.
5. Imprima el examen en la hoja con preguntas sencillas

Actividad de apertura: Repaso de la lección:
Pídale a un voluntario que seleccione un objeto de la caja y que explique lo que este representó en una lección anterior.

La hora de la historia: Lea estas instrucciones antes de comenzar.
1. Cuente la historia con sus propias palabras. Vaya sacando un objeto de su bolso para ilustrar un punto principal. Enfóquese en los puntos principales. Si le parece bien, incluya más detalles. Si le hace falta, utilice el guion que le sugerimos.
2. Mientras cuenta la historia, muestre cada objeto en el orden de la lista. Colóquelo en un lugar visible para los niños.
3. Después de contar la historia, guarde los objetos dentro del bolso.
4. Para repasar la historia, quite el primer objeto. Pídale a un voluntario que diga lo que representa. Muestre este objeto. Repita este procedimiento hasta que la historia sea recontada.
5. Revise la señal para recordar qué se describe abajo. Haga esta señal cada vez que mencione lo que representa.
6. Diga, Continuamos en nuestra expedición de exploración del libro de Éxodo. Tengo en mi bolso de viaje algunas herramientas que vamos a necesitar. Hoy nuestro viaje comienza con ...Saque los objetos mientras cuenta la historia.

Puntos Principales:
1. Una Regla - Diga, Dios dio reglas a los israelitas para decirles cómo vivir. Estos fueron los Diez Mandamientos. Estas reglas ayudaron a los israelitas para amar, obedecer y respetar a Dios, y para mostrar amor y respeto a sus semejantes.

2. Hoja de Papel con preguntas - Diga, Dios probó a los israelitas. Él quería saber si ellos se acordarían que él era su Dios y que ellos eran su pueblo. Él les mostró su poder para que lo temieran y respetaran.

3. Un Megáfono - Diga, El pueblo no quiso que Dios hablara con ellos porque le temían. En lugar de eso, pidieron que Moisés hablara con Dios. Por eso Moisés subió y habló con Dios.

4. Señal para Recordar - Pida que los niños alcen sus manos con los 10 dedeos abiertos para indicar los Diez Mandamientos. O puede invitar a los niños a pensar en otra señal. Diga, Mientras cuento la historia haga esta señal cuando escuche lo que representa.

5. Diga, Ahora es su turno para contar la historia. Regrese los objetos al bolso. Pida a los niños, por turnos, que escojan un objeto del bolso, sin mirar. Pídales que expliquen lo que significa o que repasen la señal para recordar. Luego de que todos los objetos hayan sido sacados, pida que los niños los coloquen en el orden correcto de la historia.

Consejos didácticos:

Mientras dirige el estudio bíblico, enfatice en estas ideas:

- Dios no dio los Diez Mandamientos para hacer que los israelitas tuvieran una vida difícil. Los dio para que los israelitas pudieran servirle y para que juntos vivieran bien.
- No se enfoque demasiado en los mandamientos que no se aplican directamente a los niños de su grupo (adulterio, asesinato). Más bien, enfóquese en los que se pueden aplicar, tales como honrar padre y madre.

Lea la Escritura con los niños:

Lea en voz alta Éxodo 20:1-21.

Preguntas de discusión:

A partir de la historia haga a los niños las siguientes preguntas. Recuerde que podría no haber una respuesta correcta o incorrecta.

1. Si decidimos obedecer a Dios, ¿qué cosas no debemos hacer? ¿qué cosas podemos empezar a hacer?

2. ¿Cuáles son algunas cosas específicas que debemos hacer y que no se hallan en los Diez Mandamientos? ¿Cuáles son algunas cosas específicas que no debemos hacer y que no se hallan en los Diez Mandamientos? ¿Cómo nos ayuda Dios para saber cuáles cosas deberíamos o no hacer?

3. Escoja uno de los Diez Mandamientos. Diga dos o tres maneras en las que podemos obedecer este mandamiento.

4. Los primeros cuatro mandamientos nos dicen cómo tratar a Dios. Los últimos seis mandamientos nos dicen cómo tratar a nuestro prójimo. ¿La forma en que tratamos a Dios influencia en la forma en que tratamos a los demás? Explique.

5. ¿Por qué crees que los israelitas tuvieron miedo de acercarse a Dios? Si fueras un Israelita, ¿tuvieras miedo de acercarte a Dios? ¿Por qué sí? o ¿por qué no?

Pensamientos de cierre:

Este es el pensamiento que queremos que los niños aprendan.

Diga, Dios dio a los israelitas los mandamientos de su pacto

A donde quiera que vamos hay reglas que nos ayudan a saber cómo comportarnos. En la piscina, no debemos correr. En la biblioteca, no debemos hablar. En casa, debemos ir a dormir cuando llega la hora.

Dios nos dio reglas para que pudiéramos vivir en una relación amorosa y de pacto con él. Dios nos ama y quiere que lo amemos a él y a los demás. Mostramos amor cuando honramos a Dios y a los demás. Cuando obedecemos los Diez Mandamientos en nuestra vida cotidiana, le mostramos al mundo cómo es Dios. Cuando todos obedecemos sus mandatos, ¡nuestra vida juntos se hace más fácil y divertida!

PRÁCTICA PARA EL ESGRIMA BÍBLICO

Practique para Esgrima Bíblico con juegos y actividades (p. 71), o con preguntas y respuestas (p. 149).

LECCIÓN 15
Una Comida para Cerrar el Negocio
Éxodo 24:1-18

VERSÍCULO PARA MEMORIZAR:
No tomarás el nombre de Jehová tu Dios en vano; porque no dará por inocente Jehová al que tomare su nombre en vano. Acuérdate del día de reposo para santificarlo. Éxodo 20:7-8

VERDADES ACERCA DE DIOS:
Esta lección le enseñará las siguientes verdades acerca de Dios. El asterisco * indica la verdad principal que usted deberá enseñar a los niños.

1. El pueblo de Dios acordó guardar el pacto. (*)
2. Dios le enseña al pueblo a obedecerlo.
3. Dios nos instruye para saber cómo adorarlo.

ENFOQUE Y RESUMEN DE LA LECCIÓN:
En esta lección, los niños aprenderán que Dios enseñó a su pueblo a vivir en una relación de pacto con él.

1. El pueblo aceptó obedecer al Señor en la ceremonia del pacto.
2. Los líderes de Israel subieron a la montaña a adorar al Señor.
3. Los líderes vieron al Dios de Israel. Luego comieron y disfrutaron de la compañía de Dios.
4. Moisés y Josué subieron al monte y permanecieron ahí por cuarenta días y cuarenta noches.

CONTEXTO BÍBLICO:
En esta lección aprendemos acerca de la ceremonia del pacto entre Jehová y los israelitas. Empezó con la construcción de un altar y ofrendas de sacrificio. Luego de los sacrificios, Moisés leyó al pueblo el Libro del Pacto. Israel acordó en obedecer al Señor. Moisés roció la sangre del pacto sobre el altar y sobre la gente para atarlos a sus votos. Finalmente, los ancianos de Israel se unieron a Moisés en el monte y vieron a Jehová.

Para concluir la ceremonia y confirmar el pacto entre Israel y Dios, compartieron la comida de pacto.

La aparición de Jehová a los ancianos de Israel fue muy significativa. Los terremotos, fuego, rayos, nubes oscuras, sonidos de trompeta y las advertencias del Señor hicieron que los israelitas temieran al monte. Sin embargo, a los ancianos se les permitió ver a Jehová y no sufrieron ningún daño. Qué evento más asombroso fue cuando los ancianos de Israel comieron juntos en la misma presencia de Jehová. Esto mostró que la gracia de Dios y la reverencia humana lograron que Dios y su pueblo tuvieran una relación cercana.

¿LO SABÍAS?
Por medio de los sacrificios del Antiguo Testamento, Dios hizo posible que su pueblo tuviera comunión con él, lo adorara y encontrara perdón por sus pecados.

VOCABULARIO:
Palabras de Fe:
Una ofrenda es un regalo del pueblo a Dios.

Personas:
Nadaba y Abiú fueron los dos hijos mayores de Aarón.

Josué fue el asistente de Moisés.

Conceptos:
El Libro del Pacto contenía las leyes que Dios dio a Moisés en el Monte Sinaí. Moisés leyó este libro a los israelitas.

El altar era un conjunto especial de rocas consagradas a Dios. Este era el lugar donde los israelitas sacrificaron animales y adoraron al Señor.

La ofrenda quemada se refiere al sacrificio de un animal sin defecto que era sacrificado a Dios y quemado completamente. Esta ofrenda representaba la entrega completa de la persona a Dios.

Una ofrenda de comunión era una ofrenda de un animal sin defecto o de varios tipos de pan. En esta ofrenda, el pueblo comía parte del sacrificio. Esta ofrenda representaba el deseo de comunión de la persona con Dios.

LA HORA DE LA HISTORIA - ACTIVIDAD:
Usted necesitará:
1. El bolso de viaje de la lección uno
2. La caja (bolso, canasta o cartón) con los objetos de la lección anterior.

Objetos para la historia de hoy:
3. Velas de cumpleaños con la forma de números: 7, 0 y 4
4. 12 piedras pequeñas
5. Una botella rociadora
6. Una lonchera
7. Un larga vistas

Antes de la clase:
1. Lea Éxodo 24:1-18.
2. Junte los objetos de la historia de hoy. Reemplace los objetos que no están disponibles con una imagen.
3. De la bolsa de viaje, pase todos los objetos de la lección anterior a la caja y colóquela junto al lugar de contar historias.
4. Ponga los objetos de la historia de hoy dentro del bolso de viaje. Coloque el bolso de viaje en el lugar de contar historias.

Actividad de apertura: Repaso de la lección
Pídale a un voluntario que seleccione un objeto de la caja y que explique lo que este representó en una lección anterior.

La hora de la historia: Lea estas instrucciones antes de comenzar.
1. Cuente la historia con sus propias palabras. Vaya sacando un objeto de su bolso para ilustrar un punto principal. Enfóquese en los puntos principales.
2. Mientras cuenta la historia, muestre cada objeto en el orden de la lista. Colóquelo en un lugar visible para los niños.
3. Después de contar la historia, guarde los objetos dentro del bolso.
4. Para repasar la historia, quite el primer objeto. Pídale a un voluntario que diga lo que representa. Muestre este objeto. Repita este procedimiento hasta que la historia sea recontada.
5. Revise la señal para recordar qué se describe abajo. Haga esta señal cada vez que mencione lo que representa.
6. Diga, Continuamos en nuestra expedición de exploración del libro de Éxodo. Tengo en mi bolso de viaje algunas herramientas que vamos a necesitar. Hoy nuestro viaje comienza con ...Saque los objetos mientras cuenta la historia.

Puntos Principales:
1. Las velas de números 7 y 0 - Diga, Dios pidió a Moisés que llevara a Aarón, Nadab, Abiú y setenta de los ancianos al Monte Sinaí para que lo vieran y adoraran.
2. Las doce piedras pequeñas - Diga, Antes de que se fueran, Moisés construyó un altar e hizo 12 columnas de piedra en las faldas del monte. Cada columna representaba a una de las tribus de Israel. Los jóvenes israelitas sacrificaron toros sobre el altar.
3. La botella rociadora - Diga, Moisés guardó toda la sangre del sacrificio de los toros. Él roció la mitad de la sangre en el altar y leyó el Libro del Pacto al pueblo. El pueblo acordó guardar el pacto y obedecer todo lo que el Señor había dicho. Luego Moisés roció el resto de la sangre sobre el pueblo. Llamó a esta la sangre del pacto para recordarles que su promesa de guardar el pacto era un asunto de vida o muerte. Esto fue parte de la ceremonia del pacto.

4. El larga vista - Diga, Moisés, Aarón, Nadab, Abiú y los 70 ancianos subieron al monte y vieron al Dios de Israel.
5. La lonchera - Diga, Dios no alzó su mano en contra de los ancianos de Israel. Después de ver a Dios, comieron en la montaña. Este fue un tiempo de comunión especial con Dios.
6. Las velas con forma de 4 y 0 - Diga, Moisés y Josué subieron más. Una nube cubrió el monte. Cuando Dios lo llamó desde la nube, Moisés subió a la cima del monte. Para los israelitas que estaban abajo, la gloria del Señor les pareció como fuego en la cima de la montaña. Se preguntaban cómo Moisés pudo sobrevivir dentro del fuego. Quizás olvidaron que la zarza ardiendo se quemaba, pero no se destruía. Moisés permaneció con Dios en el monte por largo tiempo. ¡Fueron cuarenta días y cuarenta noches! Considere encender las velas para representar el tiempo que Moisés pasó en la presencia de Dios.
7. Señal para Recordar - Pida que cada niño levante una mano, con los dedos juntos, como haciendo una promesa, para representar que los israelitas prometieron obedecer el pacto de Dios. Otra opción es darse la mano con otro niño. O, invite a los niños a pensar en otra señal. Diga, Mientras cuento la historia haga esta señal cuando escuche lo que representa.
8. Diga, Ahora es su turno para contar la historia. Regrese los objetos al bolso. Pida a los niños, por turnos, que escojan un objeto del bolso, sin mirar. Pídales que expliquen lo que significa o que repasen la señal para recordar.

Consejos didácticos:

Mientras dirige el estudio bíblico, enfatice en estas ideas:

- Señale las diferencias entre la forma de adoración sacrificial del Antiguo Testamento y la forma en que adoramos al Señor hoy.
- Explique que la vida, muerte y resurrección de Jesús cambió todo. Cuando Jesús puso su vida en sacrificio por nuestros pecados, los sacrificios de animales ya no fueron necesarios.

Lea la Escritura con los niños:

Lea en voz alta Éxodo 24:1-18.

Preguntas de discusión:

A partir de la historia haga a los niños las siguientes preguntas.

1. Lea Éxodo 24:3. Imagina que eres un Israelita. ¿Cómo responderías al Señor después de que Moisés entregó las palabras y leyes de Dios?
2. Lea Éxodo 24:7. ¿Piensas que sería fácil para los israelitas responder con esta promesa a Dios?
3. Moisés escribió las leyes y mandamientos de Dios. ¿Dónde podemos encontrar los mandatos de Dios para nuestras vidas en forma escrita?
4. ¿Has pensado alguna vez que Dios te estaba pidiendo hacer algo? ¿Cómo respondiste?
5. ¿De qué forma habla Dios a la gente hoy en día?

Pensamientos de cierre:

Este es el pensamiento que queremos que los niños aprendan. Todo el pueblo de Dios acordó guardar el Pacto y dijo, "Haremos todas las palabras que Jehová ha dicho" (24:3). Los Israelita habían sufrido en Egipto. Ellos clamaron al Señor, y ahora eran libres, estaban seguros y listos para servir al Señor. Dios contestó sus oraciones y satisfizo todas sus necesidades. Pero un pacto tiene dos partes. Dios prometió bendecir y proteger a los israelitas, y ellos prometieron servirle y obedecerle. Los israelitas estaban a punto de descubrir que era más fácil hacer promesas que cumplirlas.

PRÁCTICA PARA EL ESGRIMA BÍBLICO

Practique para Esgrima Bíblico con juegos y actividades (p. 71), o con preguntas y respuestas (p. 149).

LECCIÓN 16
Quiero Vivir entre Ustedes
Éxodo 25:1-22

VERSÍCULO PARA MEMORIZAR:
Y harán un santuario para mí, y habitaré en medio de ellos. Éxodo 25:8

VERDADES ACERCA DE DIOS:
Esta lección le enseñará las siguientes verdades acerca de Dios. El asterisco * indica la verdad principal que usted deberá enseñar a los niños.

1. Dios dio instrucciones para el lugar donde iba a residir. (*)
2. Dios desea estar cerca de su pueblo.
3. Dios no obliga a la gente a servirle o darle algo.

ENFOQUE Y RESUMEN DE LA LECCIÓN:
En esta lección, los niños aprenderán que Dios quiso tener un lugar para vivir entre su pueblo.

1. El Señor quiso vivir entre los israelitas.
2. El pueblo trajo cosas valiosas para construir su tabernáculo (lugar de residencia).
3. El Señor aceptaría ofrendas de las personas que daban voluntariamente.
4. El Señor dio instrucciones de cómo construir el Arca del Pacto.

CONTEXTO BÍBLICO:
Después de la ceremonia del pacto, Moisés ascendió al monte para encontrarse con Jehová y recibir las tablas de piedra. En estas tablas estaban las leyes escritas por Jehová mismo. Dios quiso vivir entre los israelitas. Las instrucciones de preparación para estar en su presencia revelaron mucho acerca de Dios y de sus expectativas para el pueblo con el que había hecho el pacto.

¡Dios en verdad moraría entre su pueblo ¡Esto dejó ver que el Señor quiso cerrar el abismo que el pecado creó entre él y su pueblo de pacto! Su presencia ayudaría para que los israelitas se volvieran más santos y para asegurarles su cuidado y protección. Dios decidió que su presencia fuera conocida, en el Tabernáculo, por medio del Arca del Pacto.

Mientras él se acercaba más a Israel, Jehová no rebajó sus estándares o aumentó su tolerancia al pecado. En lugar de aquello, su presencia incrementó las responsabilidades de los israelitas. Las reglas para una adoración apropiada tenían el propósito de enseñarles acerca de Dios. En este proceso, su amor y aprecio por Dios aumentaría. Para Dios era importante estar con su pueblo. Así mismo, era igualmente importante que ellos los respetaran grandemente y desearan servirle.

¿LO SABÍAS?
El oro y plata que los israelitas dieron fue el mismo oro y plata que los egipcios les dieron cuando salieron de Egipto.

VOCABULARIO:
Palabras de fe:
Sacrificio significa dar algo importante o hacer algo difícil para agradar a Dios. También puede significar un regalo especial que se le ofrece a Dios.

Conceptos:
La madera de Acacia es una madera café-anaranjada de un árbol grande y espinoso. Esta madera es dura y difícil de ser destruida por insectos.

Un Efod es una vestimenta especial que el sumo sacerdote usaba cuando servía en el altar.

El Tabernáculo fue la tienda que sirvió como lugar de adoración para los israelitas. Dios se encontró con su pueblo en el Tabernáculo mientras lo adoraban.

Querubín o un Querub fueron ángeles que a menudo sirvieron como mensajeros de Dios.

Un Codo fue una unidad de medida en la Biblia. Un codo tenía aproximadamente cuarenta y cinco centímetros de largo (dieciocho pulgadas).

LA HORA DE LA HISTORIA - ACTIVIDAD:

Usted necesitará:
1. El bolso de viaje de la lección uno
2. La caja (bolso, canasta o cartón) con los objetos de la lección anterior.

Objetos para la historia de hoy:
3. Un plato o sobre de ofrenda
4. Direcciones para el juego
5. Un cofre pequeño de juguete o caja de recuerdos
6. Una figura de ángel y un león o dibujos de ellos.

Antes de la clase:
1. Lea Éxodo 25:1-22.
2. Junte los objetos de la historia de hoy. Reemplace los objetos que no están disponibles con una imagen.
3. De la bolsa de viaje, pase todos los objetos de la lección anterior a la caja y colóquela junto al lugar de contar historias.
4. Ponga los objetos de la historia de hoy dentro del bolso de viaje. Coloque el bolso de viaje en el lugar de contar historias.

Actividad de apertura: Repaso de la lección
Pídale a un voluntario que seleccione un objeto de la caja y que explique lo que este representó en una lección anterior.

La hora de la historia: Lea estas instrucciones antes de comenzar.
1. Cuente la historia con sus propias palabras. Vaya sacando un objeto de su bolso para ilustrar un punto principal. Enfóquese en los puntos principales. Si le parece bien, incluya más detalles. Si le hace falta, utilice el guion que le sugerimos.
2. Mientras cuenta la historia, muestre cada objeto en el orden de la lista. Colóquelo en un lugar visible para los niños.
3. Después de contar la historia, guarde los objetos dentro del bolso.
4. Para repasar la historia, quite el primer objeto. Pídale a un voluntario que diga lo que representa. Muestre este objeto. Repita este procedimiento hasta que la historia sea recontada.
5. Revise la señal para recordar qué se describe abajo. Haga esta señal cada vez que mencione lo que representa.
6. Diga, Continuamos en nuestra expedición de exploración del libro de Éxodo. Tengo en mi bolso de viaje algunas herramientas que vamos a necesitar. Hoy nuestro viaje comienza con ...Saque los objetos mientras cuenta la historia.

Los puntos principales en orden:

1. Un plato o sobre de ofrenda - Diga, Dios le pidió a Moisés que tomara una ofrenda de todos los hombres que querían dar de corazón. Dios pidió que le dieran metales preciosos como el oro y la plata, vestidos hermosos y piedras preciosas. Estas ofrendas fueron usadas para construir el Tabernáculo.

2. Direcciones para un juego - Diga, Dios dio a Moisés instrucciones detalladas para que las siguiera al momento de construir el Tabernáculo y sus muebles.

3. Un cofre de juguete - Diga, Dios ordenó a Moisés construir el Arca del Pacto. Pero esta arca no fue un barco flotante. Más bien, fue una caja para guardar cosas importantes de la historia de Israel y su adoración. Una de estas cosas fue el Testimonio. Esta fue una tabla de piedra en la que estaban escritos los Diez Mandamientos.

4. Una figura de un ángel y un león o sus imágenes - Diga, El pueblo hizo dos querubines para colocarlos sobre el arca. Nadie sabe exactamente

a qué se parecían los querubines. Algunos piensan que se parecían a un león con alas.

5. Señal para Recordar - Pida que los niños muevan su puño hacia adelante y atrás como si estuvieran aserrando madera para construir el Arca del Pacto. O puede invitar a los niños a pensar en otra señal. Diga, Mientras cuento la historia haga esta señal cuando escuche lo que representa.

6. Diga, Ahora es su turno para contar la historia. Regrese los objetos al bolso. Pida a los niños, por turnos, que escojan un objeto del bolso, sin mirar. Pídales que expliquen lo que significa o que repasen la señal para recordar. Luego de que todos los objetos hayan sido sacados, pida que los niños los coloquen en el orden correcto de la historia.

Consejos didácticos:
Mientras dirige el estudio bíblico, enfatice en estas ideas:

- El Señor quiso vivir entre su pueblo. Quiso estar cerca de ellos.
- Las cosas que el Señor quiso para su Tabernáculo podrían parecernos extrañas, pero fue una lista de cosas muy preciosas y valiosas para los israelitas. Fue un gran sacrificio para un Israelita dar estas cosas para la construcción del Tabernáculo del Señor.

Lea la Escritura con los niños:
Lea en vos alta Éxodo 25:1-22.

Preguntas de discusión:
A partir de la historia haga a los niños las siguientes preguntas. Recuerde que podría no haber una respuesta correcta o incorrecta.

1. Imagina que eres un Israelita. ¿Cómo te sentirías si supieras que el Señor quiere vivir cerca de ti en una casa especial?

2. ¿Qué es la cosa más valiosa que tienes? ¿Por qué es tan valiosa para ti?

3. En una escala de 1-10 (1 = no tan difícil y 10= extremadamente difícil), ¿Qué tan difícil sería para ti dar tus posesiones más valiosas al Señor si él te las pidiera?

4. Dios quería los obsequios de aquellos hombres que querían ofrecerlos de corazón. ¿Qué piensas que habría sucedido si los israelitas no hubieran dado sus ofrendas voluntariamente?

5. ¿Por qué piensas que sería importante que los israelitas siguieran exactamente las instrucciones del Señor para construir su Tabernáculo? ¿Qué tan fácil piensas que sería para los israelitas seguir exactamente las órdenes del Señor?

Pensamientos de cierre:
Este es el pensamiento que queremos que los niños aprendan.

Dios dio instrucciones para el lugar donde iba a residir.

¿Cómo puedes servir a Dios? ¡Piénsalo! En este estudio de la Biblia, aprendimos que Dios quiso vivir entre su pueblo. Él quiso una relación estrecha con los israelitas. Quiso que ellos le construyeran una casa para él con sus mejores tesoros, pero solo si ellos querían ofrecerlos voluntariamente. Dios dio instrucciones específicas para hacer el Tabernáculo.

El Señor también desea tener una relación estrecha contigo. No tienes que ser perfecto. Dios quiere que lo obedezcas porque lo amas con todo tu corazón. Dios quiere que lo obedezcas aún si es difícil hacerlo. Él no hará que lo obedezcas y ofrezcas algo. Si lo amas y obedeces, el Señor promete vivir contigo, tal como lo hizo con los israelitas.

PRÁCTICA PARA EL ESGRIMA BÍBLICO
Practique para Esgrima Bíblico con juegos y actividades (p. 71), o con preguntas y respuestas (p. 149)

LECCIÓN 17
Amueblando la Casa de Dios
Éxodo 25:23-28:6; 30:1-10, 17-21

VERSÍCULO PARA MEMORIZAR:
Y conocerán que yo soy Jehová su Dios, que los saqué de la tierra de Egipto, para habitar en medio de ellos. Yo Jehová su Dios. Éxodo 29:46

VERDADES ACERCA DE DIOS:
Esta lección le enseñará las siguientes verdades acerca de Dios. El asterisco * indica la verdad principal que usted deberá enseñar a los niños.

1. Dios enseñó al pueblo cómo adorarlo. (*)
2. Dios enseñó al pueblo cómo seguirlo.
3. Dios da al pueblo sabiduría.

ENFOQUE Y RESUMEN DE LA LECCIÓN:
En esta lección, los niños aprenderán que Dios enseñó al pueblo cómo ser su pueblo santo.

1. Dios dijo a los israelitas exactamente cómo construir el Tabernáculo y todo el mobiliario.
2. Aarón y sus hijos fueron designados para ser los sacerdotes de Dios.
3. El Lugar Santo y el Lugar Santísimo fueron lugares especiales designados para Dios.
4. El Arca de la ley del Pacto fue la única cosa que se colocó en el Lugar Santísimo.

CONTEXTO BÍBLICO:
¿Por qué Dios fue tan específico acerca de la construcción del Tabernáculo, sus muebles, utensilios, y las formas de adoración? Los israelitas sabían muy poco sobre Jehová. Durante cientos de años, habían sido formados por la superstición, la brujería y la adoración a ídolos. Necesitaban mucha educación y entrenamiento. Las instrucciones de Dios tenían el propósito de generar un pensamiento y comportamiento piadoso.

Israel necesitaba conocer la naturaleza y carácter de Dios. Necesitaban conocer el camino del amor santo y de los límites sanos. Tenían que aprender obediencia, misericordia, honestidad, humildad, perdón y gracia. Necesitaban entender cómo Dios provee y cuida a su pueblo. Necesitaban aprender que la respuesta apropiada a la bondad de Dios es, ofrecernos a él, nosotros mismos y nuestros dones.

Necesitarían volver a aprender estas lecciones muchas veces. Esto todavía es verdad para nosotros hoy, por eso Dios continúa perdonándonos y dándonos forma, a su imagen.

¿LO SABÍAS?
El sumo sacerdote fue el único que podía entrar al Lugar Santísimo y en el tiempo en el que Dios le instruyó para hacerlo. Si fallaba en seguir las instrucciones, moriría.

VOCABULARIO:
Palabras de Fe:
La sabiduría es el uso de conocimiento bueno para tomar decisiones correctas. La sabiduría viene de Dios.

Personas:
Eleazar e Itamar fueron los hijos menores de Aarón que fueron sacerdotes.

Nadaba y Abiú fueron los hijos mayores de Aarón que fueron sacerdotes.

Conceptos:
El Lugar Santo fue la habitación en el Tabernáculo donde se guardaba el candelero, la mesa, y el incienso del altar. Solo los sacerdotes podían entrar al Lugar Santo.

El incienso es una substancia que produce humo cuando se quema y huele a dulce.

El Lugar Santísimo fue el espacio que se hallaba detrás de una cortina en el Lugar Santo. Tenía el Arca del Pacto. Representaba la habitación del trono de Dios.

La Tienda de Reunión fue otro nombre con el que se referían al Tabernáculo.

LA HORA DE LA HISTORIA - ACTIVIDAD:
Usted necesitará:
1. El bolso de viaje de la lección uno
2. La caja (bolso, canasta o cartón) con los objetos de la lección anterior.

Objetos para la historia de hoy:
3. Una pieza de pan
4. Una linterna
5. Una chaqueta de terno
6. Desinfectante de manos o jabón

Antes de la clase:
1. Lea Éxodo 25:23-28:5 y 30:1-10, 17-21.
2. Junte los objetos de la historia de hoy. Reemplace los objetos que no están disponibles con una imagen.
3. De la bolsa de viaje, pase todos los objetos de la lección anterior a la caja y colóquela junto al lugar de contar historias.
4. Ponga los objetos de la historia de hoy dentro del bolso de viaje. Coloque el bolso de viaje en el lugar de contar historias.

Actividad de apertura: Repaso de la lección
Pídale a un voluntario que seleccione un objeto de la caja y que explique lo que este representó en una lección anterior.

La hora de la historia: Lea estas instrucciones antes de comenzar.
1. Cuente la historia con sus propias palabras. Vaya sacando un objeto de su bolso para ilustrar un punto principal.
2. Mientras cuenta la historia, muestre cada objeto en el orden de la lista. Colóquelo en un lugar visible para los niños.
3. Después de contar la historia, guarde los objetos dentro del bolso.
4. Para repasar la historia, quite el primer objeto. Pídale a un voluntario que diga lo que representa. Muestre este objeto. Repita este procedimiento hasta que la historia sea recontada.
5. Revise la señal para recordar qué se describe abajo. Haga esta señal cada vez que mencione lo que representa.
6. Diga, Continuamos en nuestra expedición de exploración del libro de Éxodo. Tengo en mi bolso de viaje algunas herramientas que vamos a necesitar. Hoy nuestro viaje comienza con …Saque los objetos mientras cuenta la historia.

Los puntos principales en orden:
1. Pieza de pan - Diga, En Éxodo 25:30, Dios continuó dando instrucciones a Moisés para construir el Tabernáculo y para hacer los muebles para decorarlo. Dijo que el pan de la Presencia debería estar sobre la mesa todo el tiempo.

2. Linterna - Diga, En Éxodo 25:31-40, Dios pidió que se haga un candelero con seis ramas y siete lámparas. Aproximadamente se usó 75 libras de oro puro para hacer el candelero y sus cortadores de mecha y las bandejas. Las lámparas estuvieron encendidas desde la noche hasta la mañana cada día.

3. Chaqueta de terno - Diga, Aarón y sus cuatro hijos, Nadab, Abiú, Eleazar e Itamar sirvieron como sacerdotes de Dios. El pueblo fabricó vestimentas especiales para que ellos las usaran. Estas vestimentas sagradas dieron honor y dignidad a los sacerdotes.

4. Desinfectante de manos o jabón - Diga, Dios requirió que Aarón y sus hijos se lavaran sus manos y pies cada vez que entraban al Tabernáculo u ofrecían un sacrificio. Se lavaban en un lavabo de bronce que estaba lleno de agua y que fue hecho para este propósito.

5. Señal para Recordar - Pida que los niños levanten sus manos en frente de ellos, tocando sus dedos, formando una tienda para representar el Tabernáculo. O, puede invitar a los niños a pensar en otra señal. Diga, Mientras cuento la historia haga esta señal cuando escuche lo que representa.

6. Diga, Ahora es su turno para contar la historia. Regrese los objetos al bolso. Pida a los niños, por turnos, que escojan un objeto del bolso, sin mirar. Pídales que expliquen lo que significa o que repasen la señal para recordar. Luego de que todos los objetos hayan sido sacados, pida que los niños los coloquen en el orden correcto de la historia.

Consejos didácticos:

Mientras dirige el estudio bíblico, enfatice en estas ideas:

- Haga notar que el Señor dio instrucciones específicas para la construcción del Tabernáculo y también para la fabricación de cada elemento que iría dentro de él y que sería usado para la adoración.
- Si fuera posible, entregue una copia del texto de Éxodo 25-30 para cada niño. Resalte las porciones de la Escritura de este estudio bíblico para ayudar a los niños a encontrar las respuestas más fácilmente.
- Haga un dibujo grande o consiga un cuadro grande del Tabernáculo. Cuélguelo y refiérase a él mientras enseña. Anime a los niños a dibujar lo que se describe.

Lea la Escritura con los niños:

Éxodo 25:23-30 Mesa, Platos, Platillos y Pan
Éxodo 25:31-32, 37 Candelero
Éxodo 26:1-13 Tabernáculo
Éxodo 26:14-33 Cubierta de la tienda
Éxodo 26:30-37 Lugar Santo y Lugar Santísimo
Éxodo 27:20-21 Aceite y Fuego
Éxodo 27:1-19 Patio
Éxodo 28:1-5 Vestimentas de Sacerdotes
Éxodo 30:1-10 Altar del incienso

Preguntas de discusión:

A partir de la historia haga a los niños las siguientes preguntas. Recuerde que podría no haber una respuesta correcta o incorrecta.

1. ¿Por qué piensas que el Señor dio instrucciones tan detalladas para todo lo que se relacionaba con el Tabernáculo?
2. ¿Fue el Señor egoísta al pedir que el pueblo usara los mejores materiales para construir el Tabernáculo? ¿Por qué sí? o ¿por qué no?
3. ¿Cuál mueble del tabernáculo te parece el más interesante? ¿Por qué?
4. ¿Por qué piensas que los sacerdotes tenían que lavar sus manos y pies cada vez que entraban al Tabernáculo de Reunión?
5. El Tabernáculo fue la morada de Dios. ¿Cuál es la morada de Dios hoy?

Pensamientos de cierre:

Este es el pensamiento que queremos que los niños aprendan.

Altares, candeleros, y arcas ¿Qué tienen que ver estas cosas con nosotros? ¡Piénsalo! Los israelitas no sabían cómo adorar al Señor. Sabían más acerca de los dioses egipcios que de Jehová. El Señor hizo el Tabernáculo para que los israelitas tuvieran un lugar donde encontrarse con él y adorarlo. También designó sacerdotes para que dirigieran la adoración.

Hoy los edificios de las iglesias son un lugar donde adoramos a Dios. Dios nos ayuda a saber cómo adorarlo por medio de los pastores y líderes de alabanza. Esta semana, agradece al Señor por mostrarte cómo adorarlo y cómo acercarte más a él.

PRÁCTICA PARA EL ESGRIMA BÍBLICO

Practique para Esgrima Bíblico con juegos y actividades (p. 71), o con preguntas y respuestas (p. 149).

LECCIÓN 18
Una decisión muy mala
Éxodo 32:1-30

VERSÍCULO PARA MEMORIZAR:
Entonces Jehová dijo a Moisés: Anda, desciende, porque tu pueblo que sacaste de la tierra de Egipto se ha corrompido. Éxodo 32:7

VERDADES ACERCA DE DIOS:
Esta lección le enseñará las siguientes verdades acerca de Dios. El asterisco * indica la verdad principal que usted deberá enseñar a los niños.

1. Dios no permitió que su pueblo continuara adorando a otros dioses. (*)
2. Dios ve lo que las personas hacen sin importar donde estén.
3. Dios responsabiliza a las personas por sus acciones.

ENFOQUE Y RESUMEN DE LA LECCIÓN:
En esta lección, los niños aprenderán que Dios espera que su pueblo le adore solo a él y que viva una vida de santidad.

1. Los israelitas pensaron que Moisés y Jehová los habían abandonado en el desierto. Antes de salir de Egipto, ellos adoraron a los dioses del faraón por muchas generaciones. En su miedo y enojo, volvieron a adorar a dioses falsos.
2. Exigieron que Aarón los guiara para adorar a los ídolos. Aarón aceptó. Él construyó un altar y un becerro de oro para que ellos lo adoraran.
3. El Señor le dijo a Moisés lo que el pueblo había hecho. Moisés bajó del monte.
4. Cuando Moisés vio que Aarón había dejado actuar a la gente sin control, Moisés tomó el control y restauró el orden.

CONTEXTO BÍBLICO:
Moisés estuvo con Dios en el monte por muchos días y noches. Mientras el Señor daba a Moisés instrucciones detalladas para construir el tabernáculo, los israelitas se volvieron impacientes y rebeldes. Pensaron que Moisés los había abandonado. Por eso se volvieron a los únicos dioses que habían conocido antes de conocer a Jehová. Sus familias habían adorado a los dioses del faraón por muchas generaciones. Exigieron a Aarón que construyera un ídolo de los dioses egipcios. Aarón fue un líder débil; accedió a hacerlo aun cuando sabía que estaba mal.

El castigo por quebrantar el pacto con Dios era la muerte. Jehová le dijo a Moisés que él castigaría a aquellos que quebrantaron su pacto. Aunque Moisés estaba enojado con el pueblo, pidió a Dios que tuviera misericordia de ellos. Moisés no presentó excusas por su pecado. Más bien, confesó su pecado y pidió a Dios que los perdonara. Moisés le recordó a Dios de su promesa a Abraham. Le pidió a Dios que considerara que los egipcios dirían que Jehová habría sacado a los israelitas de la esclavitud para destruirlos completamente en el desierto. Las oraciones de Moisés persuadieron a Dios de tener misericordia de Israel. Dios pospuso su castigo por mucho tiempo para darles la oportunidad de arrepentirse. Perdonó a los que se arrepintieron, pero no a los que rehusaron arrepentirse.

¿LO SABÍAS?
El becerro de oro que Aarón hizo probablemente se parecía a Apis, el toro, ídolo de Egipto. Hacer este ídolo estuvo mal. Dios les dijo que no debían hacer ningún ídolo. Jesús es el único ejemplo visible de lo que Dios es y de lo que se parece.

VOCABULARIO:
Palabras de Fe:
Lo malo es cualquier cosa o persona que se opone a Dios. Dios es bueno y lo malo es lo opuesto a lo bueno.

Personas:
Los Levitas fueron personas de la tribu de Leví. Moisés y Aarón fueron Levitas.

Abraham, Isaac y Jacob, a quien también se le conoce como Israel, son las personas con quienes Dios hizo un pacto para dar la Tierra Prometida a los israelitas.

Conceptos:
Jolgorio es una forma desenfrenada de celebrar que no agrada a Dios.

Un hazmerreír es una persona cuyo comportamiento imprudente hace que otros se burlen de él y lo ridiculicen.

LA HORA DE LA HISTORIA - ACTIVIDAD:
Usted necesitará:
1. El bolso de viaje de la lección uno
2. La caja (bolso, canasta o cartón) con los objetos de la lección anterior.

Objetos para la historia de hoy:
4. Una vaca de juguete
5. Decoraciones de fiesta
6. Una botella de agua

Antes de la clase:
1. Lea Éxodo 32:1-30.
2. Junte los objetos de la historia de hoy. Reemplace los objetos que no están disponibles con una imagen.
3. De la bolsa de viaje, pase todos los objetos de la lección anterior a la caja y colóquela junto al lugar de contar historias.
4. Ponga los objetos de la historia de hoy dentro del bolso de viaje. Coloque el bolso de viaje en el lugar de contar historias.

Actividad de apertura: Repaso de la lección: Pídale a un voluntario que seleccione un objeto de la caja y que explique lo que este representó en una lección anterior.

La hora de la historia: Lea estas instrucciones antes de comenzar.
1. Cuente la historia con sus propias palabras. Vaya sacando un objeto de su bolso para ilustrar un punto principal. Enfóquese en los puntos principales.
2. Mientras cuenta la historia, muestre cada objeto en el orden de la lista. Colóquelo en un lugar visible para los niños.
3. Después de contar la historia, guarde los objetos dentro del bolso.
4. Para repasar la historia, quite el primer objeto. Pídale a un voluntario que diga lo que representa. Muestre este objeto. Repita este procedimiento hasta que la historia sea recontada.
5. Revise la señal para recordar qué se describe abajo. Haga esta señal cada vez que mencione lo que representa.
6. Diga, Continuamos en nuestra expedición de exploración del libro de Éxodo.

Los puntos principales en orden:
1. Una vaca de juguete - Diga, Moisés permaneció en el monte más tiempo del que Los israelitas habían esperado. Ellos no sabían lo que le había pasado. Estaban con miedo y enojados. Pensaron que Jehová y Moisés los habían abandonado. Por eso quisieron volver a hacer las cosas que habían hecho antes de que Moisés les hiciera conocer a Jehová. Quisieron adorar a los dioses que habían adorado por generaciones antes de salir de Egipto. Dijeron a Aarón "Ven, haznos un dios que vaya delante de nosotros." Aarón no se resistió o rehusó. En lugar de eso, él hizo exactamente lo que ellos querían, aún cuando eso era malo. Aarón tomó sus aretes e hizo un ídolo de oro con la forma de un becerro. Ellos adoraron al ídolo y dijeron, "Estos son tus dioses, Oh Israel, que te sacaron de Egipto."

2. Decoraciones de fiesta - Diga, Los israelitas hicieron una fiesta para sus dioses egipcios. Ofrecieron ofrendas quemadas y de comunión al becerro de oro. Luego comieron y bebieron desenfrenadamente. Dios le dijo a Moisés lo que había ocurrido. Cuando Moisés bajo del monte y vio lo que estaban haciendo, arrojó las tablas de piedra en las que Dios había escrito los Diez Mandamientos. Las tablas se rompieron en pedazos.

3. Una botella de agua - Diga, Moisés fundió el becerro de oro y lo hizo polvo. Mezcló el polvo de oro con agua e hizo que los israelitas lo bebieran. Más tarde, Moisés oró a Dios para que los perdonara.

4. Señal para Recordar - Pida que los niños se jalen los lóbulos de sus orejas para indicar que los israelitas sacaron sus aretes para hacer el becerro de oro. O, puede invitar a los niños a pensar en otra señal. Diga, Mientras cuento la historia haga esta señal cuando escuche lo que representa.

5. Diga, Ahora es su turno para contar la historia. Regrese los objetos al bolso. Pida a los niños, por turnos, que escojan un objeto del bolso, sin mirar. Pídales que expliquen lo que significa o que repasen la señal para recordar. Luego de que todos los objetos hayan sido sacados, pida que los niños los coloquen en el orden correcto de la historia.

Consejos didácticos:
Mientras dirige el estudio bíblico, enfatice en estas ideas:
1. Los israelitas quebrantaron los dos primeros mandamientos cuando adoraron al becerro de oro.
2. En lugar de ser un líder fuerte como Moisés, Aarón dio al pueblo lo que éste quiso. Las consecuencias de su cobardía y de su liderazgo débil afectaron a los israelitas por mucho tiempo.

Lea la Escritura con los niños:
Lea en voz alta Éxodo 32:1-30.

Preguntas de discusión:
A partir de la historia haga a los niños las siguientes preguntas. Recuerde que podría no haber una respuesta correcta o incorrecta.

1. ¿Por qué el pueblo pidió a Aarón que hiciera un ídolo?
2. En Éxodo 25, los israelitas llevaron a Moisés ofrendas de oro para Jehová. ¿En qué forma esas ofrendas fueron diferentes a ésta?
3. ¿Por qué la adoración al becerro de oro fue tan terrible? Si fuera necesario, recuérdeles lo que se dijo acerca del dios egipcio Apis, en la sección "¿Lo sabías?"
4. ¿Dio Aarón, a Moisés, buenas o malas razones o excusas por sus acciones? ¿Qué crees que hubiera sucedido si Aarón se hubiera rehusado a dar al pueblo lo que ellos querían?
5. ¿Qué hizo Moisés con el becerro de oro? ¿Por qué crees que actuó de esta manera?

Pensamientos de cierre:
Este es el pensamiento que queremos que los niños aprendan. Dios no permitió que su pueblo adorara a otros dioses.

¿En qué estaban pensando los israelitas? El Señor había hecho tanto por ellos. Pero cuando su incipiente fe fue probada, ellos volvieron a adorar a sus dioses antiguos. Los israelitas tuvieron que aprender una lección difícil. El seguir a Dios implica aprender nuevas cosas y vivirlas. No se puede seguir a Dios y mantener las antiguas formas de pensar y actuar.

Los israelitas hicieron un becerro de oro. Pero un ídolo puede ser cualquier persona o cosa en la que confiemos, nos guste, o a la que demos más valor que a Dios.

PRÁCTICA PARA EL ESGRIMA BÍBLICO
Practique para Esgrima Bíblico con juegos y actividades (p. 71), o con preguntas y respuestas (p. 149).

LECCIÓN 19:
Una segunda oportunidad para hacer lo que es correcto
Éxodo 34:1-32

VERSÍCULO PARA MEMORIZAR:
"Y pasando Jehová por delante de él, declaró:¡Jehová!¡Jehová! fuerte, misericordioso y piadoso; tardo para la ira, y grande en misericordia y verdad;" Éxodo 34:6

VERDADES ACERCA DE DIOS:
Esta lección le enseñará las siguientes verdades acerca de Dios. El asterisco * indica la verdad principal que usted deberá enseñar a los niños.

1. Dios perdonó el pecado de su pueblo. (*)
2. Dios es compasivo y misericordioso.
3. Dios no deja al culpable sin castigo.

ENFOQUE Y RESUMEN DE LA LECCIÓN:
En esta lección, los niños aprenderán que Dios es compasivo y que perdona a su pueblo.

1. Dios pidió a Moisés que hiciera otras dos tablas de piedra y que subiera al monte.
2. El Señor descendió y reveló su nombre a Moisés.
3. El Señor renovó su pacto y volvió a escribir los Diez Mandamientos en las tablas de piedra.
4. El rostro de Moisés se hizo radiante por haber estado en la presencia del Señor.

CONTEXTO BÍBLICO:
Jehová continuó encontrándose con Moisés aún cuando Israel pecó grandemente al quebrantar su pacto. Moisés pidió al Señor que perdonara a Israel y continuara guiándolos hacia la Tierra Prometida. Moisés también expresó su deseo de conocer al Señor y sus caminos. Jehová acordó renovar su pacto con Israel y mostrar a Moisés un destello de su gloria y bondad.

Jehová se reveló a Moisés. Este fue un evento increíblemente poderoso. No solo que Moisés experimentó la realidad de la gloria y la bondad de Dios sino que Jehová también se lo explicó. Dios le dijo que él es compasivo y que se preocupa profundamente por su pueblo. Dios es misericordioso. Le encanta bendecir a su pueblo. Dios es lento para la ira. Es paciente, comprensivo y tolerante con nuestras limitaciones humanas, aún cuando éstas nos hacen cometer errores. Dios rebosa de amor y fidelidad. Él es leal y comprometido con su pueblo de pacto.

Dios perdona la maldad, la rebelión y el pecado cuando la gente sinceramente lo confiesa y se arrepiente. Sin embargo, aún aquellos que se arrepienten tienen que experimentar las consecuencias de su mal comportamiento para que puedan aprender y cambiar. Dios es perdonador, misericordioso y justo, todo a la vez. Éxodo 32-34 nos relata de la misericordia de Dios hacia los israelitas arrepentidos. Se les permitió renovar el pacto que habían quebrantado. Aquellos que rehusaron arrepentirse recibieron el castigo apropiado por su actitud obstinada. Estos capítulos nos revelan que Dios no es mezquino o vengativo con los pecadores. Pero, él no tolerará o ignorará la rebeldía.

¿LO SABÍAS?
Génesis 2:3, Éxodo 20:8-11 y Éxodo 34:21, se refieren a los seis días de la creación y al séptimo día de descanso.

VOCABULARIO:
Palabras de Fe:
Misericordioso significa tratar a alguien con bondad, compasión y perdón, o compartir lo que se tiene para ayudar a otros.

Personas:
Amorreo, cananeo, heteo, fereseo, heveo y jebuseo son grupos de personas que vivieron en Canaán, la Tierra Prometida que el Señor les dio a los israelitas.

Conceptos:
La herencia es el dinero, tierra, u otras posesiones que una persona recibe si es heredera.

Un tratado es un acuerdo formal entre dos o más países o grupos de personas.

Los postes de Asera son postes de madera usados en la adoración a Asera, una diosa falsa, adorada por la gente de Canaán.

La Fiesta de las Semanas fue una celebración de un día, que se hacía al tiempo de la cosecha y se celebraba siete semanas después de la Pascua.

LA HORA DE LA HISTORIA - ACTIVIDAD:

Usted necesitará:
1. El bolso de viaje de la lección uno
2. La caja (bolso, canasta o cartón) con los objetos de la lección anterior.

Objetos para la historia de hoy:
3. Un martillo y un cincel
4. Hojas de papel de construcción y un marcador
5. Papel y bolígrafo
6. Un par de gafas

Antes de la clase:
1. Lea Éxodo 34:1-32.
2. En el papel de construcción escriba una proclamación en base de Éxodo 34:6, "ESCUCHA, ESCUCHA: "¡Jehová! ¡Jehová! fuerte, misericordioso y piadoso; tardo para la ira, y grande en misericordia y verdad;"
3. Junte los objetos de la historia de hoy. Reemplace los objetos que no están disponibles con una imagen.
4. De la bolsa de viaje, pase todos los objetos de la lección anterior a la caja y colóquela junto al lugar de contar historias.
5. Ponga los objetos de la historia de hoy dentro del bolso de viaje. Coloque el bolso de viaje en el lugar de contar historias.

Actividad de apertura: Repaso de la lección
Pídale a un voluntario que seleccione un objeto de la caja y que explique lo que este representó en una lección anterior.

La hora de la historia: Lea estas instrucciones antes de comenzar.
1. Cuente la historia con sus propias palabras. Vaya sacando un objeto de su bolso para ilustrar un punto principal. Enfóquese en los puntos principales. Si le parece bien, incluya más detalles. Si le hace falta, utilice el guion que le sugerimos.
2. Mientras cuenta la historia, muestre cada objeto en el orden de la lista. Colóquelo en un lugar visible para los niños.
3. Después de contar la historia, guarde los objetos dentro del bolso.
4. Para repasar la historia, quite el primer objeto. Pídale a un voluntario que diga lo que representa. Muestre este objeto. Repita este procedimiento hasta que la historia sea recontada.
5. Revise la señal para recordar qué se describe abajo. Haga esta señal cada vez que mencione lo que representa.
6. Diga, Continuamos en nuestra expedición de exploración del libro de Éxodo. Tengo en mi bolso de viaje algunas herramientas que vamos a necesitar. Hoy nuestro viaje comienza con ...Saque los objetos mientras cuenta la historia.

Los puntos principales en orden:
1. Un martillo y un cincel - Diga, Dios pidió a Moisés que cincelara otras dos tablas y que subiera nuevamente al Monte Sinaí.

2. La proclama - Diga, Dios reveló a Moisés su nombre y el carácter que tiene. Esto es lo que él escuchó. Lea su proclamación: "¡Jehová! ¡Jehová! fuerte, misericordioso y piadoso; tardo

para la ira, y grande en misericordia y verdad;" Moisés adoró al Señor.

3. Papel y bolígrafo - Diga, El Señor repitió el pacto que había hecho con los israelitas. Moisés escribió todos los mandamientos de Dios. Dios escribió de nuevo los Diez Mandamientos en las tablas de piedra.

4. Gafas - diga, Cuando Moisés descendió al campamento, su rostro estaba tan radiante por haber estado en la presencia de Dios que Aarón y los Israelita tuvieron miedo de aproximarse a él.

5. Señal para Recordar - Pida que los niños levanten una mano con dos dedos extendidos, representando la segunda parte de los Diez Mandamientos. O, puede invitar a los niños a pensar en otra señal. Diga, Mientras cuento la historia haga esta señal cuando escuche lo que representa.

6. Diga, Ahora es su turno para contar la historia. Regrese los objetos al bolso. Pida a los niños, por turnos, que escojan un objeto del bolso, sin mirar. Pídales que expliquen lo que significa o que repasen la señal para recordar. Luego de que todos los objetos hayan sido sacados, pida que los niños los coloquen en el orden correcto de la historia.

Consejos didácticos:

Mientras dirige el estudio bíblico, enfatice en estas ideas:

- Ayude a los niños a entender que el Señor se relacionó con los israelitas de acuerdo a cómo es su carácter.
- A pesar del pecado de los israelitas, Dios honró el pacto y preparó al pueblo para entrar en la Tierra Prometida.

Lea la Escritura con los niños:

Lea en voz alta Éxodo 34:1-32.

Preguntas de discusión:

A partir de la historia haga a los niños las siguientes preguntas.

1. Lea 34:6. Converse alrededor de algunos ejemplos que muestran cómo el Señor mostró estas características en su relación con los israelitas.
2. ¿Cómo crees que se sintió Moisés cuando el Señor le dijo que haría maravillas entre los israelitas?
3. Moisés estuvo con el Señor durante 40 días y 40 noches, el mismo tiempo que estuvo en su primer encuentro. ¿En qué forma la reacción del pueblo fue diferente ante la ausencia de Moisés esta vez?
4. ¿Por qué crees que el rostro de Moisés estuvo radiante después de hablar con el Señor?
5. ¿Crees que los israelitas merecían una segunda oportunidad? ¿En qué forma nosotros somos como los israelitas?

Pensamientos de cierre:

Este es el pensamiento que queremos que los niños aprendan, Dios perdonó el pecado de su pueblo.

¿Merecían los israelitas una segunda oportunidad? Ellos cometieron un gran error cuando desobedecieron a Dios. ¿Te diste cuenta de la reacción del Señor? Él les responsabilizó por su pecado, y ellos experimentaron las consecuencias de sus acciones. Pero, él también los perdonó y no los rechazó. Continuaron siendo su especial tesoro. Es bueno saber esto. A veces es difícil para nosotros obedecer, especialmente cuando las personas que nos rodean toman malas decisiones y hacen cosas que sabemos están equivocadas. Este estudio de la Biblia muestra que Dios odia el pecado. Pero si desobedecemos al Señor y luego nos arrepentimos, todavía él es misericordioso, amoroso y perdonador.

PRÁCTICA PARA EL ESGRIMA BÍBLICO

Practique para Esgrima Bíblico con juegos y actividades (p. 71), o con preguntas y respuestas (p. 149).

LECCIÓN 20
Dios mora en el Tabernáculo
Éxodo 40:1-38

VERSÍCULO PARA MEMORIZAR:
Y él contestó: He aquí, yo hago pacto delante de todo el pueblo; haré maravillas que no han sido hechas en toda la tierra, ni en nación alguna, Éxodo 34:10

VERDADES ACERCA DE DIOS:
Esta lección le enseñará las siguientes verdades acerca de Dios. El asterisco * indica la verdad principal que usted deberá enseñar a los niños.

1. Dios descendió en gloria para vivir entre su pueblo. (*)
2. Dios ayuda a la gente a terminar la obra que los ha llamado a hacer.
3. Dios siempre hace lo que dice que hará.

ENFOQUE Y RESUMEN DE LA LECCIÓN:
En esta lección, los niños aprenderán que Dios descendió para vivir entre los israelitas. Él es fiel en cumplir sus promesas.

1. El Señor pidió a Moisés que construyera el Tabernáculo y que ungiera a Aarón y a sus hijos como sacerdotes.
2. Moisés hizo todo lo que el Señor le ordenó hacer y terminó su trabajo.
3. La gloria del Señor vino y llenó el Tabernáculo.
4. Mientras los israelitas estuvieron en viaje, la presencia de Dios fue con ellos.

CONTEXTO BÍBLICO:
El Libro de Éxodo termina bien. Al comienzo, los israelitas están como esclavos sin esperanza en tierra extraña. Cuando termina, ellos son el pueblo de Dios que está en un viaje sorprendente hacia la Tierra Prometida. Ciertamente el viaje no dejó de tener sus desafíos. A causa de su impaciencia y desobediencia, Dios casi los extermina excepto a Moisés.

Después de experimentar las consecuencias dolorosas de haber quebrantado el pacto, el pueblo estuvo extremadamente agradecido cuando Jehová decidió renovar su pacto y permanecer con ellos. Cuando Moisés pidió al pueblo que donara materiales para construir el tabernáculo, ellos respondieron voluntaria y generosamente. Sus actitudes habían cambiado. Dejaron de protestar y quejarse. De hecho, fueron tan generosos que Moisés les pidió que dejaran de hacer donaciones porque ¡los constructores tenían más de lo que necesitaban!

Su reacción agradó al Señor. Cuando se terminó de construir el tabernáculo, Dios lo llenó con su gloria en forma tan poderosa que aún Moisés, quien se había encontrado con Dios muchas veces, no pudo entrar en él. Dios declaró que habría una relación entre Jehová e Israel para siempre.

¿LO SABÍAS?
Josué fue el asistente personal de Moisés. Él llegaría a ser el próximo líder de los israelitas.

VOCABULARIO:
Palabras de Fe:
Consagrar significa apartar algo o a alguien para servir a Dios solamente.

Conceptos:
Una túnica es una vestimenta suelta sin mangas.

Ungir significa poner aceite sobre la cabeza de una persona para mostrar que Dios la ha escogido para hacer algo importante. En la Biblia, los reyes, sacerdotes y profetas fueron ungidos.

Lo sagrado se refiere a algo o a alguien que fue santificado o consagrado a Dios.

LA HORA DE LA HISTORIA - ACTIVIDAD:

Usted necesitará:
1. El bolso de viaje de la lección uno
2. La caja (bolso, canasta o cartón) con los objetos de la lección anterior.

Objetos para la historia de hoy:
3. Una gran letra "T" hecha de papel de construcción.
4. Aceite de olivo
5. Una pequeña bolsa de fósforos y arroz
6. Una toalla
7. Bolas de algodón

Antes de la clase:
1. Lea Éxodo 40.
2. Junte los objetos de la historia de hoy. Reemplace los objetos que no están disponibles con una imagen.
3. Haga la letra "T."
4. De la bolsa de viaje, pase todos los objetos de la lección anterior a la caja y colóquela junto al lugar de contar historias.
5. Ponga los objetos de la historia de hoy dentro del bolso de viaje. Coloque el bolso de viaje en el lugar de contar historias.

Actividad de apertura: Repaso de la lección
Pídale a un voluntario que seleccione un objeto de la caja y que explique lo que este representó en una lección anterior.

La hora de la historia: Lea estas instrucciones antes de comenzar.
1. Cuente la historia con sus propias palabras. Vaya sacando un objeto de su bolso para ilustrar un punto principal. Enfóquese en los puntos principales.
2. Mientras cuenta la historia, muestre cada objeto en el orden de la lista. Colóquelo en un lugar visible para los niños.
3. Después de contar la historia, guarde los objetos dentro del bolso.
4. Para repasar la historia, quite el primer objeto. Pídale a un voluntario que diga lo que representa. Muestre este objeto. Repita este procedimiento hasta que la historia sea recontada.
5. Revise la señal para recordar qué se describe abajo. Haga esta señal cada vez que mencione lo que representa.
6. Diga, Continuamos en nuestra expedición de exploración del libro de Éxodo. Tengo en mi bolso de viaje algunas herramientas que vamos a necesitar.

Los puntos principales en orden:
1. Letra "T" - Diga, El Tabernáculo fue terminado por fin. Todo había sido hecho. Ahora era tiempo de instaurar el Tabernáculo.
2. Aceite de olivo - Diga, Dios le pidió a Moisés que ungiera a Aarón y a sus hijos para su nueva tarea como sacerdotes. Ellos usaron sus vestimentas sagradas por primera vez.
3. Bolsa con fósforos y arroz - Diga, Moisés siguió completamente las instrucciones de Dios. Después de instalar el altar de la ofrenda quemada, sacrificó ofrendas del todo quemadas y ofrendas de granos cerca de la entrada del Tabernáculo.
4. Toalla - Diga, El día del ungimiento, Aarón y sus hijos lavaron sus manos y pies en el lavabo de bronce. Lo hicieron cada vez que entraron al tabernáculo o se aproximaron al altar.
5. Bolas de algodón - Diga, Después que Moisés terminó su trabajo, una nube cubrió la Tienda del Encuentro, y la gloria del Señor llenó el Tabernáculo. La gloria de Dios fue tan grande que ni aún Moisés pudo entrar al Tabernáculo. Desde ese día en adelante, Dios vivió entre los israelitas, en una nube en el día y en fuego durante la noche. El viaje de la esclavitud a la libertad había terminado. Pero, ¡su aventura con Dios apenas había comenzado!
6. Señal para Recordar - Pida que los niños levanten sus brazos sobre sus cabezas, con las

palmas hacia afuera, luego que las bajen lentamente hacia los lados para indicar la gloria de Dios llenando el Tabernáculo. Diga, Mientras cuento la historia, haga esta señal cuando escuche lo que representa.

7. Diga, Ahora es su turno para contar la historia. Regrese los objetos al bolso. Pida a los niños, por turnos, que escojan un objeto del bolso, sin mirar. Pídales que expliquen lo que significa o que repasen la señal para recordar. Luego de que todos los objetos hayan sido sacados, pida que los niños los coloquen en el orden correcto de la historia.

Consejos didácticos:
Mientras dirige el estudio bíblico, enfatice en estas ideas:

1. Explique a los niños que el Señor vivió junto a su pueblo a través de su presencia en el Tabernáculo. Hoy él se halla aún más cerca por medio de su Espíritu Santo en nosotros.
2. Moisés había completado mucho de lo que se le había pedido hacer y continuó liderando al pueblo de Dios. A su momento, su asistente Josué llegaría a ser el líder de los israelitas.
3. El versículo para memorizar de hoy nos lleva al siguiente estudio, Estudios Bíblicos para Niños: Josué, Jueces, y Rut. Mientras aprenden acerca de la conquista de Canaán, los niños verán que Dios cumple sus promesas de hacer maravillas, que nunca habían sido vistas. Dios siempre cumple sus promesas.

Lea la Escritura con los niños:
Lea en voz alta Éxodo 40:1-38.

Preguntas de discusión:
A partir de la historia haga a los niños las siguientes preguntas.

1. Moisés siguió con precisión las órdenes del Señor. ¿Por qué fue esto importante?
2. ¿Cómo vive Dios entre nosotros hoy?
3. Los israelitas miraban hacia donde se dirigía la nube y así sabían lo que Dios quería que ellos hicieran. ¿Qué tan difícil es atender a Dios y seguirlo hoy?
4. Imagina que eres un israelita. Describe cómo te sentiste cuando viste la nube de gloria de Dios llenando el Tabernáculo.
5. Los israelitas siguieron a Dios al seguir a la nube. ¿Cómo seguimos a Dios?

Pensamientos de cierre:
Este es el pensamiento que queremos que los niños aprendan. Dios descendió en gloria para vivir entre su pueblo.

La gloria del Señor llenó el Tabernáculo. ¡Qué aventura! En el pasado, los israelitas, sirvieron en Egipto como esclavos. El Dios del universo, vivía entre ellos y siempre estaría con ellos. A través de muchas pruebas, los israelitas aprendieron a confiar en Dios completamente. Dios les dio libertad, comida, agua y seguridad. ¡Él los perdonó! Al final del Éxodo, Dios estuvo viviendo con ellos en su Tabernáculo. Cuando Jesús vino al mundo lo cambió todo. Mateo 1:22 nos dice, que Jesús se llama Emmanuel, lo que significa "Dios con nosotros". Cuando le pedimos a Jesús que sea nuestro Salvador, Dios vive en nosotros.

Pregunte a los niños, "¿Le gustaría a alguien que Jesús sea su Salvador? Si es así, diga: Admite que has pecado; Cree que Jesús es el Hijo de Dios que vino para salvarnos de nuestros pecados; y Confiesa a Jesús como Señor de tu vida." Si algunos niños muestran interés, Ore con los niños y guíelos en una oración de salvación. A aquellos que respondieron dígales, si aceptaron a Jesús como su Salvador, Dios vive ahora en ustedes por medio de su Espíritu Santo. ¡Asegúrense de contar a sus papás las Buenas Noticias!

PRÁCTICA PARA EL ESGRIMA BÍBLICO
Practique para Esgrima Bíblico con juegos y actividades (p. 71), o con preguntas y respuestas (p. 149).

¿Qué es MEBI?

La Iglesia del Nazareno siempre ha cedido un espacio especial a la infancia, Jesucristo mismo lo hizo cuando dijo enérgicamente a sus discípulos que no apartaran a los niños porque de ellos es el reino de los cielos; creyendo firmemente que "Instruir al niño en su camino"-Proverbios 22:6, es un mandato apremiante que el Señor nos da, especialmente en nuestras sociedades tan convulsionadas, en las que fácilmente nuestros niños/as están muriendo física y espiritualmente, surge el Ministerio de Esgrima Bíblico Infantil, conocido por sus siglas como MEBI, derivado de la necesidad de profundizar y dinamizar el estudio bíblico para niños/as, por lo que se considera como una herramienta poderosa y efectiva para el evangelismo y discipulado infantil en las iglesias locales.

Partiendo del principio lúdico (aprender jugando) el MEBI consiste en una serie de juegos divididos en las categorías de memorización, reflexión, arte manual, actuación y música; cada uno de los juegos está relacionado o ha sido adaptado al tema de estudio, las iglesias locales forman un equipo con 10 integrantes de entre 7 y 11 años (pueden ser menores de 7 años, pero se recomienda que sean niños/as que ya sepan leer y escribir) este equipo será preparado por un coach a lo largo del año; el encargado del Ministerio entre Niños de un distrito planifica un encuentro en el que cada equipo demuestre lo que ha aprendido de la Biblia a través de los juegos que se plantean, el equipo que demuestre mayor preparación acumulando puntos, representará a su distrito en un encuentro nacional, sin embargo, debe tenerse en claro que el objetivo es aprender la Palabra de Dios, no competir.

Confiamos que esta enseñanza atractiva y vivencial permitirá a los niños/as atesorar la Palabra de Dios en sus corazones y que "no se apartarán del camino correcto" aun cuando dejen la infancia atrás.

Misión:
Preparar a los niños/as como discípulos de Jesús estudiando y atesorando la Palabra en sus corazones.

Visión:
Ser un medio eficaz de evangelismo y una herramienta dinámica de discipulado.

Valores:
Nos mueven los valores cristianos como el amor, la comunión, el compromiso y la inclusión, este ministerio además promueve entre los niños/as el trabajo en equipo, colaboración, respeto, entre muchos otros.

¿Qué recursos necesito?

- ✓ Biblia Nueva Versión Internacional
- ✓ Manual de MEBI
- ✓ Puede visitar la página *www.regionmesoamerica.org*, para este y otros recursos.
- ✓ Material didáctico (hojas, pegamento, tijeras, lápices, crayones, papel de colores, etc.)

¿Cómo formo un equipo en mi iglesia local?

Presidente local de MIEDD, debe adquirir el material que está disponible para MEBI, seleccionar a un hermano/a que sea servicial, dinámico y que ame la labor con niños para que trabaje como coach del equipo.

Coach, su función es preparar al equipo, motivándoles a estudiar la Palabra, dando o coordinando las lecciones bíblicas, actividades de aprendizaje de los juegos, debe acompañar al equipo a todas las demostraciones que organice el distrito, etc.

Equipo, estará formado por un mínimo de 6 niños/as y un máximo de 10 niños/as en edades de 7 a 11 años (pueden ser menores, aunque lo conveniente es que ya puedan leer y escribir). Si un niño/a cumple 12 años entre los meses de julio-diciembre, aun puede participar.

¿Cómo preparo a los niños?

Debe establecerse un tiempo de ensayo y estudio con el equipo. El estudio debe considerar el tema asignado para el esgrima bíblico.

Para estudiar mejor el tema puede dividirse en capítulos o en eventos específicos, para ello utilice la guía de lecciones que se incluye en este folleto. Inicie con la lectura de eventos, discútalos haciendo preguntas de memoria sobre situaciones, personajes, lugares y nombres. Explique datos que motiven la curiosidad del equipo en cuanto a costumbres, significado de objetos o ritos y otras características interesantes que complementen y aclaren el texto y contexto leído. Elabore listados de palabras, nombres, lugares, objetos, animales. Averigüe en cuáles otros libros de la Biblia se mencionan los personajes principales. Haga que los niños memoricen exactamente los textos principales. Ayude a los niños a memorizar eventos y secuencias de las historias, en forma no textual, así lo podrán relatar lo más completo posible. Es necesario ayudarles a recordar datos importantes. Guiarlos para que descubran individualmente y en equipo la enseñanza de Dios para su vida, realice los juegos que tengan relación con la lección estudiada.

Esta guía de estudio puede ayudar en los siguientes temas:

- ¿Cómo surge este(os) personaje(s)?
- ¿Con quiénes se relaciona?
- ¿Dónde se desarrolla la historia?
- ¿Cómo obra Dios en sus vidas?
- ¿Cuál es el motivo por el cual se encuentra esta historia en la Biblia?
- ¿Cómo se relaciona este pasaje a Cristo y por ende a la salvación?
- Toma cada historia y tráela al tiempo actual. ¿Cómo lo harías?
- ¿Qué valores se encuentran en la historia?
- ¿Qué lugares se mencionan? Ubícalos en un mapa.
- ¿Cómo son los personajes?
- ¿Qué características tienen?
- ¿Qué cosas se destacaban en la cultura y se necesitan investigar (animales, artesanías, ritos o costumbres)?

Además:

- Invite a maestros de Escuela Dominical y/o personas que tengan estudios teológicos para que impartan lecciones respecto al tema y aclaren dudas.
- Motive a los hermanos de la iglesia para que apoyen al equipo, en la composición de la letra y música del canto, porra, poema, distintivo y en los ensayos.
- Practique cada juego únicamente después de haber estudiado y aclarado el tema considerablemente.
- Recuerde que es importante establecer las habilidades en las que mejor se desenvuelve el niño/a.

¿Quiénes participan en una demostración?

Moderador, preferiblemente debe ser una persona imparcial, puede ser un invitado de otro distrito o que su iglesia local no esté participando.

- Es quien elige los juegos que se harán en una demostración y prepara el material para los mismos.
- Dirige la demostración
- Lee las instrucciones de cada categoría o juego.
- Arma el equipo de jueces

Jueces, deben ser imparciales, pueden ser invitados de otro distrito o que su iglesia no esté participando. Se asignará un juez a cada equipo participante, es decir, si hay 5 equipos participando, debe haber 5 jueces.

- Velar porque se cumplan las reglas de cada juego.
- Llevan el punteo del equipo que le correspondió.
- Hacen saber al moderador cuando se infringen las reglas.

Juez de tiempo, deberá llevar el tiempo para cada demostración, dando la señal de inicio y de finalización.

Ciclo de estudio anual

- ÉXODO - 2021
- JOSUÉ, JUECES Y RUT - 2022
- 1 Y 2 SAMUEL – 2023
- MATEO – 2024
- HECHOS – 2025
- GENESIS - 20206

Carta al coach (Testimonio)

Hola, Dios te bendiga, que gusto saludarte en nuestro segundo año del ciclo de estudio, alistémonos para entregarnos al servicio de los más pequeños; cuando trabajamos con niños, las recompensas son las más dulces, amorosas y sinceras, ellos nos entregan su afecto sin reparos, es como tener el cielo frente a nosotros; trabajar con ellos siempre implica desafíos, retos y aplicar mucha creatividad y más en este tiempo; ¡vaya abatida la que nos dio la pandemia del sars-cov-19!, nunca nos imaginamos ni en nuestros sueños más locos tener que estar congregados de forma virtual, o trabajar con los niños a distancia, creo que cada iglesia local, pastor/a, maestro/a y miembros, demostraron que la iglesia de Cristo está más activa que nunca, que nada puede detener la obra de nuestro Señor y que siempre habrán maneras de perseverar y tener cuidado del redil.

Sabemos que hubo algunos sin los recursos necesarios para conectarse a cultos virtuales y eso es lamentable pero también sabemos que Dios ha tenido cuidado de su iglesia alrededor del mundo, él es nuestro pastor y nada nos faltará, sigamos orando y pidiendo que sane nuestra tierra y que traiga paz a los corazones afligidos o enlutados; depositemos en él toda ansiedad, Dios conoce nuestras necesidades incluso antes de que se las expongamos en oración, así que sigamos confinado, esto también pasará y podremos retomar nuestras actividades presenciales y el uso de nuestros templos, solamente seamos pacientes.

En la misión tenemos un tiempo para trabajar con niños el día sábado, lo llamamos "Club Infantil Los Niños Primero"; estábamos muy contentas porque se agregaban nuevos niños, los veíamos motivados y participativos, cuando el gobierno inicio la cuarentena, suspendimos las reuniones y una de las primeras acciones que tomamos fue generar un grupo de WhatsApp e incluir a algunos contactos que teníamos, empezamos a enviar por ese medio hojas de trabajo, videos, manualidades y otras actividades, posteriormente empezamos a reunirnos de forma virtual a través de la plataforma Google Meet, los chicos con los que pudimos seguir estaban muy contentos y entusiasmados, pero nuestro corazón anhelaba verlos a todos, perdimos contacto con unos 8 o 10 niños que no pertenecían a la misión pero asistían sin falta al club, así que nuestra oración ha sido verles de nuevo y seguir sembrando la Palabra en sus corazones. ¡Sigamos adelante, pronto veremos los frutos!

En Cristo
Pamela Vargas
pdepamela@gmail.com

LISTA DE TEXTOS A MEMORIZAR

Y los hijos de Israel fructificaron y se multiplicaron, y fueron aumentados y fortalecidos en extremo, y se llenó de ellos la tierra. 1:7	Y cuando la abrió, vio al niño; y he aquí que el niño lloraba. Y teniendo compasión de él, dijo: De los niños de los hebreos es éste. 2:6	Y se le apareció el Angel de Jehová en una llama de fuego en medio de una zarza; y él miró, y vio que la zarza ardía en fuego, y la zarza no se consumía. 3:2
Viendo Jehová que él iba a ver, lo llamó Dios de en medio de la zarza, y dijo: ¡Moisés, Moisés! Y él respondió: Heme aquí. 3:4	Y dijo: No te acerques; quita tu calzado de tus pies, porque el lugar en que tú estás, tierra santa es. 3:5	Y respondió Dios a Moisés: YO SOY EL QUE SOY. Y dijo: Así dirás a los hijos de Israel: YO SOY me envió a vosotros. 3:14
Ahora pues, ve, y yo estaré con tu boca, y te enseñaré lo que hayas de hablar. 4:12	Dijo también Faraón: He aquí el pueblo de la tierra es ahora mucho, y vosotros les hacéis cesar de sus tareas. 6:5	Y sabrán los egipcios que yo soy Jehová, cuando extienda mi mano sobre Egipto, y saque a los hijos de Israel de en medio de ellos. 7:5
Y Moisés y Aarón hicieron como Jehová lo mandó; y alzando la vara golpeó las aguas que había en el río, en presencia de Faraón y de sus siervos; y todas las aguas que había en el río se convirtieron en sangre. 7:20	Y Jehová dijo a Moisés: Di a Aarón: Extiende tu mano con tu vara sobre los ríos, arroyos y estanques, para que haga subir ranas sobre la tierra de Egipto. 8:5	Entonces Jehová dijo a Moisés: Di a Aarón: Extiende tu vara y golpea el polvo de la tierra, para que se vuelva piojos por todo el país de Egipto. 8:16
Jehová dijo a Moisés: Levántate de mañana y ponte delante de Faraón, he aquí él sale al río; y dile: Jehová ha dicho así: Deja ir a mi pueblo, para que me sirva. 8:20	Y Jehová lo hizo así, y vino toda clase de moscas molestísimas sobre la casa de Faraón, sobre las casas de sus siervos, y sobre todo el país de Egipto; y la tierra fue corrompida a causa de ellas. 8:24	Al día siguiente Jehová hizo aquello, y murió todo el ganado de Egipto; mas del ganado de los hijos de Israel no murió uno. 9:6
Y tomaron ceniza del horno, y se pusieron delante de Faraón, y la esparció Moisés hacia el cielo; y hubo sarpullido que produjo úlceras tanto en los hombres como en las bestias. 9:10	Y a la verdad yo te he puesto para mostrar en ti mi poder, y para que mi nombre sea anunciado en toda la tierra. 9:16	Hubo, pues, granizo, y fuego mezclado con el granizo, tan grande, cual nunca hubo en toda la tierra de Egipto desde que fue habitada. 9:24

ÉXODO

Y subió la langosta sobre toda la tierra de Egipto, y se asentó en todo el país de Egipto en tan gran cantidad como no la hubo antes ni la habrá después. 10:14	Y extendió Moisés su mano hacia el cielo, y hubo densas tinieblas sobre toda la tierra de Egipto, por tres días. 10:22	Entonces Faraón hizo llamar a Moisés, y dijo: Id, servid a Jehová; solamente queden vuestras ovejas y vuestras vacas; vayan también vuestros niños con vosotros. 10:24
Y la sangre os será por señal en las casas donde vosotros estéis; y veré la sangre y pasaré de vosotros, y no habrá en vosotros plaga de mortandad cuando hiera la tierra de Egipto. 12:13	Y Jehová dio gracia al pueblo delante de los egipcios, y les dieron cuanto pedían; así despojaron a los egipcios. 12:36	Nunca se apartó de delante del pueblo la columna de nube de día, ni de noche la columna de fuego. 13:22
Jehová peleará por vosotros, y vosotros estaréis tranquilos. 14:14	Jehová es mi fortaleza y mi cántico, Y ha sido mi salvación. Este es mi Dios, y lo alabaré; Dios de mi padre, y lo enalteceré. 15:2	Tu diestra, oh Jehová, ha sido magnificada en poder; Tu diestra, oh Jehová, ha quebrantado al enemigo. 15:6
¿Quién como tú, oh Jehová, entre los dioses? ¿Quién como tú, magnífico en santidad, Terrible en maravillosas hazañas, hacedor de prodigios? 15:11	Y María les respondía: Cantad a Jehová, porque en extremo se ha engrandecido; Ha echado en el mar al caballo y al jinete. 15:21	Y la casa de Israel lo llamó Maná; y era como semilla de culantro, blanco, y su sabor como de hojuelas con miel. 16:31
Ahora, pues, si diereis oído a mi voz, y guardareis mi pacto, vosotros seréis mi especial tesoro sobre todos los pueblos; porque mía es toda la tierra. 19:5	Y vosotros me seréis un reino de sacerdotes, y gente santa. Estas son las palabras que dirás a los hijos de Israel. 19:6	No tendrás dioses ajenos delante de mí. 20:3
No te harás imagen, ni ninguna semejanza de lo que esté arriba en el cielo, ni abajo en la tierra, ni en las aguas debajo de la tierra. 20:4	No tomarás el nombre de Jehová tu Dios en vano; porque no dará por inocente Jehová al que tomare su nombre en vano. 20:7	Entonces Jehová dijo a Moisés: Sube a mí al monte, y espera allá, y te daré tablas de piedra, y la ley, y mandamientos que he escrito para enseñarles. 24:12

ÉXODO

Y harán un santuario para mí, y habitaré en medio de ellos. 25:8	Harás además una lámina de oro fino, y grabarás en ella como grabadura de sello, SANTIDAD A JEHOVÁ. 28:36	Y conocerán que yo soy Jehová su Dios, que los saqué de la tierra de Egipto, para habitar en medio de ellos. Yo Jehová su Dios. 29:46
Entonces Jehová dijo a Moisés: Anda, desciende, porque tu pueblo que sacaste de la tierra de Egipto se ha corrompido. 32:7	Y las tablas eran obra de Dios, y la escritura era escritura de Dios grabada sobre las tablas. 32:16	Y él dijo: Mi presencia irá contigo, y te daré descanso. 33:14
Y pasando Jehová por delante de él, proclamó: !!Jehová! !!Jehová! fuerte, misericordioso y piadoso; tardo para la ira, y grande en misericordia y verdad. 34:6	Y él contestó: He aquí, yo hago pacto delante de todo tu pueblo; haré maravillas que no han sido hechas en toda la tierra, ni en nación alguna, y verá todo el pueblo en medio del cual estás tú, la obra de Jehová; porque será cosa tremenda la que yo haré contigo. 34:10	Y tomaron de delante de Moisés toda la ofrenda que los hijos de Israel habían traído para la obra del servicio del santuario, a fin de hacerla. Y ellos seguían trayéndole ofrenda voluntaria cada mañana. 36:3
Hicieron asimismo la lámina de la diadema santa de oro puro, y escribieron en ella como grabado de sello: SANTIDAD A JEHOVÁ. 39:30	Entonces una nube cubrió el tabernáculo de reunión, y la gloria de Jehová llenó el tabernáculo. 40:34	

ACTIVIDADES PARA ENSEÑAR EL VERSÍCULO PARA MEMORIZAR

PALABRAS QUE DESAPARECEN

Necesitará una pizarra, pizarra blanca o papel para esta actividad. Escriba el versículo para memorizar en la pizarra. Pida a los niños que repitan el versículo. Escoja a un niño para que borre una palabra, y luego pida a los niños que repitan el versículo (incluyendo la palabra que desapareció). Continúen hasta que desaparezcan todas las palabras y los niños digan todo el versículo de memoria. Si no tiene pizarra, escriba por separado cada palabra del versículo en un pedazo de papel, y pida a los niños que quiten una palabra a la vez.

UNA OLA DEL MAR

Pida a los niños que se sienten en una línea recta. Dígale al primer niño que se ponga de pie, que diga la primera palabra del versículo, que mueva ambas manos en el aire en forma animada y que se siente. Pídale al segundo niño que se ponga de pie, que diga la segunda palabra del versículo, que mueva ambas manos en el aire en forma animada y que se siente. Continúen hasta completar el versículo. Si un niño olvida una palabra o dice una palabra incorrecta, permita que los otros digan la palabra correcta. Anime a los niños a decir el versículo rápidamente de manera que sus movimientos se vean como una ola del mar.

PASEN LA BIBLIA

Para esta actividad necesitará una Biblia y una fuente de música. Pida a los niños que se sienten formando un círculo. Entregue la Biblia a un niño. Cuando empiece la música, diga a los niños que pasen la Biblia alrededor del círculo. Cuando pare la música, el niño que está sosteniendo la Biblia debe decir el versículo bíblico. Pare la música de manera que cada niño tenga oportunidad de decir el versículo.

ORDENEMOS EL VERSÍCULO BÍBLICO

Escriba cada palabra o frase del versículo en un pedazo de papel. Distribuya los pedazos de papel en desorden. Indique a los niños que se coloquen en el orden correcto según la parte del versículo que recibieron. Pida a los niños que digan juntos el versículo. Luego pida a un niño o niña que dé vuelta a su papel para que los demás no puedan ver su palabra. Pida a los niños que digan el versículo otra vez. Continúen de esta manera hasta que todos los papeles estén volteados y ninguna palabra esté visible.

EL VERSÍCULO BÍBLICO EN FILA

Escriba cada palabra o frase del versículo en una tarjeta o pedazo de papel. Entregue un pedazo de papel a cada niño. Instruya a los niños que tienen esos papeles para que se paren en diferentes lugares del salón y mantengan en alto su papel. Elija a otro niño que deberá poner a los niños en fila en el orden correcto del versículo. Después pida que todos lean juntos el versículo.

JUEGO DEL ESCONDITE PARA MEMORIZAR

Antes de la clase escriba por separado cada palabra del versículo para memorizar en un pedazo de papel. Esconda cada palabra en diferentes lugares del salón. Pida a los niños que encuentren las palabras y las pongan en el orden correcto. Digan juntos el versículo para memorizar.

VERSÍCULO BÍBLICO DESCRAMABLE

Escriba cada palabra o frase de un versículo bíblico en una hoja de papel o en una ficha.

Distribuya las tarjetas de palabras en orden mixto. Deje que los niños se organicen en círculo en el orden correcto de acuerdo con la parte del versículo que recibieron. Haga que los niños digan el versículo juntos. Luego pídale a un niño que le dé la vuelta a la tarjeta, para que los otros niños no puedan ver su palabra. Haga que los niños repitan el versículo. Continúe de esta manera hasta que todas las tarjetas estén giradas y no se vean palabras.

Esto también se podría jugar como una carrera entre dos o más equipos para ver cuál es el primero en acomodarse con las palabras del verso en el orden correcto.

ESPALDA CONTRA ESPALDA

Llame a dos niños que piensan que saben de memoria el versículo y pídales que se paren espalda contra espalda. Pida que uno de ellos diga la primera palabra del versículo y que el otro diga la siguiente. Los niños se turnarán para decir las palabras hasta que uno se equivoque. El que cometió el error se sienta. El niño que queda es el campeón. Luego pida a toda la clase que repita el versículo para memorizar. Después escoja a otro rival para que compita contra el campeón.

UNA VENDA

Para esta actividad necesitará una venda para los ojos. Pida a los niños que se paren formando un círculo amplio. Elija a un niño o niña para que se pare en el centro del círculo. Póngale la venda. Diga a los niños que están en el círculo que se tomen de la mano y caminen alrededor del círculo mientras dicen: "La Palabra de Dios me ayuda cada día". Haga que los niños caminen y repitan esta frase dos veces. Esto impedirá que quien está en el centro recuerde dónde estaba parado cada niño en el círculo. Una vez que los niños en el círculo se detengan, el niño en el centro apuntará a un niño para que diga el versículo bíblico. Indíquele al niño que dirá el versículo que trate de cambiar la voz, hablando en un tono agudo y chillón, o con una voz grave y profunda. El niño en el centro tratará de adivinar quién dijo el versículo. Si no adivina correctamente, apuntará a otro niño que dirá el versículo. Continúen hasta que el niño en el centro adivine el nombre correcto, o hasta que se equivoque tres veces. Luego elija a otro niño o niña para que se pare en el centro.

UNA TELA DE ARAÑA DE REPASO

Necesitará una bola de lana. Pida a los niños que se paren formando un círculo. Tire la bola de lana a un niño o niña y pídale que diga la primera palabra del versículo. El niño luego envolverá la lana alrededor de su dedo índice y le tirará la bola a otro niño al otro lado del círculo. Éste dirá la segunda palabra del versículo y envolverá la lana alrededor de su índice. Continúen jugando y diciendo las palabras del versículo hasta que todos los niños hayan participado. El movimiento de la lana de un lado a otro irá formando la tela de araña.

PALABRAS Y ACCIONES

Para esta actividad necesitará tarjetas o pedazos de papel. Escriba una actividad distinta en cada tarjeta; por ejemplo: gira en un círculo, marcha en el lugar, date palmaditas en la cabeza, salta hasta el otro lado del salón, susurra, grita, dilo a un amigo o amiga en la clase. Pida a cada niño o niña que escoja una de las tarjetas y que realice la actividad mencionada allí al mismo tiempo que dice el versículo para memorizar.

REPITE, REPITE

Escriba una o dos palabras del versículo en una tarjeta o pedazo de papel. Pida a los niños que se sienten formando un círculo y entregue las tarjetas alrededor del círculo en el orden correcto. Si la clase es numerosa, prepare más de un juego de tarjetas y haga la actividad en grupos.

El alumno con la primera palabra del versículo dice esa palabra. El siguiente dice la primera palabra y luego la palabra nueva. El tercero dice la primera, segunda y tercera palabras, y así sucesivamente. Continúen repitiendo el versículo desde el principio, añadiendo una nueva palabra cada vez. Cuando terminen el versículo, pida a los niños que pasen su tarjeta a la persona que está a su izquierda y empiecen el juego otra vez.

UNA TELA DE ARAÑA DE REPASO

Necesitará una bola de lana. Pida a los niños que se paren formando un círculo. Tire la bola de lana a un niño o niña y pídale que diga la primera palabra del versículo. El niño luego envolverá la lana alrededor de su dedo índice y le tirará la bola a otro niño al otro lado del círculo. Éste dirá la segunda palabra del versículo y envolverá la lana alrededor de su índice. Continúen jugando y diciendo las palabras del versículo hasta que todos los niños hayan participado. El movimiento de la lana de un lado a otro irá formando la tela de araña.

REVENTANDO GLOBOS

Necesitará globos, un marcador y cinta adhesiva. Infle los globos y en cada uno escriba una palabra del versículo bíblico. Con cinta adhesiva pegue los globos en la pared en el orden correcto. Guíe a los niños para que lean juntos el versículo. Escoja a un niño o niña para que reviente un globo. Pida a los niños que digan otra vez el versículo recordando la palabra que falta. Elija a otro niño para que reviente otro globo. Pida a los niños que digan el versículo nuevamente. Continúen hasta que no quede ningún globo y los niños puedan decir el versículo de memoria.

MEMORIZACIÓN CON CARITAS FELICES

Escriba cada palabra o frase del versículo en un plato de cartón o un círculo de papel. Reparta los platos a los niños y pídales que, en el lado del plato o círculo que está en blanco, dibujen una carita feliz. Pegue los platos a la pared de modo que los niños puedan ver las palabras del versículo. Lean juntos el versículo. Elija a un niño para que dé vuelta a uno de los platos y se vea la carita feliz. Después pida a los niños que lean el versículo. Elija a otro niño para que le dé vuelta a otro plato. Digan el versículo otra vez. Continúen hasta que todos los platos muestren las caritas felices, y los niños puedan decir el versículo de memoria.

UNA MEMORIZACIÓN DIVERTIDA

Escriba cada palabra o frase del versículo en un pedazo de papel. Haga dos juegos de palabras, uno para cada equipo. Divida la clase en dos equipos. Frente a cada equipo coloque en el suelo un juego de palabras. Mezcle los papeles para que estén en desorden. Cuando dé la señal, el primer niño de cada equipo debe encontrar la primera palabra del versículo y correr a la meta. El niño pone el papel en el piso y corre a donde está el segundo jugador. Éste recoge la segunda palabra del versículo y corre con ella a la meta. Continúen hasta que un equipo complete el versículo en perfecto orden. Dé tiempo para que el segundo equipo complete su versículo. Luego pida que ambos equipos digan juntos el versículo.

Nombre del equipo

Indicaciones:

1. Con anticipación y con ayuda del coach, cada equipo debe elegir un nombre.
2. El nombre debe estar relacionado al tema de estudio.
3. Debe tener sustento bíblico el cual será explicado por uno o más participantes.
4. En este tiempo, también se deben presentar los integrantes del equipo.
5. Los jueces deberán considerar los siguientes aspectos:
   - Apego al tema de estudio
   - Creatividad del nombre
   - Sustento bíblico
   - Creatividad de la presentación
   - Mención de los integrantes

Infracción:

Se descuentan puntos al equipo que esté hablando entre sí, cuando otro equipo se esté presentando.

Puntaje

100 puntos

Tiempo

Menos de 5 minutos

Participantes

Todo el equipo

Modalidad

Un equipo a la vez

Distintivo

Indicaciones:

1. Con anticipación y con ayuda del coach y padres de familia, cada equipo debe portar algún implemento que les distinga.
2. Puede ser una playera, gorra, uniforme deportivo, etc.
3. Puede incluir el nombre del equipo, del integrante y un logotipo.
4. Los jueces evalúan de acuerdo a la siguiente escala:
   - Uniformidad (todos iguales)
   - Creatividad del distintivo
   - Creatividad de la presentación

Infracción:

Se descuentan puntos al equipo que esté hablando entre sí, cuando otro equipo se esté presentando.

Puntaje

50 puntos

Tiempo

Menos de 5 minutos

Participantes

Todo el equipo

Modalidad

Un equipo a la vez

Porra

Indicaciones:

1. Con anticipación y con ayuda del coach, cada equipo debe preparar una porra.
2. Deberá estar basada en el tema de estudio y el nombre del equipo.
3. No puede contener ideas o palabras ofensivas hacia otros equipos.
4. Los jueces evalúan de acuerdo a la siguiente escala:
    Apego al tema de estudio
    Creatividad de la porra
    Creatividad de la presentación
    Mención del nombre del equipo

Infracción:

Se descuentan puntos al equipo que esté hablando entre sí, cuando otro equipo se esté presentando.

Puntaje

50 puntos

Tiempo

Menos de 5 minutos

Participantes

Todo el equipo

Modalidad

Un equipo a la vez

Mascota

Indicaciones:

1. Con anticipación y con ayuda del coach, cada equipo debe tener una mascota.
2. Preferiblemente debe ser un animalito que esté relacionado al tema de estudio.
3. Deberá contener una enseñanza bíblica.
4. Los jueces evalúan de acuerdo a la siguiente escala:
    Apego al tema de estudio
    Creatividad del disfraz
    Creatividad de la presentación
    Enseñanza bíblica

Infracción:

Se descuentan puntos al equipo que esté hablando entre sí, cuando otro equipo se esté presentando.

Puntaje

100 puntos

Tiempo

Menos de 5 minutos

Participantes

Todo el equipo

Modalidad

Un equipo a la vez

Logotipo

Indicaciones:

1. Con anticipación y con ayuda del coach, cada equipo debe tener un logotipo.
2. Deberá tener relación al nombre del equipo.
3. Se debe dibujar y pintar por los participantes del equipo y servirá para decorar su espacio en una demostración.
4. Debe tener apego al tema de estudio y sustento bíblico el cual será explicado por uno o más participantes.
5. Los jueces evalúan de acuerdo a la siguiente escala:
    - Apego al tema de estudio
    - Creatividad del dibujo
    - Orden y limpieza
    - Enseñanza bíblica
    - Creatividad en la presentación

Infracción:

Se descuentan puntos al equipo que esté hablando entre sí, cuando otro equipo se esté presentando.

Puntaje
100 puntos

Tiempo
Menos de 5 minutos

Participantes
Todo el equipo

Modalidad
Un equipo a la vez

CATEGORÍA DE MEMORIZACIÓN

La memorización y el razonamiento son fundamentales para el aprendizaje, la repetición es una de las claves para la memorización; el objetivo de esta categoría es ayudar a los niños/as a memorizar y comprender la biblia de una forma dinámica y atractiva.

ALGUNAS TÉCNICAS DE MEMORIZACIÓN:

- Conectar y enlazar
- Asociar objetos con lugares
- Crear historias
- Enlazar palabras con números para recordar secuencias
- Dibujar mapas mentales
- Siglas, utilizando la primera letra de cada palabra
- Repetir las palabras clave
- Utilizar todos los sentidos

Para una demostración local, distrital, de zona, nacional, etc. el moderador elegirá

3 juegos de memorización

Los equipos sabrán los juegos que se realizarán únicamente hasta el día de la demostración.

Avanza

Desarrollo:
1. El moderador sortea el orden en el que participan los equipos y se van colocando delante de sus tres aros (ula ula).
2. El primer participante debe decir un texto del listado de textos a memorizar, lo debe hacer de forma literal; si es correcto, el moderador lo indica y el participante avanza hacia el primer aro.
3. El siguiente participante debe recitar otro texto; la dificultad consiste en que no puede recitar un texto que ya haya sido enunciado por otro participante, en caso de que esto suceda, el niño o niña no podrá avanzar.
4. Si durante los primeros 30 segundos el niño o niña no empieza a decir su texto, pierde la oportunidad y no avanza. Dependiendo de los aros que avance es el punteo que recibe.

Consultas:
No se permiten.

Infracción:
Si el público dice una parte del texto o la cita en voz alta o si el niño o niña consulta con su coach o equipo, se descalifica y se anula su participación en este juego.

Sugerencia:
Si fueran muchos equipos participando, se puede reducir a 2 aros por equipo.

Puntaje
10 puntos por texto correcto

Tiempo
30 segundos para empezar

Participantes
1 por equipo

Modalidad
Un equipo a la vez de forma alternada

Materiales
- Tres aros (ula ula) por equipo.
- El juez deberá tener la lista de textos a memorizar.

Ejemplo:

Isabel del equipo "Moisés" logro avanzar 2 aros, anota 20 puntos para su equipo

Javier del equipo "Aarón" avanzó los 3 aros, por lo tanto, anota 30 puntos para su equipo

Camila del equipo "Nube y Fuego" avanzó 3 aros, anota 30 puntos para su equipo

Bingo Bíblico (JUEGO NUEVO)

Desarrollo:

1. El moderador sortea las cartillas y las coloca boca abajo sobre una mesa o suelo frente a cada equipo, entrega a cada equipo el marcador o resaltador.
2. El moderador da la indicación de que volteen sus cartillas y empieza la lectura de los textos bíblicos uno por uno, dando unos segundos después de cada texto, únicamente debe leer los textos sin decir la cita.
3. Los participantes deberán escuchar con atención la lectura de cada texto para identificar las citas en las cartillas e irlas marcando. El equipo que logre hacer tres en línea (horizontal, vertical o diagonal) grita "BINGO", y ahí se detiene el tiempo.
4. Si hubiera empate entre equipos se otorgan 30 puntos a cada uno. Si al terminar la lectura de los textos, ningún equipo logra hacer tres en línea, nadie obtiene puntos.

Consultas:

No se permiten.

Infracción:

Si el equipo interrumpe o pregunta en la lectura de los textos, los jueces descuentan 2 puntos. Si el público dice una parte del texto o la cita en voz alta, se descalifica y se anula su participación en este juego.

Textos a jugar:

- Solamente se utilizarán los textos de los capítulos 1 - 15

Ejemplo de las cartillas:

Puntaje
30 puntos

Tiempo
Lo que dure la lectura de los textos

Participantes
2 por equipo

Modalidad
Simultaneo

Materiales
- Cartillas de bingo, una por equipo.
- Un marcador por equipo puede ser un marcador para bingo (do a dot) o un resaltador.
- Lista de textos a memorizar

ÉXODO

BINGO BÍBLICO		
1:7	9:16	6:5
3:4	10:22	8:24
7:20	15:21	7:5

BINGO BÍBLICO		
15:11	10:14	2:6
3:5	7:5	9:24
12:13	15:2	8:24

BINGO BÍBLICO		
3:2	3:14	4:12
9:10	8:16	10:14
13:22	14:14	15:2

BINGO BÍBLICO		
15:21	12:36	10:14
9:10	8:20	7:20
6:5	3:4	1:7

Conteste y avance

Desarrollo:

1. El moderador sortea el orden de participación, pega en la pizarra o pared un dibujo para unir con puntos, el cual debe tener 15 puntos a unir. (ver el ejemplo).
2. El primer equipo en participar se para a tres metros de distancia del dibujo, un participante detrás del otro, el moderador les permite elegir un sobre con preguntas y les entrega los marcadores.
3. El moderador lee la primera pregunta, inmediatamente después empiezan a correr los cinco minutos, cada participante tiene 30 segundos para dar su respuesta, si es correcta, traza una línea del dibujo con color negro, si es incorrecta la deberá trazar con color rojo, corre a entregar los marcadores a su compañero y el moderador le lee la siguiente pregunta.
4. Si en 30 segundos no responde el juez lo indica y deberá trazar una línea de color rojo, el moderador dirá la respuesta.
5. El tiempo no se detiene ni se pueden repetir las preguntas.

Consultas:

No se permiten

Infracción:

Si uno de los participantes pasa dos veces seguidas, el juez lo indica y les anula una pregunta.

Si uno de los participantes traza dos líneas del dibujo, el juez lo indica y les anula una pregunta.

Si el público dice alguna respuesta en voz alta, el juez lo indica y se deberá trazar una línea roja.

Tomar en cuenta que el tiempo no se detiene en ningún momento.

Ejemplo:

Enseguida encontrará un ejemplo del juego de preguntas y un dibujo.

Puntaje

5 puntos por respuesta correcta

Tiempo

5 minutos

Participantes

2 por equipo

Modalidad

Un equipo a la vez

Materiales

- Un dibujo con 15 puntos a unir para cada equipo.
- Sobres cerrados con juegos de 15 preguntas. (diferentes para cada equipo)
- Dos marcadores, uno negro (correcto), uno rojo (incorrecto).

Conteste y avance Juego de preguntas

1. ¿Cuántos meses fue escondido Moisés por su madre?
   R/ Tres meses, (2:2)

2. ¿En dónde fue colocado el niño?
   R/ En una arquilla de juncos a la orilla del río (2:3)

3. ¿Quién descendió a lavarse al río?
   R/ La hija de Faraón (2:5)

4. ¿Qué dijo la hija de Faraón al ver que el niño lloraba?
   R/ De los niños de los hebreos es este. (2:6)

5. ¿Qué dijo la hermana del niño a la hija de Faraón?
   R/ ¿Iré a llamarte una nodriza de las hebreas, para que te críe este niño? (2:7)

6. ¿Qué dijo la hija de Faraón a la madre del niño?
   R/ Lleva a este niño y críamelo, y yo te lo pagaré (2:9)

7. ¿Qué significa el nombre Moisés?
   R/ Porque de las aguas lo saqué (2:10)

8. ¿Qué observó Moisés cuando salió a sus hermanos y los vio en sus duras tareas?
   R/ A un egipcio que golpeaba a uno de los hebreos, sus hermanos. (2:11)

9. ¿Qué hizo Moisés con el egipcio que golpeaba a su hermano?
   R/ Lo mató y lo ocultó en la arena. (2:12)

10. ¿Quién procuró matar a Moisés?
    R/ Faraón (2:15)

11. ¿En dónde habitó Moisés cuando huyó de Egipto?
    R/ En Madian (2:15)

12. ¿Quiénes vinieron a sacar agua para llenar las pilas y dar de beber a las ovejas de su padre?
    R/ Las siete hijas del sacerdote de Madian (2:16)

13. ¿Qué hizo Moisés cuando los pastores echaron del pozo a las hijas del sacerdote?
    R/ Las defendió y dio de beber a sus ovejas (2:17)

14. ¿Cómo se llamaron la esposa y el hijo de Moisés?
    R/ Séfora y Gersón. (2:21-22)

15. ¿Qué significa el nombre Gersón?
    R/ Forastero soy en tierra ajena. (2:22)

Conteste y avance dibujo

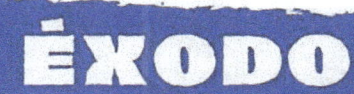

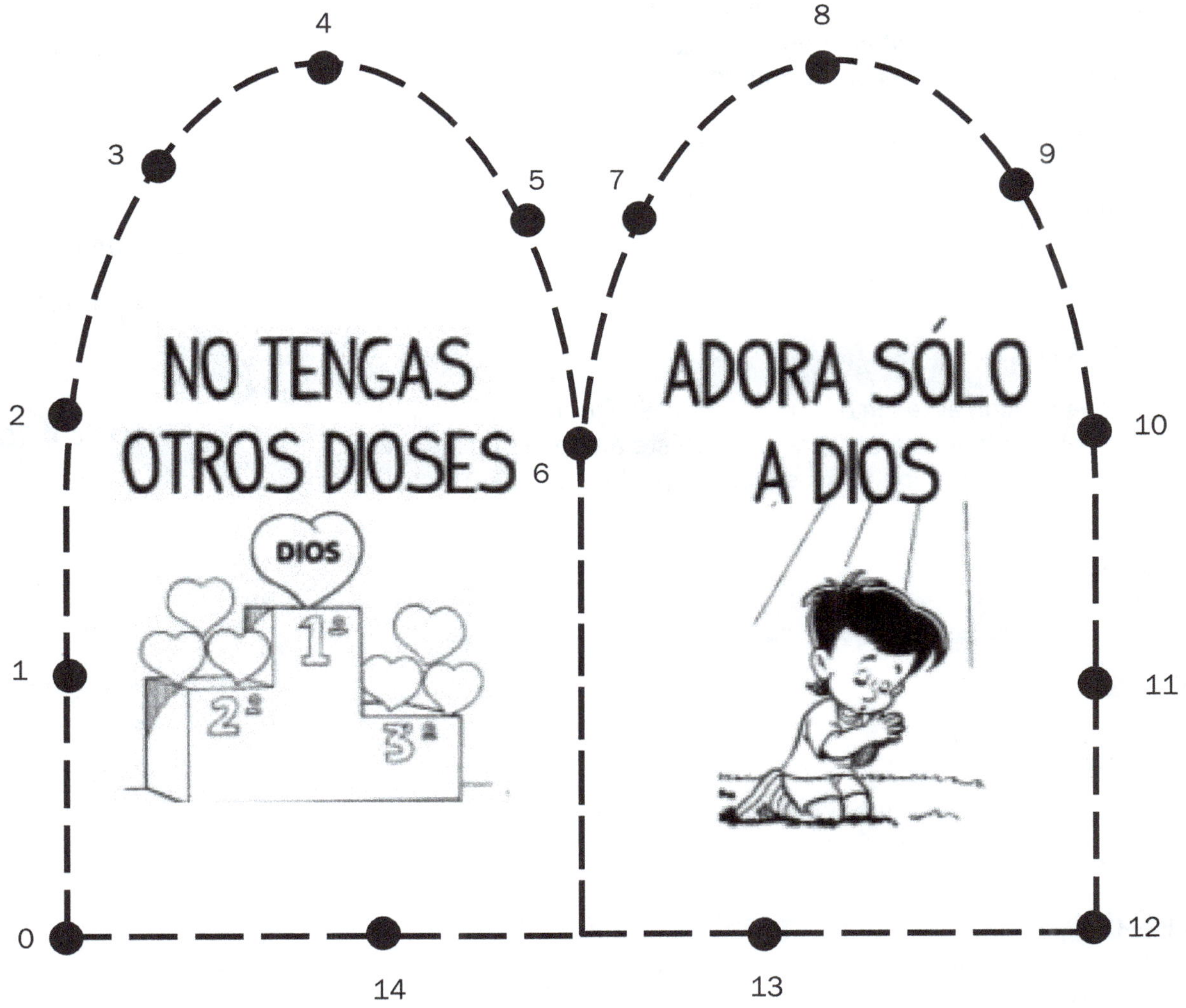
4
8
3
5
7
9
NO TENGAS
OTROS DIOSES
ADORA SÓLO
A DIOS
2
6
10
DIOS
1
11
0
12
14
13

Crucigrama

Desarrollo:

1. A cada equipo se le entrega un crucigrama de 6 preguntas (el mismo crucigrama para todos los equipos).
2. Al dar la señal de inicio, los equipos tienen cinco minutos para contestarlo. Los equipos deben entregar su crucigrama en ese tiempo. Al finalizar los cinco minutos, si no han terminado, se otorga la puntuación a las respuestas correctas. Esto quiere decir 10 puntos por respuesta correcta.

Consultas:

La consulta es permitida solamente entre los 3 participantes del equipo.

Infracción:

Si hubiera consulta con el coach o con los niños del equipo que no están participando, el juez lo indica al moderador y éste anula el crucigrama del equipo, eliminando con ello su participación en este juego únicamente

Ejemplo:

Se proponen tres crucigramas basados en diferentes historias de génesis.

Sugerencia:

Ya que la categoría es de memorización, se sugiere que sean los crucigramas propuestos los que se utilicen en la competencia.

Puntaje
10 puntos por respuesta correcta

Tiempo
5 minutos

Participantes
3 por equipo

Modalidad
Simultaneo

Materiales
- Una papeleta con el mismo crucigrama para cada equipo
- Un lapicero por equipo

Respuestas:

CRUCIGRAMA 1	CRUCIGRAMA 2	CRUCIGRAMA 3
Horizontal	**Horizontal**	**Horizontal**
1 Jetro	3 Levadura	2 Acacia
2 Ancianos	4 Sangre	4 Plata
3 Egipto	5 Medianoche	6 Bronce
4 Calzado	8 Defecto	7 Propiciatorio
Vertical	**Vertical**	**Vertical**
5 Zarza	1 Fiesta	1 Santísimo
6 Sacrificios	2 Primogénitos	3 Cabra
7 Faraón	6 Diez	5 Aceite
8 Rostro	7 Señal	7 Púrpura

Crucigrama 1

Basado en: El llamamiento de Moisés, Éxodo 3

Horizontal

1. Moisés se encontraba apacentando las ovejas de su suegro .....
2. Jehová pidió a Moisés que reuniera a los ... de Israel
3. Jehová le dijo que había visto la aflicción de su pueblo que está en .....
4. Jehová pidió a Moisés que se quitara el ...... de sus pies

Vertical

5. El Ángel de Jehová estaba en una llama de fuego en medio de una .....
6. Moisés y el pueblo irían camino de tres días por el desierto, para que ofrecieran ... a Jehová
7. Jehová dijo a Moisés que lo enviaría a .....
8. Moisés tuvo miedo de mirar a Dios, entonces cubrió su ....

Crucigrama 2

Basado en: La Pascua, Éxodo 12

Horizontal

3 Aparte de la carne asada al fuego debían comer panes sin ...

4 Qué debían colocar los israelitas en el dintel y postes de sus casas

5 A qué hora hirió Jehová a todos los primogénitos de Egipto

8 El sacrificio debía ser una oveja o una cabra, macho de un año, animal sin...

Vertical

1 El día de pascua se celebraría como una .... Solemne a Jehová

2 Jehová heriría en tierra de Egipto a todos los...

6 En qué día del mes debían tomar un cordero según las familias de los padres

7 De qué serviría la sangre en los dinteles y postes de las casas

Crucigrama 3

Basado en: El tabernáculo, Éxodo 26-27

Horizontal

2 De qué madera debían hacerse las tablas y barras para el tabernáculo

4 De qué material serían los capiteles de las columnas y las molduras

6 Con qué material debían cubrir el altar

7 Sobre el arca del testimonio debían poner el ...

Vertical

1 El velo serviría para hacer separación entre el lugar santo y el...

3 Las cortinas para la cubierta del tabernáculo debían hacerlas de pelo de ....

5 Qué debían llevar los hijos de Israel para el alumbrado continuo de las lámparas

7 Material usado para las diez cortinas del tabernáculo

Descubriendo el texto

Desarrollo:

1. El moderador sortea el orden de participación.
2. Deben prepararse tantos textos como equipos a participar. Los textos deben ser diferentes para cada equipo, tomados del listado de textos a memorizar. La extensión de los textos, en su número de letras debe ser similar. Se presentan tarjetas con cada letra del texto, las tarjetas son tamaño un cuarto de carta (4.25 x 5.5 pulgadas) y la letra en proporción al tamaño. Las tarjetas se colocan ocultando la letra pegada en la pizarra o pared y pueden estar numeradas para ubicar más rápido las letras.
3. El participante se para a dos metros de distancia del texto y tiene la oportunidad de elegir cuatro letras, el moderador volteará las tarjetas que tengan las letras elegidas.
4. El participante tiene 1 minuto para descubrir el texto, si es correcto, el juez lo indica y se le anotan 40 puntos, si no lo descubre o no lo dice durante el primer minuto, entonces no acumula puntos.

Consultas:

No se permiten.

Infracción:

Si el participante consulta con su equipo, o el público dice alguna letra en voz alta, se le llama la atención, si vuelve a incurrir en esta infracción, el juez anula su participación en este juego.

Si el equipo o el público dice alguna parte del texto, se anula la participación del equipo en este juego.

Ejemplo:

Puntaje

50 puntos

Tiempo

1 minuto

Participantes

1 por equipo

Modalidad

Un equipo a la vez de forma alternada

Materiales

- Textos bíblicos cubiertos con tarjetas del tamaño de un cuarto de carta. (diferente para cada equipo)

ÉXODO

Y _ D I J O _ N O _ T E _ A C E R Q U E S
1   2 3 4 5   6 7   8 9   10 11 12 13 14 15 16 17

Q U I T A _ E L _ C A L Z A D O _ D E
18 19 20 21 22   23 24   25 26 27 28 29 30 31   32 33

T U S _ P I E S _ P O R Q U E _ E L
34 35 36   37 38 39 40   41 42 43 44 45 46   47 48

L U G A R _ E N _ Q U E _ T U _ E S T A S
49 50 51 52 53   54 55   56 57 58   59 60   61 62 63 64 65

T I E R R A _ S A N T A _ E S
66 67 68 69 70 71   72 73 74 75 76   77 78

E X O D O _ 3 : 5
79 80 81 82 83

El moderador podrá utilizar esta clave para que voltear las tarjetas sea más fácil, sin embargo, se debe crear una de estas por cada texto.

A	10, 22, 26, 29, 52, 64, 71, 73, 76	J	4	S	17, 36, 40, 62, 65, 72, 78
B	-----------	K	-----------	T	8, 21, 34, 59, 63, 66, 75
C	11, 25	L	24, 27, 48, 49	U	15, 19, 35, 45, 50, 57, 60
D	2, 30, 32, 82	M	-----------	V	-----------
E	9, 12, 16, 23, 33, 39, 46, 47, 54, 58, 61, 68, 77, 79	N	6, 55, 74	W	-----------
F	-----------	O	5, 7, 31, 42, 81, 83	X	80
G	51	P	37, 41	Y	1
H	-----------	Q	14, 18, 44, 56	Z	28
I	3, 20, 38, 67	R	13, 43, 53, 69, 70		

Dime el personaje

Desarrollo:

Este es un juego de adivinanzas las cuales se basan en personajes; cada adivinanza debe tener de tres a cuatro pistas sobre un personaje del libro a estudiar.

1. El moderador sortea el orden de participación, le permite a cada participante elegir un sobre al azar.
2. El moderador le lee la adivinanza al participante del primer equipo y el niño o niña tiene 1 minuto para dar la respuesta sin consultar con su compañero, si es correcta, el moderador lo indica y el juez le suma 20 puntos a su equipo. Si la respuesta no es correcta o no es contestada en el tiempo determinado, pierde su oportunidad y el moderador da la respuesta correcta, no se le otorgan puntos para el equipo.
3. Luego continua con el participante del siguiente equipo hasta que pasen todos (es decir que se alterna la participación de los equipos, con uno a la vez).

Consultas:

No se permiten.

Infracción:

Si un juez observa que alguno de los participantes consulta con su equipo o el público presente dice en voz alta alguna respuesta, lo indica al momento para que el moderador anule la pregunta y le planteé otra. Si en esta misma competencia, ya se le hubiera llamado la atención a este mismo respecto, se anula la pregunta y pierde su oportunidad.

Puntaje

25 puntos por respuesta correcta

Tiempo

1 minuto

Participantes

2 por equipo

Modalidad

Un equipo a la vez de forma alternada

Materiales

- Sobres con adivinanzas, dos por equipo y algunos extras.

Dime el personaje

Descendí a lavarme al río y paseaba con mis doncellas cuando vi una arquilla en el carrizal y envié a una de mis criadas a tomarla ¿quién soy? **R/ LA HIJA DE FARAÓN (Éxodo 2:5)**	Fui criado por mi madre y adoptado por la hija de Faraón, mi nombre significa: porque de las aguas lo saqué. ¿quién soy? **R/ MOISÉS (Éxodo 2:9-10)**	Soy el sacerdote de Madian, envié a mis hijas al pozo y fueron defendidas de los pastores por Moisés, le entregué a una de mis hijas por mujer. ¿Quién soy? **R/REUEL (Éxodo 2:16-21)**
Soy hija del sacerdote de Madian Fui dada a Moisés como mujer y le di a luz un hijo ¿Quién soy? **R/SÉFORA (Éxodo 2:21-22)**	Mi nombre significa: Forastero soy en tierra ajena, soy hijo de Moisés y Séfora ¿quién soy? **R/ GERSÓN (Éxodo 2:22)**	Dios me dijo que encontrara a Moisés en el desierto y juntos reunimos a los ancianos de Israel, ambos entramos a la presencia de Faraón ¿Quién soy? **R/ AARÓN (Éxodo 4:28-29, 5:1)**
Moisés llegó ante mi presencia y me dijo: deja ir a mi pueblo para que me sirva, mi corazón se endureció y no quise dejar ir al pueblo ¿Quién soy? **R/ FARAÓN (Éxodo 7-10)**	Fuimos sacados de Egipto con mano fuerte, pasamos en medio del mar en seco mientras éramos perseguidos por los egipcios. ¿Quiénes somos? **R/ LOS ISRAELITAS (Éxodo 14)**	Soy una profetisa, hermana de Aarón, tomé en mi mano el pandero y dije: Cantad a Jehová, porque en extremo se ha engrandecido Ha echado en el mar al caballo y al jinete. ¿Quién soy? **R/ MARÍA (Génesis 15:20-21)**
Fui al encuentro de Moisés en el desierto junto a Séfora y sus hijos Gersón y Eliezer, entré en su tienda y me contó todas las cosas que Jehová había hecho a Faraón y a los egipcios por amor de Israel ¿Quién soy? **R/ JETRO (Éxodo 18:1-8)**	Jehová dijo a Moisés que subiéramos ante él y nos inclináramos de lejos y vimos a Dios y había debajo de sus pies como un embaldosado de zafiro ¿Quiénes somos? **R/ MOISÉS, AARON, NADAB, ABIÚ Y 70 DE LOS ANCIANOS DE ISRAEL (Éxodo 24:1-10)**	Soy hijo de Nun y servidor de Moisés, oí el clamor del pueblo que gritaba, y dije a Moisés: Alarido de pelea hay en el campamento. Nunca me aparté de en medio del tabernáculo, ¿Quién soy? **R/ JOSUÉ (Éxodo 33:11)**
Fui lleno del Espíritu de Dios, en sabiduría, en inteligencia, en ciencia y en todo arte, para proyectar diseños, para trabajar en toda labor ingeniosa. ¿Quién soy? **R/ BEZALEEL HIJO DE URI (Éxodo 35:31-33)**	Junto a Bezaleel, Jehová me ha llenado de sabiduría de corazón, para que hagan toda obra de arte y de invención, de bordado y toda labor e inventemos todo diseño ¿Quién soy? **R/ AHOLIAB HIJO DE AHISAMAC (Éxodo 35:31-33)**	En forma de nube cubrí el tabernáculo de reunión y lo llené por completo ¿Quién soy? **R/ LA GLORIA DE JEHOVÁ (Éxodo 40:34-35)**

El Dado Mandón

Desarrollo:
Se prepara con anticipación un dado grande, en dos lados debe decir: CANTAR, en otros dos: DECIR UN TEXTO, y en los últimos dos: CARACTERÍSTICAS DE UN PERSONAJE.

1. El moderador sortea el orden de participación.
2. El niño/a lanza el dado y debe realizar la acción que le corresponda, si lo hace de forma correcta, el juez le anota 20 puntos para su equipo. Si el participante durante los primeros 30 segundos no hace la acción o se quedará callado, el juez no otorgará la puntuación

Consultas:
No se permiten.

Infracción:
Si el niño o niña consulta con su coach o equipo, o el público presente le ayuda, el juez lo indica y el moderador le da otra oportunidad para lanzar el dado, en caso de incurrir en la misma infracción, se anula su participación en este juego únicamente.

Ejemplo del dado:

Puntaje
20 puntos

Tiempo
1 minuto

Participantes
1 por equipo

Modalidad
Un equipo a la vez

Materiales
- 1 dado grande, (seguir el ejemplo)

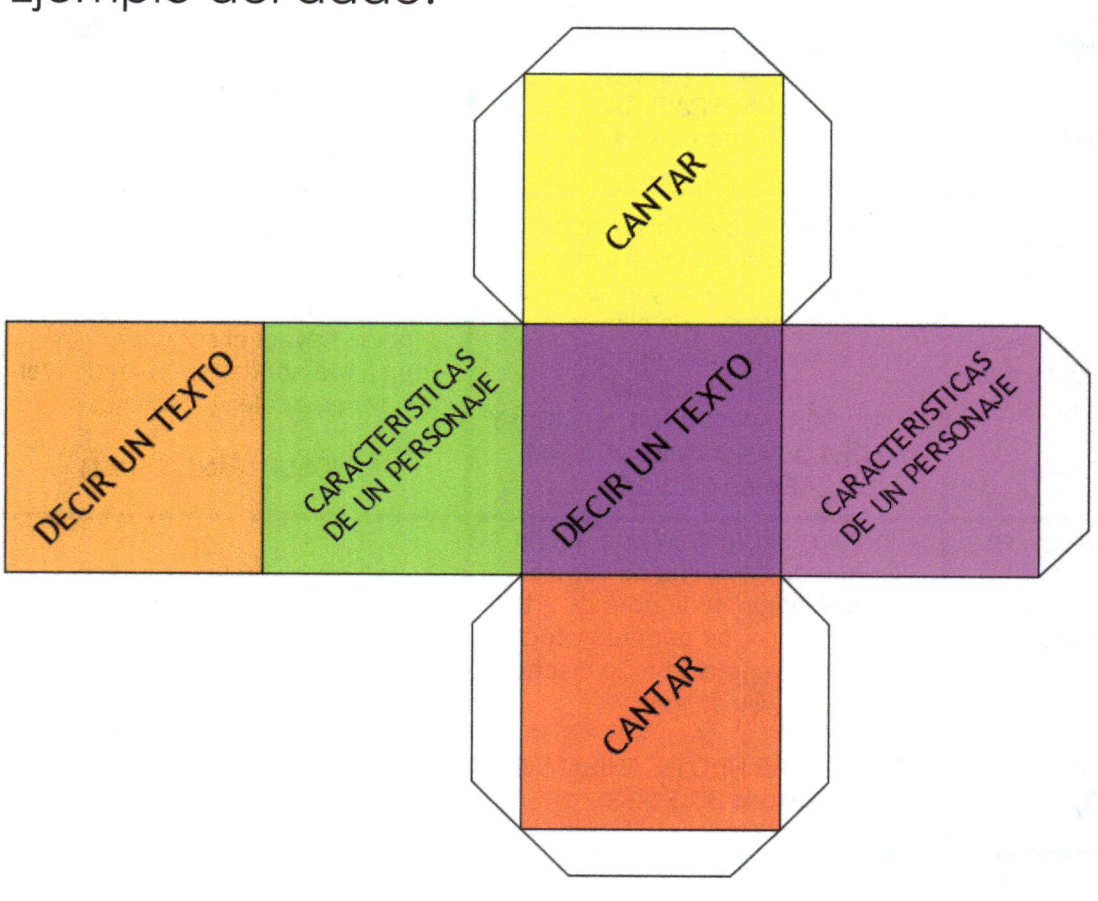

Memoria

Desarrollo:

1. El moderador sortea el orden en el que pasan los equipos.
2. Se colocan las fichas en el suelo o en una mesa boca abajo y revueltas.
3. Al dar la señal de inicio, los participantes del primer equipo les dan vuelta a las fichas y tienen 5 minutos para armar las 8 parejas, uniendo el texto bíblico con la cita respectiva.
4. Al terminar las parejas de textos o al acabarse el tiempo, el juez revisa y otorga 10 puntos por pareja correcta.
5. Las fichas se revuelven y se vuelven a colocar en el suelo o mesa para el siguiente equipo.
6. El juez también debe anotar el tiempo en el que cada equipo une los 8 pares, al equipo que lo haga en el menor tiempo, se le entrega una bonificación de 10 puntos.

Los textos deben ser tomados de la lista de textos a memorizar.

Consultas:

Los participantes no pueden consultar con su coach o con otros miembros de su equipo; únicamente entre ellos.

Infracción:

Si el público presente dijere algún texto o cita en voz alta, el juez les descuenta el valor de una pareja.

Puntaje
10 puntos por Pareja correcta
10 puntos de bonificación al equipo que lo haga en el menor tiempo

Tiempo
5 minutos

Participantes
2 por equipo

Modalidad
Un equipo a la vez

Materiales
- 16 tarjetas (8 con los textos bíblicos y 8 con la cita respectiva)

Ejemplo de las fichas:

| Ahora pues, ve, y yo estaré con tu boca, y te enseñaré lo que hayas de hablar | ÉXODO 4:12 |

| Y Jehová dio gracia al pueblo delante de los egipcios, y les dieron cuanto pedían; así despojaron a los egipcios. | ÉXODO 12:36 |

Palabra mágica

[La p]alabra a descifrar es diferente para cada equipo, únicamente se [debe] procurar que tengan la misma cantidad de letras (máximo 8).
[- E]l moderador sortea las papeletas y las coloca boca abajo en una [m]esa o suelo frente a cada participante.
[- A]l dar la señal de inicio, el niño o niña debe voltear su papeleta, la [b]úsqueda comienza a partir de la flecha indicada y el participante [d]ebe trazar una línea en cualquier sentido, incluso en diagonal, [p]ara unir las letras y encontrar la palabra.
[- A]l encontrarla, la escribe debajo.
[- G]ana el primer equipo que la descubra correcta y completamente, [e]l juez debe anotar el tiempo en la papeleta. Si hubiera empate, [s]e le otorga puntaje igual a cada equipo. Si un equipo la descubre, [p]ero está incorrecta, el juez que revisa lo indica y este equipo [p]ierde inmediatamente y se continúa el juego con el resto de los [p]articipantes.
[- Si ni]nguno de los equipos logra descubrirla se quedan sin puntos.

[C]onsultas:
[S]e permiten.

[Inf]racción:
[Lo]s presentes dicen la palabra en voz alta, el juez lo indica. Este [jueg]o se anula, y ningún equipo obtiene puntos.

[Pa]labras a jugar:
[4 let]ras = Reuel, Jetro, ranas, María, Sinaí, Nadab, Josué, vacas
[5 let]ras = Jehová, Moisés, Madian, Séfora, Gersón, Faraón, piojos
[6 let]ras = Culebra, cordero, Eliezer, carmesí, púrpura, becerro
[7 let]ras = Incienso, carneros, cortinas, camellos, caballos

[Eje]mplo:

Tiempo

Participantes

Simultaneo

- Una papeleta con la palabra a descifrar por equipo.
- Un marcador o lapicero por equipo

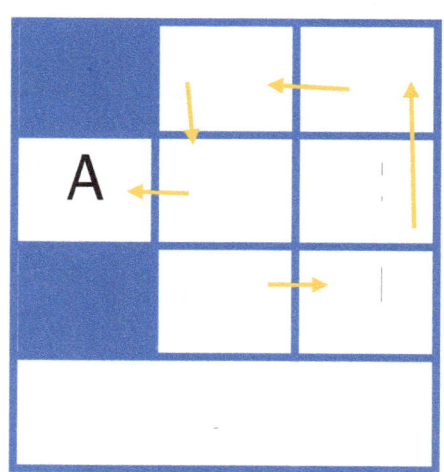

Secuencia de letras

Desarrollo:
1. El moderador sortea los sobres entre los equipos.
2. Se colocan las tarjetas en la pizarra o pared a tres metros de cada equipo y se le proporciona un marcador a cada equipo.
3. Los equipos participan simultáneamente escribiendo un listado de palabras relacionadas a la categoría seleccionada, con la dificultad de que la vocal asignada debe formar una línea en vertical como se muestra en el ejemplo.
4. Los tres participantes de cada equipo formarán una fila, el primer participante se dirige a la pizarra y escribe una palabra, luego retorna a la fila y entrega el marcador al siguiente participante. Éste escribe la segunda palabra y así sucesivamente hasta que termine el tiempo de un minuto.

Los participantes pueden correr o caminar para dirigirse a la pizarra.

Consultas:
No se permiten.

Infracción:
Si el juez observa que están hablando entre los tres participantes de cada equipo se les descuenta el valor de una palabra, o si el público llegara a decir en voz alta alguna palabra, el juez lo indica y se les descuenta el valor de una palabra a todos los equipos.

Puntaje
5 puntos por palabra correcta

Tiempo
1 minuto

Participantes
3 por equipo

Modalidad
Simultaneo

Materiales
- Sobres cerrados con la categoría (personajes, lugares, animales y objetos y misceláneos) y la vocal de base para cada equipo.
- Pizarra o cartulinas
- Un marcador por equipo

Ejemplo:

PERSONAJES "E"

```
        E
M o i s e S
    J e t r o
    S e f o r a
    G e r s o n
E l i e z e r
    R e u e l
```

ANIMALES "A"

```
              A
        v a c a
    m o s c a
        c a b r a
        c a b a l l o
        c a m e l l o
    o v e j a
```

Sopa de letras

Desarrollo:

1. El moderador coloca las papeletas (iguales para todos los equipos) boca abajo en la mesa o suelo frente a cada equipo; las papeletas deben tener en el título un tema relacionado a la búsqueda, por ejemplo: el nacimiento de Moisés, las plagas, etc.
2. Al dar la señal de inicio cada equipo debe dar vuelta a la papeleta y descubrir qué palabras aparecen en forma horizontal, vertical, diagonal, de arriba abajo, de izquierda a derecha o viceversa. Las palabras deben ser encerradas o resaltadas y se deben anotan a la par.
3. El equipo que termine corre hacia el juez asignado y la presenta para revisión (se anota el tiempo). Si el juez observa que está correcta, lo anuncia al moderador. Se detiene la competencia y uno de los participantes lee el listado en voz alta y ganan los 50 puntos.
4. Si la papeleta que lleva el equipo al juez para su revisión, está incorrecta en alguna(s) palabra(s), éste se limitará a decir incorrecta y el equipo seguirá buscando las palabras.

Tiempo máximo para esta competencia 7 minutos. Si durante el tiempo establecido no termina ningún equipo, se califica de acuerdo a las respuestas correctas (esto quiere decir 5 puntos por respuesta correcta).

Consultas:

La consulta será únicamente entre ambos participantes del equipo.

Infracción:

Si consultan con otros fuera de la pareja participante, el juez lo indica y les da una sanción de 30 segundos, no se le da tiempo de reposición.

Puntaje
5 puntos por palabra correcta

Tiempo
7 minutos

Participantes
2 por equipo

Modalidad
Simultaneo

Materiales
- Una Papeleta con la sopa de letras con diez palabras a descubrir por equipo.
- Un marcador resaltador o lapicero por equipo.

Respuestas:

SOPA DE LETRAS 1	SOPA DE LETRAS 2	SOPA DE LETRAS 3
Sangre	Mar	Sinaí
Ranas	Desierto	Refidim
Moscas	Faraón	Pacto
Ganado	Ejército	Tesoro
Piojos	Carros	Vestidos
Langostas	Caballería	Bocina
Tinieblas	Nube	Relámpagos
Úlceras	Fuego	Fuego
Granizo	Campamento	Humo
Primogénitos	Jehová	Cumbre
		Jehová

Sopa de letras 1

Basada en las plagas, Éxodo 7-10

```
M Y U I O I L P V D A R E T O
R P U L C E R A S Z T E E P J
E R R T H B V X R T Y S F R O
W I S A N U I M G B H A B I D
S M G F R S C O V A G T R M S
T O R E S A N G R E F S G O A
I I V F R T N A R V R O N G C
N R N V F R Y N F C E G T E H
I D A I C V B A V A D N H N P
R S U N E N M D Y J E A M I I
B O S R A B V O B T S L Y T O
H M A T A D L N S R A O J O J
Y A N B C V V A G C Q P U S O
D T A G S D B N S R A L K T S
C G R A N I Z O I T S S L Y V
```

1.
2.
3.
4.
5.
6.
7.
8.
9.
10.

Sopa de letras 2

Basada en Los Israelitas cruzan el mar rojo, Éxodo 14

```
A E M C S V Y M D S N N F R A
C A M P I R A N I A S V U R I
O T N E M A P M A C J A V B R
A S D F G H J K L Ñ Z X C B E
Z X C V B N M A S D G F F U L
F M A R W E R T Y U I U E G L
C C V F A S D F H N C E O C A
E A S D F C S E S A V G G F B
J C V B D E S I E R T O V N A
E E A S C F V G B H B G Y J C
R S H A X D R T H N M I T N O
C E T O D R T Y F A R A O N T
I D G Y V A S D B G T I O B G
T R Y J C A R R O S D F G H B
O G H M A S R F T G V B H I O
```

1.
2.
3.
4.
5.
6.
7.
8.
9.
10.

Sopa de letras 3

Basada en Israel en el Sinaí — Éxodo 19

```
E U F U E G O U A R Q E N D A
R J E T T M A J X F A F J C S
F M D G H K S N D V Z V I F A
V K V H J I C G R G S C B R V
V P F Y U O R T E S O R O T O
B A R U I L T H F A Z W C B H
G C T J S I N A I S X E I N E
U T H N Y U I O D D C R N J J
I O M U H G H J I F V T A U S
E O A B N J I O M G B Y U K D
R L S S E R T B H H N U J A E
B P D R E L A M P A G O I S R
M Ñ F R E L A M D R B N K E V
U V G F U E R O D I T S E V G
C G H H U N S V Y N S S B V Y
```

1.
2.
3.
4.
5.
6.
7.
8.
9.
10.

Termine la historia

Desarrollo:

1. El moderador sortea el orden de participación, se colocan tres sillas en las que deben sentarse los participantes de cada equipo.
2. El moderador inicia la lectura del pasaje bíblico (uno por equipo). En el momento en que uno de los tres participantes del equipo descubre a qué pasaje se refiere, interrumpe al moderador (levantándose de su lugar) para continuar con la narración.
3. El tiempo se empieza a marcar en el momento que el moderador inicia la lectura y se detiene al levantarse el participante. Los jueces anotan este tiempo. El moderador indica al participante que finalice la historia; tiene 1 minuto para hacerlo.
4. Al finalizar los jueces anuncian si es correcto y el tiempo obtenido. Si no es correcto, se limita a decir INCORRECTO.
5. Si los 2 ó 3 participantes del equipo se levantan al mismo tiempo, inmediatamente se sientan dejando participar a uno solo.

El moderador repite el procedimiento con otro pasaje para el equipo siguiente. Gana el equipo que acierte con el final de la historia en el menor tiempo transcurrido durante la lectura que haga el moderador. Así el participante podrá dar más datos del relato. El juez de tiempo deberá estar muy pendiente de cada participante para anotar minutos y segundos en que inicia el niño o la niña y su término.

Consultas:

La consulta entre los 3 participantes del equipo es permitida, pero en voz baja.

Infracción:

Si uno de los participantes se levanta de su lugar, pero olvida continuar con la historia se le dan 15 segundos para que inicie la respuesta. Si se queda callado o se vuelve a sentar, el juez indica al moderador INCORRECTO, finalizando la participación de ese equipo en este juego.

Historias:

- Llamamiento de Moisés, 3:1-10
- Se anuncia la muerte de los primogénitos, 11:1-10
- Los Israelitas cruzan el mar rojo, 14:21-31
- Dios da el maná, 16:11-21
- Jetro visita a Moisés 18:1-10
- La idolatría de Israel 32:1-10

Puntaje
50 puntos

Tiempo
1 minuto

Participantes
3 por equipo

Modalidad
Un equipo a la vez

Materiales
- Un pasaje bíblico para cada equipo, no debe ser el mismo, pero debe ser similar en su extensión.
- Tres sillas

ÉXODO

CATEGORÍA DE REFLEXIÓN

El coach facilita la lección considerando el objetivo o propuesta de la enseñanza y dialoga con los niños/as del equipo permitiendo que formulen sus dudas. El objetivo de esta categoría es motivar al niño y a la niña a la lectura reflexiva de la Biblia, en cuanto a las enseñanzas espirituales que contiene y el contexto (histórico, cultural, idiomático, etc.) en el que se desenvuelve.

Hágale saber a los niños que aprender es fruto de un esfuerzo personal.

ALGUNAS TÉCNICAS DE REFLEXIÓN:

- Dialogo
- Preguntas dirigidas
- Escucha activa y participación intensa
- Focalizar lo esencial
- Armonizar teoría y práctica

Para una demostración local, distrital, de zona, nacional, etc. el moderador elegirá

2 juegos de reflexión

Los equipos sabrán los juegos que se realizarán únicamente hasta el día de la demostración.

Baúl de los recuerdos

Desarrollo:

1. El moderador sortea el orden en el que pasan los equipos.
2. Irán pasando los participantes uno por uno introduciendo la mano en el baúl sin ver, cuando tenga en sus manos un objeto o figura, tendrá 2 minutos para ir narrando qué le recuerda esta figura relacionada con el tema de estudio.
3. El participante debe relacionar bien su narración con la figura, si es correcto, cada participante anota 10 puntos para su equipo.

El objeto que sacan del baúl queda fuera y no se vuelve a introducir al baúl.

Consultas:

No se permiten.

Infracción:

Si la niña o niño consulta con su compañero o el público dice algo en voz alta, el juez descontará 10 puntos al equipo que incurra en esta infracción.

Puntaje
20 puntos por narración correcta

Tiempo
2 minutos

Participantes
2 por equipo

Modalidad
Un equipo a la vez

Materiales
- Un baúl, ya sea de madera o elaborado con cartón.
- Figuras de cualquier material o impresas para colocar dentro del baúl.

Ejemplo:

Arquilla	Cap. 2	Cordero	Cap. 12, 13, 29
Zarza	Cap. 3	Panes	Cap. 12, 13, 29
Calzado	Cap. 3, 12	Nube	Cap. 13, 14, 16, 40
Culebra	Cap. 4, 7	Carros	Cap. 14
Ranas	Cap. 8	Codornices	16:13
Moscas	Cap. 8	Tablas de piedra	Cap. 24
Ganado	Cap. 9	Candelero	Cap. 25
Granizo	Cap. 9	Cortinas	Cap. 26
Langostas	Cap. 10	Aceite	Cap. 27, 30, 35, 39

Cartón lleno

Desarrollo:

1. El moderador sortea las cartillas y las coloca boca abajo sobre una mesa o suelo frente a cada participante, entrega a cada participante un bote con maíces, frijoles, botones o tapitas.
2. El moderador da la indicación de que volteen sus cartillas y empieza la lectura del pasaje bíblico, no menor de 10 versículos.
3. El niño o niña deberá escuchar con atención la lectura e irá marcando las palabras que va escuchando. El que llene su cartón primero, grita "CARTÓN LLENO". Y ahí se detiene el tiempo.
4. Si hubiese empate entre equipos se otorgan 30 puntos a cada uno. Si al terminar la lectura del pasaje, ningún participante llena el cartón nadie obtiene puntos. Si hubiese empate en los 2 participantes del mismo equipo únicamente se dan 30 puntos.

Consultas:

No se permiten.

Infracción:

Si el equipo interrumpe o pregunta en la lectura, los jueces descuentan 2 puntos.

Pasajes a jugar:

- Nacimiento de Moisés, 2:1-10
- La pascua, 12:1-14
- La columna de nube y de fuego, 13:17-22

Ejemplo de las cartillas:

A continuación, se presenta un ejemplo de las cartillas basadas en el pasaje bíblico "La pascua", en este caso, la palabra clave es **Perpetuo**.

Puntaje
30 puntos

Tiempo
Lo que dure la lectura

Participantes
2 por equipo

Modalidad
Simultaneo

Materiales

- Pasaje bíblico seleccionado
- Cartillas tamaño ½ o ¼ de carta, con nueve palabras que se encuentren dentro del pasaje bíblico, deben ser diferentes para cada participante, pero todas deben tener la palabra clave, que preferiblemente es la última de la lectura.
- 9 maíces, frijoles, botones o tapitas por participante.

ÉXODO

ISRAEL	MOISÉS	PUEBLO
PERPETUO	MACHO	SANGRE
COMER	AGUA	CORDERO

AARÓN	TARDES	DIEZ
POSTES	VECINO	OVEJAS
CARNE	PERPETUO	CABEZA

EGIPTO	CABRAS	PIES
DINTEL	ANIMAL	LEVADURA
FUEGO	PERPETUO	LOMOS

CATORCE	CASAS	PERPETUO
MESES	DEFECTO	PANES
HIERBAS	ENTRAÑAS	BORDÓN

¿Cómo lo imaginas?

Desarrollo:

1. El moderador sortea el orden de participación y permite que los participantes elijan un sobre al azar.
2. El moderador abre el sobre del primer participante y da lectura al lugar, el niño o niña tiene un minuto para dar el nombre del evento que sucedió en ese lugar y dar una descripción de cómo imagina ese lugar.
3. El juez considera que tanto el nombre del evento como la descripción del lugar estén acorde al libro de estudio.
4. Si el participante no responde durante el minuto no se le anota el punteo y el moderador menciona el evento, si el participante únicamente dice qué evento sucedió en el lugar, se anota 10 puntos.

Consultas:

No se permiten.

Infracción:

Si el niño o niña consulta con el coach o con otros miembros de su equipo o si el público presente dice algo en voz alta, el juez lo indica y se anula su participación en este juego únicamente.

Puntaje
30 puntos

Tiempo
1 minuto

Participantes
1 por equipo

Modalidad
Un equipo a la vez

Materiales
- Un sobre por equipo con el nombre de algún lugar donde sucedió un evento importante.

Lugares:

LUGAR	EVENTO	DESCRIPCIÓN
Madian, Cap. 2, 3, 4	Allí habitó Moisés cuando huyó de Egipto, defendió a las hijas del sacerdote y fue llamado por Dios.	Permita Que los niños utilicen su imaginación para describir cómo eran estos lugares.
El mar rojo, Cap. 14	Se dividió en dos y se hizo un muro de agua a la derecha y otro a la izquierda, los israelitas lo pasaron en seco y las aguas se volvieron sobre los egipcios, sus carros y sus caballos.	
Sinaí, Cap. 16, 19, 31	Allí acamparon los Israelitas, Dios llamó a Moisés para entregarle la ley, los israelitas hicieron un becerro de oro.	

Enunciados (JUEGO NUEVO)

Desarrollo:
1. El moderador coloca la papeleta en la mesa o suelo, boca abajo, frente a cada equipo.
2. Al dar la señal de inicio, los participantes dan vuelta a la papeleta y tendrán 1 minutos para enlazar los lugares o personajes con los enunciados y escribirlos en los espacios provistos.
3. Al finalizar el tiempo, los equipos entregan su papeleta al juez, se otorgan 5 puntos por casilla correcta.

Consultas:
Únicamente entre los dos participantes del equipo.

Infracción:
Si los participantes intentan ver las respuestas de otro equipo, el juez lo indica y se anula su participación en este juego únicamente.

Puntaje
5 puntos por casilla correcta

Tiempo
1 minuto

Participantes
2 por equipo

Modalidad
Simultanea

Materiales
- Una papeleta para cada equipo (igual para todos).
- Un lapicero.

Ejemplo:

Moisés	Aarón	Faraón	Israelitas

Mi nombre significa: Porque de las aguas lo saqué	Endurecí mi corazón para no dejar ir al pueblo de Israel a adorar a Dios		Fui a encontrar a Moisés cuando volvió a Egipto
Moisés			

Nos quejábamos de la forma en la que los egipcios nos trataban	Fui llamado por el Angel de Jehová que se me apareció en medio de una zarza ardiendo		Estaba en el río cuando Aarón extendió su vara y las aguas se convirtieron en sangre

Moisés me dijo que extendiera mi vara sobre los ríos, arroyos y estanques para que subieran ranas	Cruzamos el mar rojo en seco mientras los egipcios nos perseguían		Pedimos a Aarón que nos hiciera un becerro de oro para adorarlo, fue un gran error

Espada de dos filos

Desarrollo:
1. El moderador sortea el orden de participación, le permite a cada participante elegir un sobre al azar.
2. El moderador le lee las preguntas del sobre al participante del primer equipo, a cada una de ellas el niño o niña deberá responder si es falso o verdadero; para ello tendrá 1 minuto a partir de que el moderador empiece la lectura de la primera pregunta.
3. Si el participante no responde correctamente, el moderador dirá la respuesta correcta y leerá la siguiente pregunta.
4. El juez dará 10 puntos por cada respuesta correcta y se debe tomar en cuenta que el tiempo no se detiene.

Consultas:
No se permiten.

Infracción:
Si el participante consulta con su equipo o el público dice en voz alta alguna de las respuestas, el juez lo indica y se anula la participación en este juego.

Ejemplo:

Puntaje
10 puntos por respuesta correcta

Tiempo
1 minuto

Participantes
1 por equipo

Modalidad
Un equipo a la vez de forma alternada

Materiales
- Sobres con tres preguntas diferentes para cada equipo.

Sobre 1
1. Moisés tuvo dos hijos con su esposa Séfora a los cuales llamaron Gersón y Eliezar
   FALSO O VERDADERO   R/ VERDADERO (18:1-4)

2. El nombre Eliezer significa: El Dios de mi padre me ayudó, y me libró de la espada de Faraón.
   FALSO O VERDADERO   R/ VERDADERO (18:4)

3. Moisés no quiso contar a Jetro todas las cosas que Jehová había hecho a Faraón y a Egipto.
   FALSO O VERDADERO   R/ FALSO (18:8)

Sobre 2
1. Una sombra gris cubrió el tabernáculo de reunión
   FALSO O VERDADERO   R/ FALSO (40:34)

2. Moisés podía entrar en cualquier momento al tabernáculo de reunión
   FALSO O VERDADERO   R/ FALSO (40:35)

3. Cuando la nube se alzaba, los hijos de Israel se podían mover en todas sus jornadas.
   FALSO O VERDADERO   R/ VERDADERO (40:36)

Orden de eventos

Desarrollo:

1. El moderador prepara sobres manila con cinco escenas de alguna historia del libro a estudiar.
2. El moderador permite que los participantes elijan un sobre al azar.
3. En cuanto se dé la señal de inicio, los participantes deberán sacar las escenas del sobre y tendrán dos minutos para ordenarlas.
4. Pasados los primeros dos minutos, cada participante tendrá un minuto para narrar la secuencia del evento.

Consultas:
No se permiten.

Infracción:
Si el participante consulta con su coach o con alguien de su equipo, el juez lo indica y anula su participación en este juego únicamente.

Ejemplo:
Basado en "las plagas" cap. 7-10, en este caso, se pondrán de 2 en 2 para completar 5 escenas.
(imágenes tomadas de Pinterest.com)

Puntaje
50 puntos si las escenas están en orden + 10 puntos si la narración es correcta

Tiempo
2 minutos para ordenar las escenas, 1 minuto para narrar el evento

Participantes
1 por equipo

Modalidad
Simultaneo para ordenar las escenas y un equipo a la vez para explicar

Materiales
- Historias de génesis divididas en 5 escenas.

ÉXODO

Siguiendo las huellas

Desarrollo:

1. El moderador sortea el orden de participación y los sobres con los juegos de preguntas.
2. Se colocan en el suelo las 12 huellas y los niños hacen una fila en el inicio, el moderador lee la primera pregunta del primer participante y tiene 30 segundos para dar su respuesta, si es correcta coloca su identificador en la huella 1, si no responde durante los 30 segundos o su respuesta es incorrecta, el moderador da la respuesta correcta y el niño o niña no avanza.
3. Luego continua con el siguiente participante, de forma alternada.

Debe tomar en cuenta que se le deben hacer las 12 preguntas a cada participante, en este juego ganan 5 puntos por huella que avancen.

Consultas:
No se permiten.

Infracción:
Si el público llegara a decir en voz alta la respuesta se le descuentan 10 puntos al equipo que incurra en esta infracción.

Ejemplo:

Puntaje
5 puntos por respuesta correcta

Tiempo
30 segundos para dar la respuesta

Participantes
1 por equipo

Modalidad
Un equipo a la vez de forma alternada

Materiales
- 12 huellas de papel o de cualquier otro material.
- Un sobre con un juego de 12 preguntas diferentes para cada equipo.
- Dos títulos, uno de inicio y otro de meta.
- Identificadores para cada equipo, pueden ser círculos de colores.

Lucia del equipo "Moisés" respondió 9 preguntas anota 45

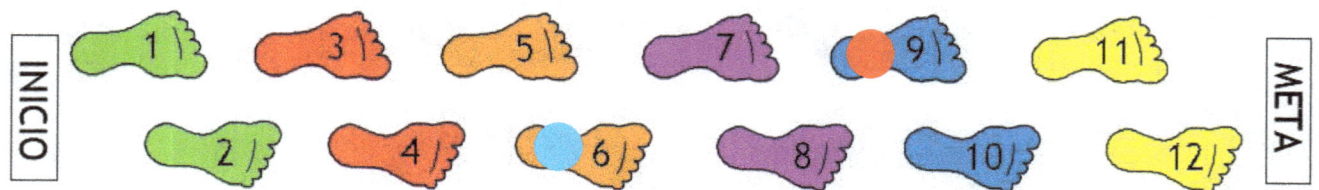

Sofía del equipo "Nube y Fuego" respondió 6 preguntas anota 30 puntos

¿Qué nos enseña?

Desarrollo:
1. El moderador sortea el orden de participación, le permite a cada participante elegir un sobre al azar.
2. El moderador le lee el texto y los tres valores al participante del primer equipo y el niño o niña tiene 1 minuto para explicar qué valor nos enseña ese texto bíblico, si es correcto, el moderador lo indica y el juez le suma 20 puntos a su equipo. Si la respuesta no es correcta o no es contestada en el tiempo determinado, pierde su oportunidad y el moderador da la respuesta correcta, no se le otorgan puntos para el equipo.
3. Luego continua con el participante del siguiente equipo hasta que pasen todos.

Consultas:
No se permiten.

Infracción:
Si el público llegara a decir en voz alta la respuesta se le descuentan 10 puntos al equipo que incurra en esta infracción.

Lista de valores:
Generosidad, respeto, gratitud, amistad, responsabilidad, paz, solidaridad, tolerancia, honestidad, justicia, libertad, fortaleza, lealtad, integridad, perdón, bondad, humildad, perseverancia, amor, unidad, confianza, provisión, protección.

Puntaje
20 puntos

Tiempo
1 minuto

Participantes
1 por equipo

Modalidad
Un equipo a la vez de forma alternada

Materiales
- Textos bíblicos (cantidad de acuerdo a los equipos participantes)
- Una hoja con 3 valores para cada texto (1 valor debe tener relación con el versículo y 2 no.)

Ejemplo:

Texto	Valores
Jehová peleará por vosotros, y vosotros estaréis tranquilos. (14:14)	**Confianza** / Gratitud / Bondad
Y la casa de Israel lo llamó Maná; y era como semilla de culantro, blanco, y su sabor como de hojuelas con miel. (16:31)	Paz / Unidad / **Provisión**
Ahora, pues, si diereis oído a mi voz, y guardareis mi pacto, vosotros seréis mi especial tesoro sobre todos los pueblos; porque mía es toda la tierra. (19:5)	Honestidad / **Protección** / Justicia
No tendrás dioses ajenos delante de mí. (20:3)	**Respeto** / Generosidad / Perseverancia
Y tomaron de delante de Moisés toda la ofrenda que los hijos de Israel habían traído para la obra del servicio del santuario, a fin de hacerla. Y ellos seguían trayéndole ofrenda voluntaria cada mañana. (36:3)	Libertad / Fortaleza / **Generosidad**

CATEGORÍA DE ARTE MANUAL

Las manualidades también pueden ser utilizadas como herramientas didácticas, por lo regular buscan el avance personal, el desarrollo de la creatividad y son una forma de esparcimiento. Se recurre a las manualidades en la etapa temprana de aprendizaje pues permiten el desarrollo de la motricidad gruesa y fina.

Esta categoría les permitirá a los niños/as representar conocimientos bíblicos a través de diferentes expresiones manuales.

ALGUNAS IDEAS:

- Solicite a su presidente de MIEDD que le abastezca con materiales didácticos, papel de diferentes colores y texturas, tijeras, pegamento, lana, brillantina, pajillas, pintura dactilar, temperas, pinceles, etc.
- Realice actividades que permitan a los niños desarrollar su creatividad.

Para una demostración local, distrital, de zona, nacional, etc. el moderador elegirá

1 juego de arte manual

Los equipos sabrán los juegos que se realizarán únicamente hasta el día de la demostración.

Banderas

Desarrollo:
1. El moderador sortea el orden de participación y los sobres con nombres de lugares donde hayan sucedido eventos importantes.
2. Cada equipo dispondrá de 5 minutos para realizar una bandera con elementos que identifiquen el lugar que les corresponde.
3. Pasados los 5 minutos, cada equipo tendrá 1 minuto para dar su explicación.
4. Para este juego se debe tomar la siguiente escala de evaluación:

   Adecuación de los materiales 5-10 puntos
   Creatividad y limpieza   5-10 puntos
   Explicación   5-10 puntos

Consultas:
Únicamente entre los dos participantes del equipo.

Infracción:
Si durante la explicación, el público o algún miembro del equipo interfiere, se le llamará la atención, si vuelve a incurrir se le descuentan 10 puntos al equipo.

Lugares:
- Egipto, cap. 1-2
- Madian, cap. 2-3
- Mar rojo, cap. 14
- La peña de Horeb, cap. 17
- Desierto de Sinaí, cap. 19
- Cumbre del monte Sinaí, cap. 19, 24
- El Tabernáculo, cap. 26

Puntaje
30 puntos

Tiempo
5 minutos para hacer la bandera y 1 para explicar

Participantes
2 por equipo

Modalidad
Simultaneo para hacer la bandera y un equipo a la vez para explicar

Materiales
- Sobres con los lugares
- Media cartulina o tabloides
- Papel de diferentes colores y texturas
- Lápices, marcadores
- Palos de madera o porta globos
- Pegamento, tijeras, lana, etc.

Collage

Desarrollo:
1. El moderador sortea el orden de participación para la explicación y los sobres con los temas para elaborar el collage.
2. Cada equipo dispondrá de 5 minutos para elaborar su collar con elementos que identifiquen el tema que les corresponde.
3. Pasados los 5 minutos, cada equipo tendrá 1 minuto para dar su explicación.
4. Para este juego se debe tomar la siguiente escala de evaluación:

   Adecuación de los materiales 5-10 puntos
   Creatividad y limpieza   5-10 puntos
   Explicación   5-10 puntos

Consultas:
Únicamente entre los tres participantes del equipo.

Infracción:
Si durante la explicación, el público o algún miembro del equipo interfiere, se le llamará la atención, si vuelve a incurrir se le descuentan 10 puntos al equipo.

Temas:
- El nacimiento de Moisés, 2:1-10
- El llamamiento de Moisés, 3:1-7
- La plaga de las ranas, 8:1-15
- La plaga de las moscas, 8:20-32
- Los israelitas cruzan el mar rojo, cap. 14
- Columna de nube y de fuego, 13:17-22
- Las tablas de la ley, 34:1-10

Puntaje
30 puntos

Tiempo
5 minutos para elaborar el collage y 1 para explicar

Participantes
3 por equipo

Modalidad
Simultaneo para hacer el collage y un equipo a la vez para explicar

Materiales
- Sobres con los temas
- Hojas
- Papel de diferentes colores y texturas
- Lápices, marcadores
- Limpiapipas, ojos, algodón, etc.
- Pegamento, tijeras, lana, etc.

Conteste y dibuje

Desarrollo:

1. El moderador sortea el orden de participación y los sobres con el dibujo base y las cinco preguntas (tanto el dibujo como las preguntas son diferentes para cada equipo).

2. Los participantes deben hacer una fila a 3 metros de distancia de la pizarra o pared donde se pegue el dibujo base.

3. El moderador le lee la primera pregunta al primer participante (después de leer la primera pregunta, se empieza a tomar el tiempo), si él o ella responde correctamente, tendrá la oportunidad de pasar hacer un dibujo sobre el dibujo base. Si no responde, entonces no podrá pasar hacer el dibujo.

4. Al finalizar las cinco preguntas, el moderador pedirá que solo uno de los participantes le diga qué tema o evento se dibujó.

5. Para este juego se toma la siguiente escala de evaluación:

Claridad y limpieza de los dibujos	5-10 puntos
Coordinación en tamaño y espacio	5-10 puntos
Los dibujos se asocian al tema	5-10 puntos

Consultas:
No se permiten, cada participante debe responder su pregunta sin consultar con sus compañeros.

Infracción:
Si otro participante responde la pregunta que se le formula alguno de sus compañeros o si alguien del público dice la respuesta en voz alta, se anula la participación de este equipo, únicamente en este juego.

Temas:
- El nacimiento de Moisés, 2:1-10
- El llamamiento de Moisés, 3:1-7
- Los israelitas cruzan el mar rojo, cap. 14
- Dios da el maná, 16:11-21
- La peña de Horeb, 17:1-7
- Jetro visita a Moisés 18:1-10
- La idolatría de Israel 32:1-10

ÉXODO

Puntaje
30 puntos

Tiempo
3 minutos

Participantes
5 por equipo

Modalidad
Un equipo a la vez

Materiales
- Sobres de manila con el dibujo base y el cuestionario de cinco preguntas. (tanto el dibujo como las preguntas son diferentes para cada equipo)
- Masquing tape o sellador
- Marcador.

Emoción-arte

Desarrollo:
Este juego se diseñó pensando en que el coach de cada equipo debe enseñar a los niños sobre emociones y cómo gestionarlas.

1. El moderador sortea el orden para exponer.
2. A cada participante se le entrega una hoja con dos siluetas de rostros (hombre/mujer) y un marcador.
3. El moderador dirá el nombre de un personaje(s) y un evento en el que el personaje(s) sintió alguna emoción, por ejemplo: "Adán y Eva al salir del Edén"
4. Cada participante deberá dibujar las expresiones faciales que correspondan a la emoción que el personaje sintió, para esto, tendrán 1 minuto. (En caso de que se hable de varios personajes como guardias, iglesia, etc. puede usar ambas siluetas).
5. Después del minuto de dibujo, de acuerdo al orden que se sorteó, cada participante les dará una explicación a los jueces sobre la emoción y por qué cree que el personaje la sintió.
6. Para este juego se toma en cuenta la siguiente escala de evaluación:

   Claridad y limpieza del dibujo   5-10 puntos
   Explicación   5-10 puntos

Puntaje
20 puntos

Tiempo
1 minuto para dibujar, 1 para exponer

Participantes
1 por equipo

Modalidad
Simultaneo para dibujar y uno a la vez para exponer

Materiales
- Hoja con siluetas de rostros (hombre/mujer)
- Marcadores

Consultas:
No se permiten.

Infracción:
Si algún participante intenta ver o replicar lo que otro equipo esté haciendo, el juez lo indica y se anula su participación en este juego.

Temas:

- La hija de Faraón al ver al niño en la arquilla de juncos, 2:6
- Las hijas del sacerdote de Madian al ser defendidas de los pastores, 2:16-17
- Moisés al ver la zarza que ardía y no se consumía, 3:1-4
- Faraón al ver la plaga de sangre, 7:17-21
- Los Israelitas salen de Egipto, 12:37-42
- Los egipcios la ver que el mar se cerraba, 14:23-27
- Moisés al ver la idolatría de los Israelitas, 32:19-20

ÉXODO

ÉXODO

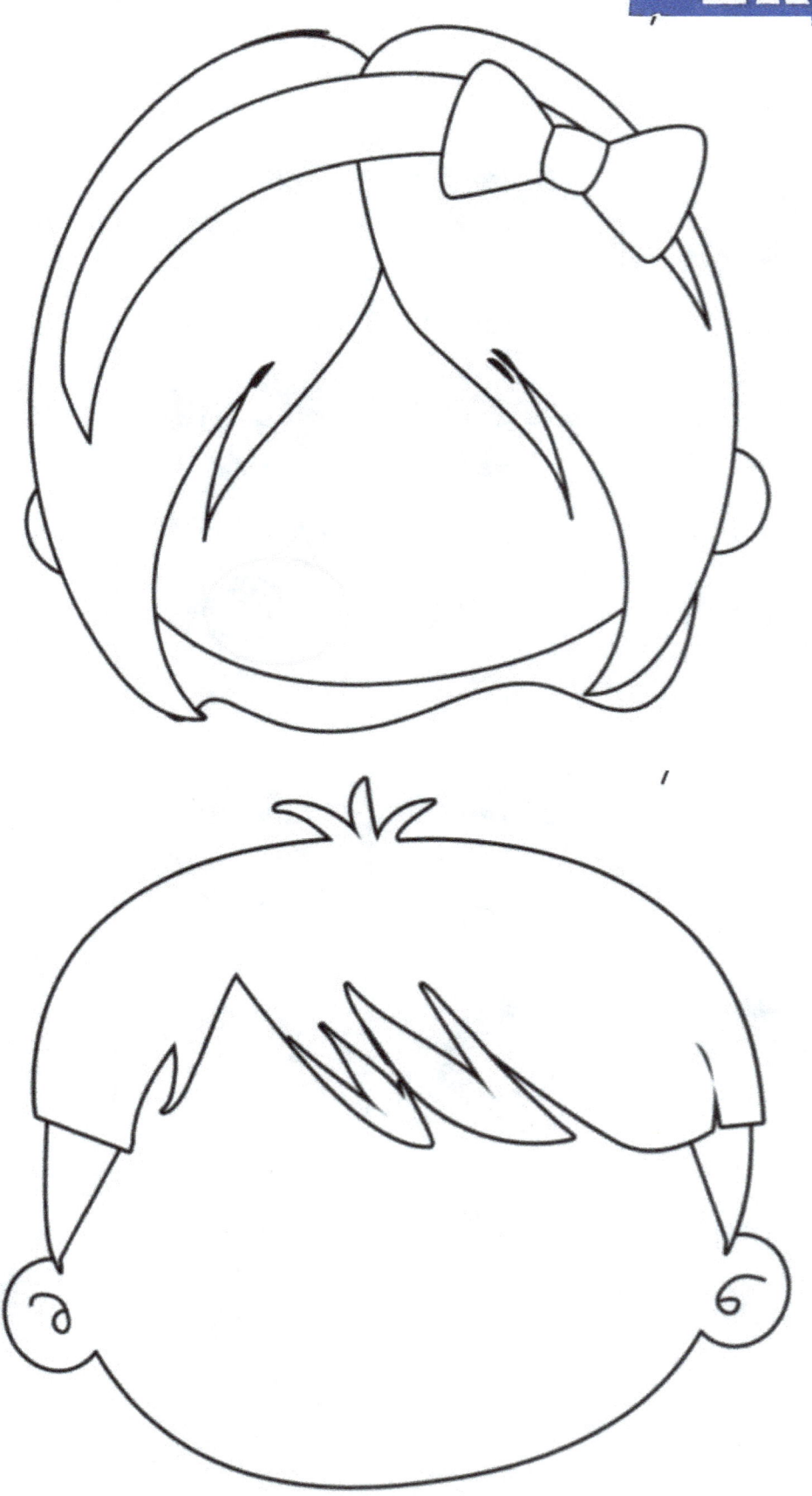

126

Personajes en 3D (JUEGO NUEVO)

Desarrollo:

1. El moderador sortea los personajes y el orden en el que los equipos darán su explicación.
2. El moderador dispone la misma cantidad de materiales para cada equipo en una mesa o en el suelo.
3. Tendrán 5 minutos para la elaboración del personaje.
4. Pasados los 5 minutos, de acuerdo al orden sorteado, cada equipo hará una presentación creativa de su personaje.
5. Se debe tomar en cuenta la siguiente escala de evaluación:

   Limpieza en la elaboración del personaje 5-10 puntos
   Creatividad de la presentación   5-10 puntos
   Adecuación de los materiales   5-10 puntos

Consultas:
Se permiten únicamente entre los dos miembros del equipo.

Infracción:
Se le descuentan 5 puntos al equipo que esté hablando entre si cuando otro equipo este haciendo su presentación.

Observaciones:
Las plantillas han sido adaptadas, por favor considere: man 1=Aáron, man 2=Moisés, man 3=Josué, Man 4=Bezaleel, woman 1=María, woman 2=Séfora. Asegúrese de dar todas las piezas a los participantes.
(Plantillas tomadas de manualidadesaraudales.com)

Personajes:
- El ángel de Jehová
- Moisés
- Aarón
- Josué
- María
- Séfora
- Bezaleel

Puntaje
30 puntos

Tiempo
5 minutos para elaborar el personaje y
1 minuto para la presentación

Participantes
2 por equipo

Modalidad
Simultanea para la elaboración, un equipo a la vez para la presentación

Materiales
- Plantillas de los personajes
- Marcadores, tijeras, pegamento, etc.

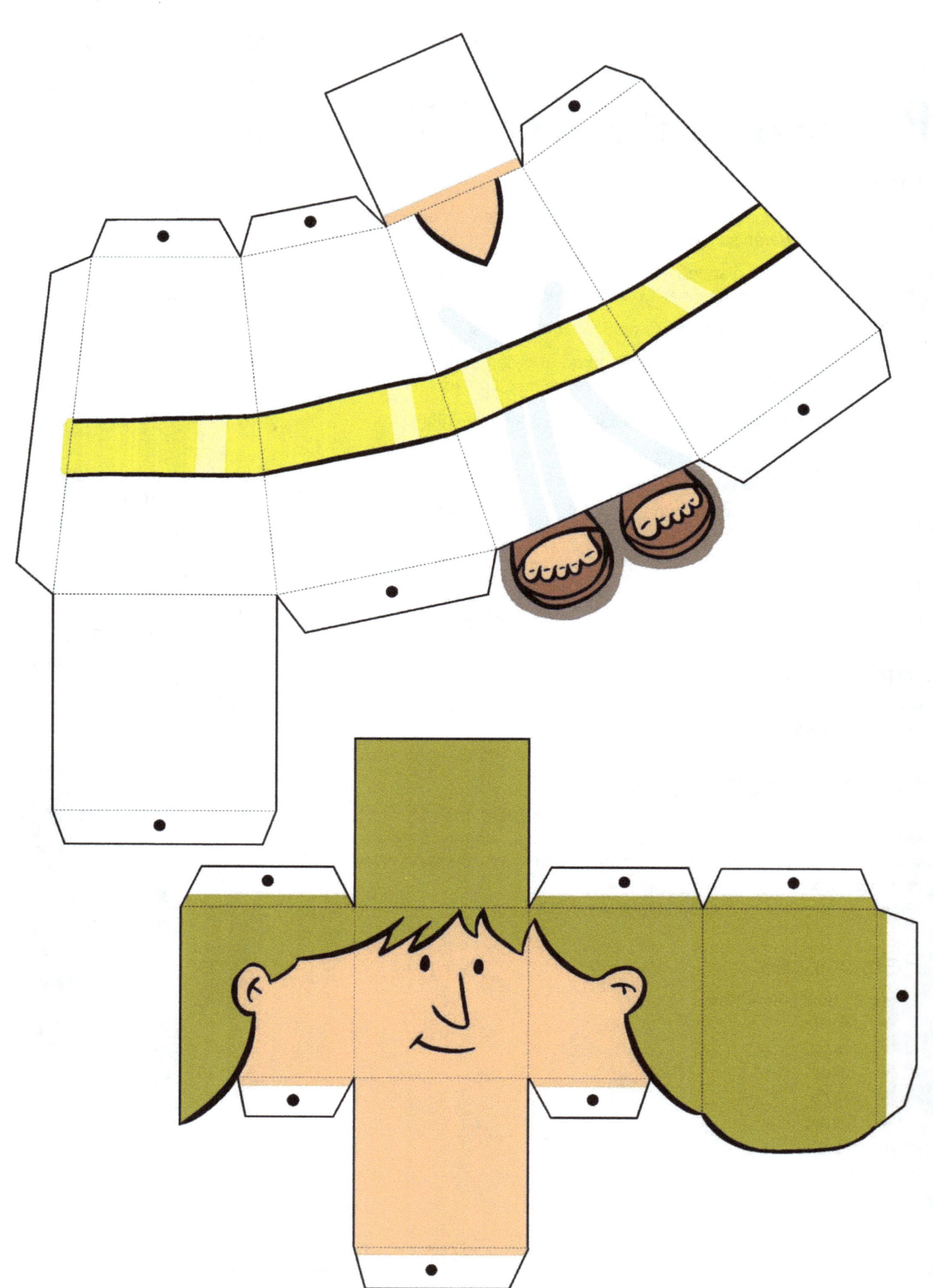

man 1

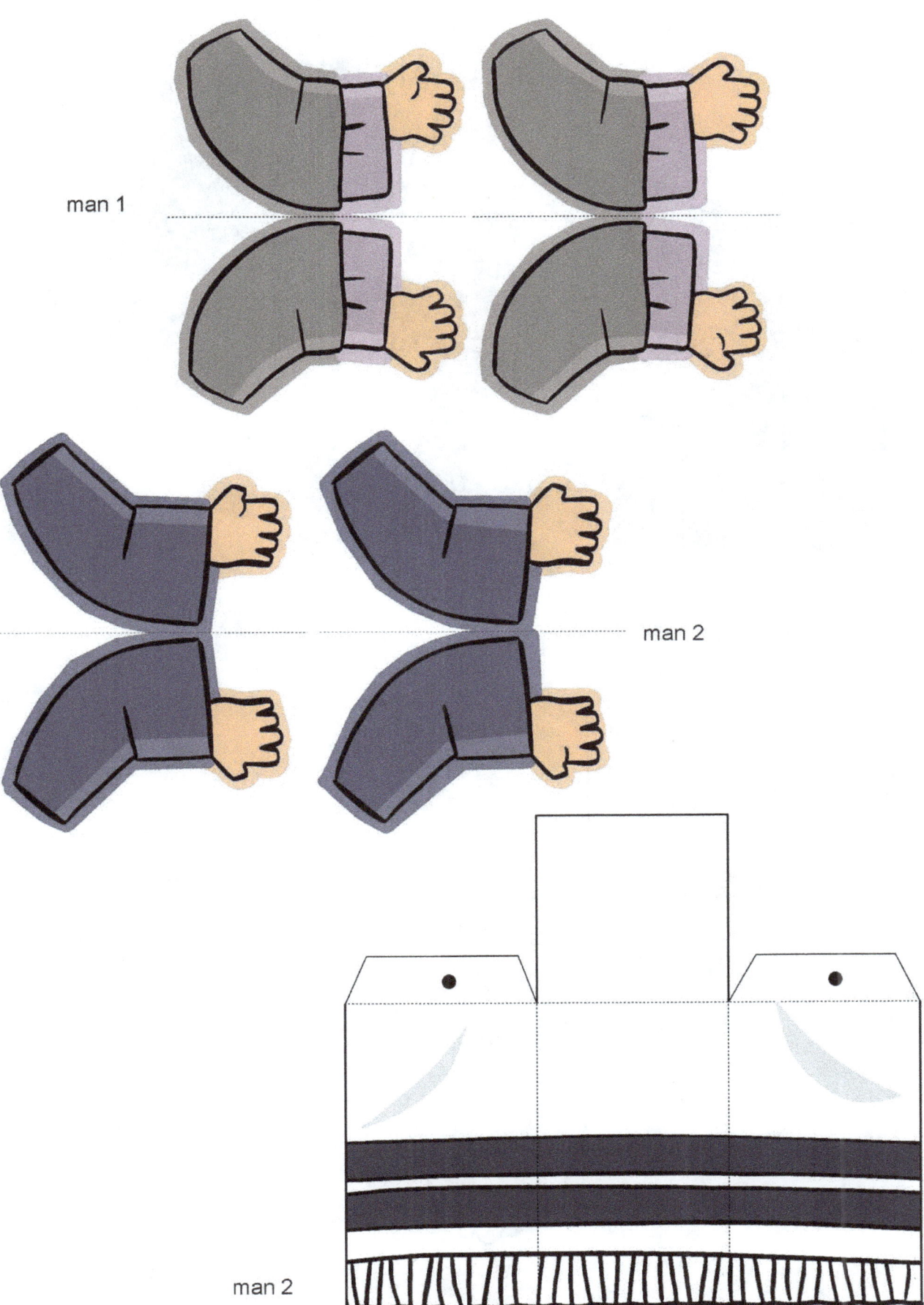

man 2

man 3

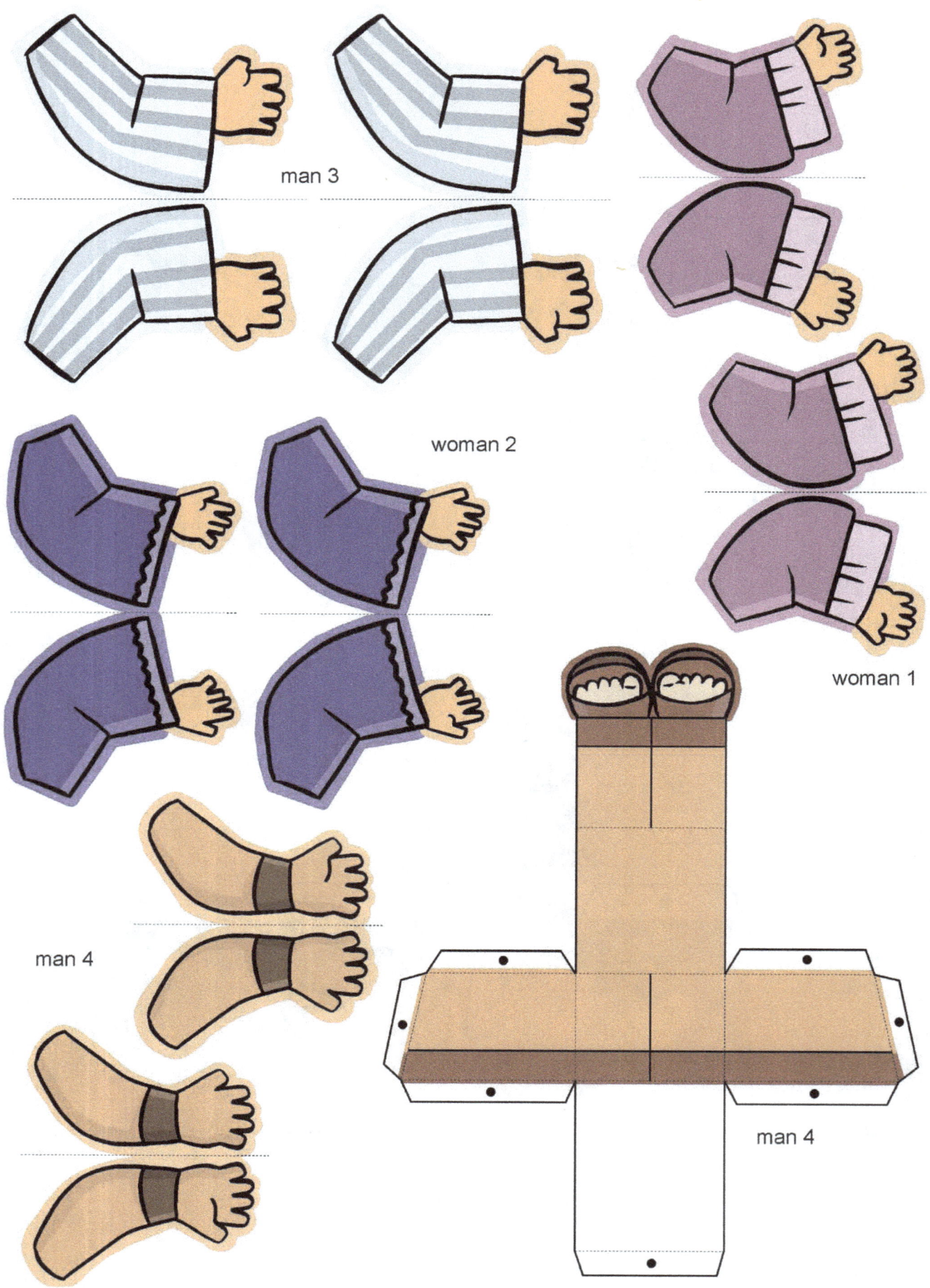

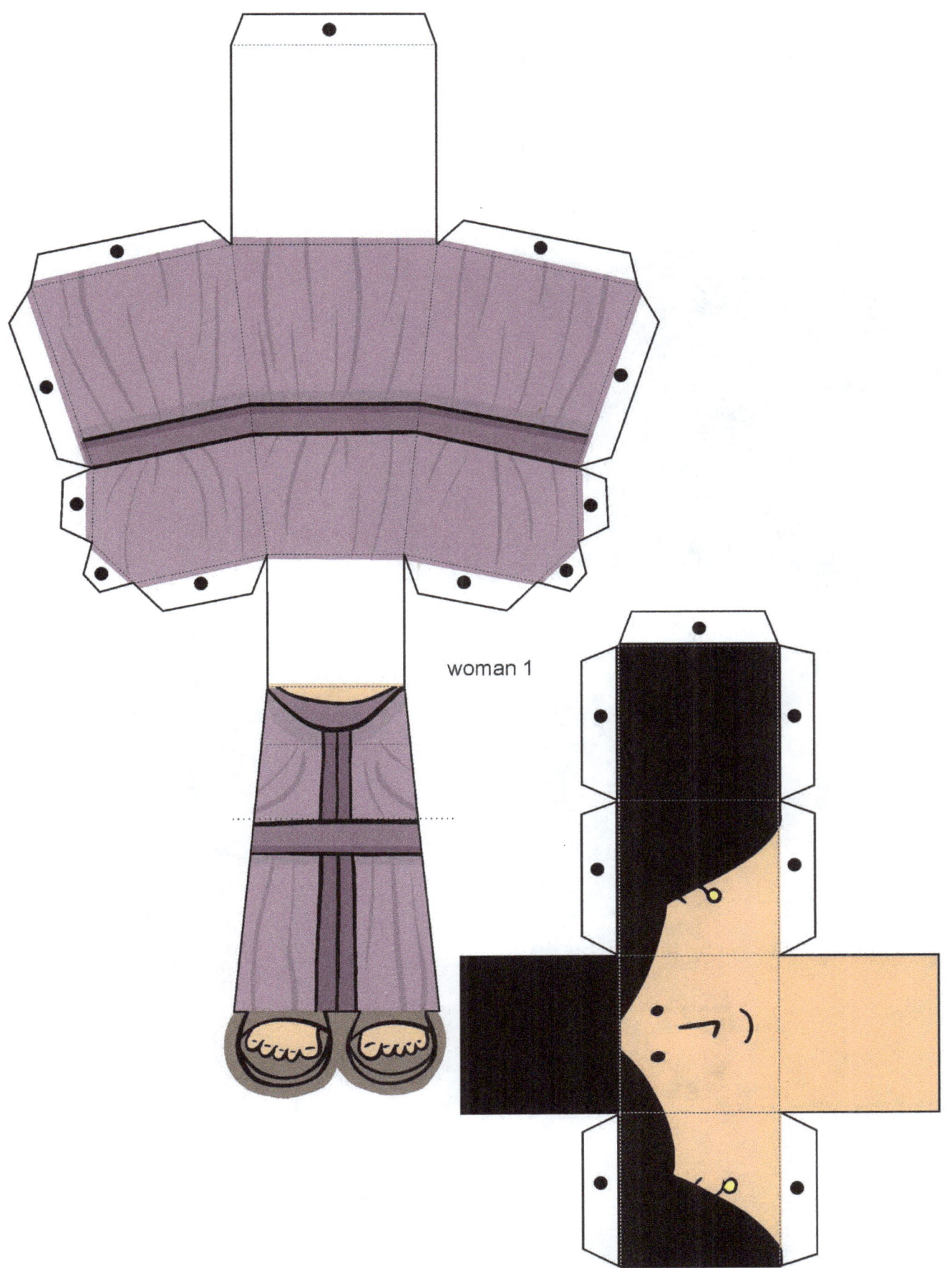
woman 1

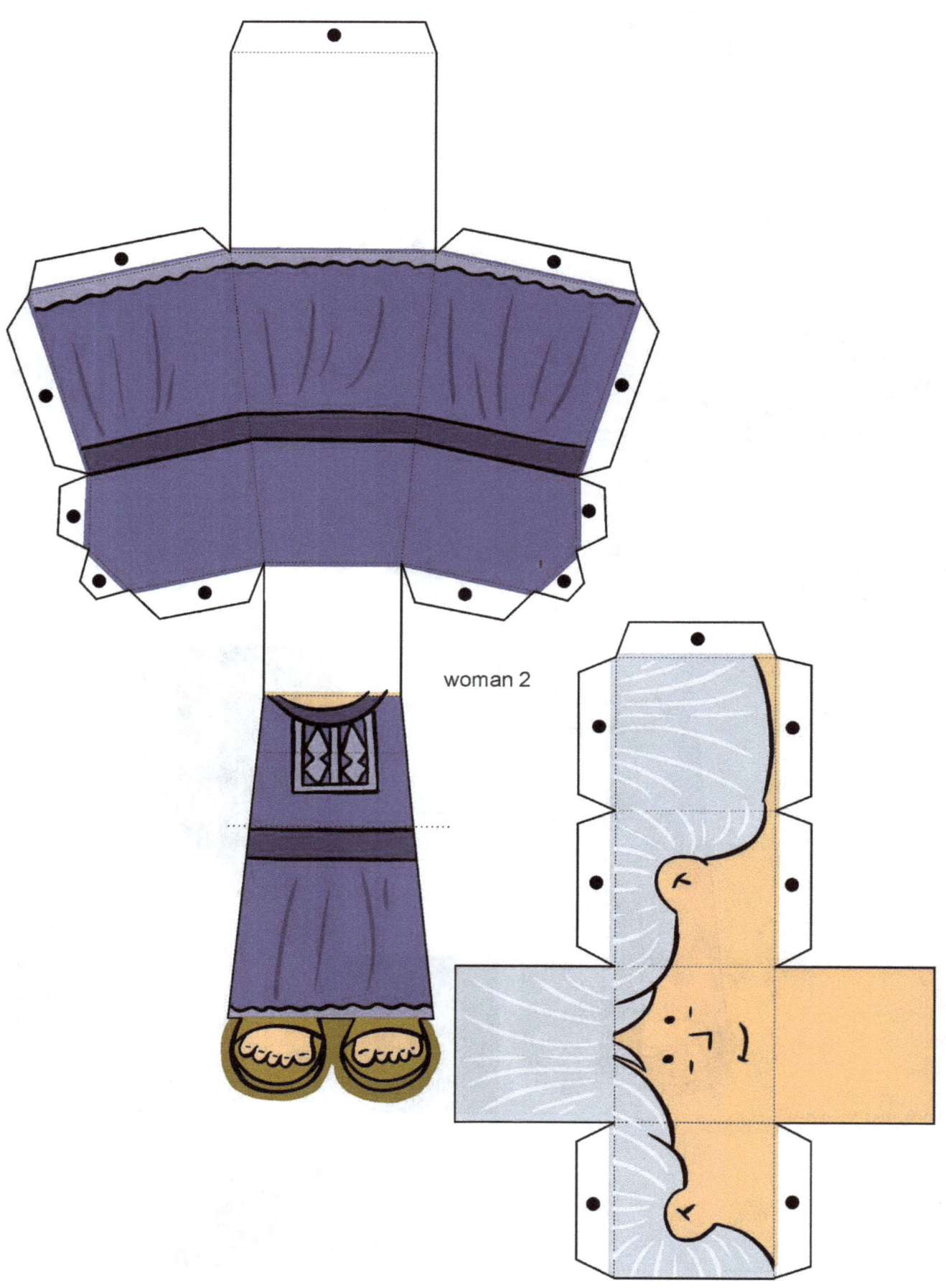

woman 2

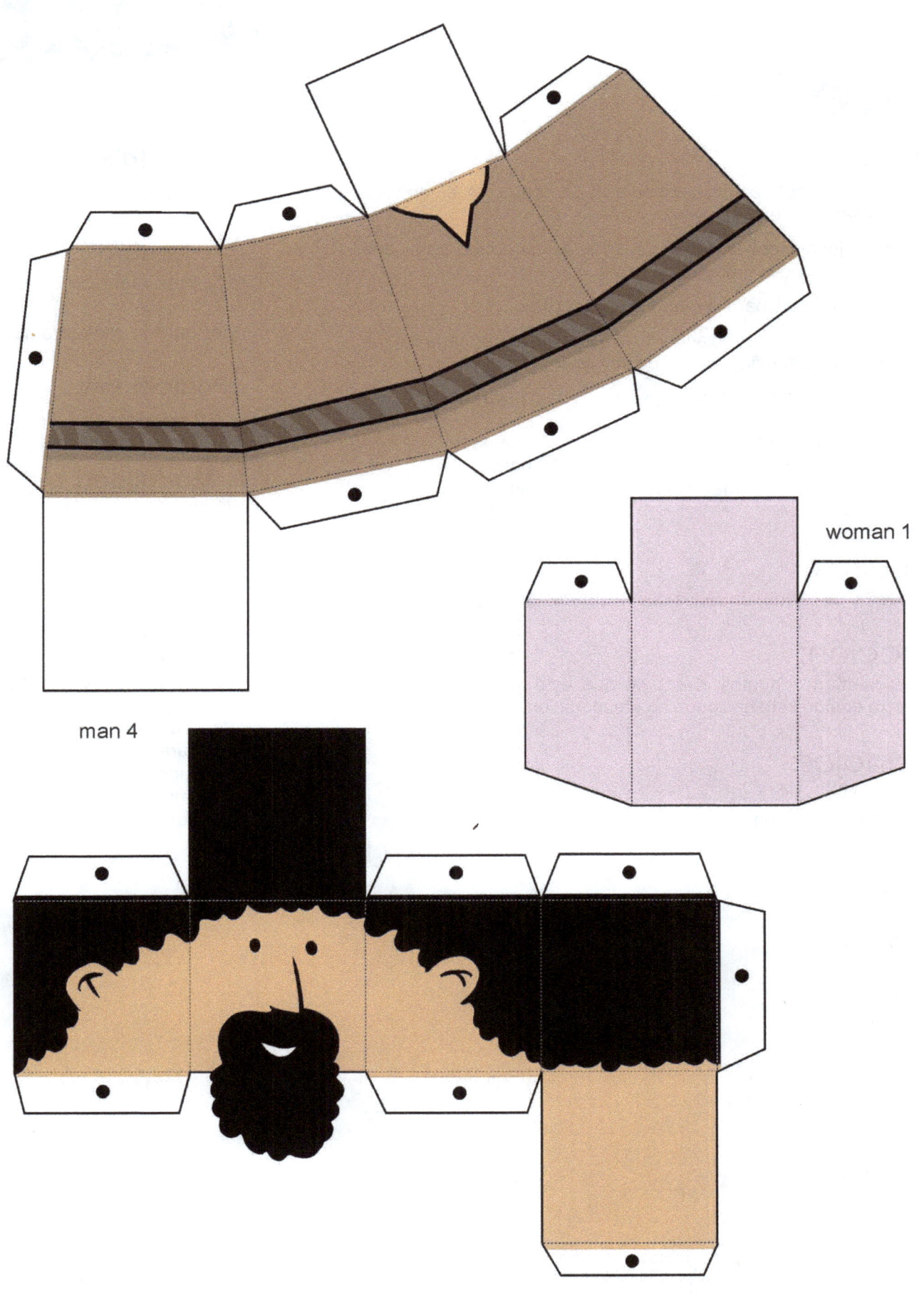

Título

Desarrollo:
1. El moderador sortea los personajes y el orden en el que los equipos darán su explicación.
2. El moderador dispone la misma cantidad de materiales para cada equipo en una mesa o en el suelo.
3. Tendrán 5 minutos para la elaboración del títere.
4. Pasados los 5 minutos, de acuerdo al orden sorteado, cada equipo hará una presentación creativa de su títere.
5. Se debe tomar en cuenta la siguiente escala de evaluación:

   Limpieza en la elaboración del títere 5-10 puntos
   Creatividad de la presentación   5-10 puntos
   Adecuación de los materiales   5-10 puntos

Consultas:
Se permiten únicamente entre los dos miembros del equipo.

Infracción:
Se le descuentan 5 puntos al equipo que esté hablando entre si cuando otro equipo este haciendo su presentación.

Personajes:
- Moisés
- La hija de Faraón
- Aarón
- Faraón
- Jetro
- Séfora
- Gersón
- María
- Josué
- Bezaleel
- Aholiab

Puntaje
30 puntos

Tiempo
5 minutos para elaborar el títere
y
1 minuto para la presentación

Participantes
2 por equipo

Modalidad
Simultanea para la elaboración, un equipo a la vez para la presentación

Materiales
- Sobres con los nombres de los personajes.
- Bolsas medianas de papel craft
- Papel de diferentes colores y texturas.
- Marcadores, tijeras, pegamento, lana, ojos móviles, etc.

CATEGORÍA DE ACTUACIÓN

La actuación consiste en representar un personaje de forma integral, para ello es necesario que el actor, el niño/a, conozca el personaje y lo pueda evocar con su expresión corporal y voz.

En esta categoría el objetivo es el de desarrollar en el niño y la niña la habilidad de expresar con su cuerpo un mensaje espiritual que conlleva el estudio de la Palabra de Dios.

ALGUNAS IDEAS:

- Cree un ambiente de respeto y un espíritu positivo en los niños/as para que no se burlen o rían cuando alguno de sus compañeros participe en esta categoría.
- Realice ejercicios que permitan al niño/a ganar confianza en sí mismo y perder la timidez.

Para una demostración local, distrital, de zona, nacional, etc. el moderador elegirá

1 juego de actuación

Los equipos sabrán los juegos que se realizarán únicamente hasta el día de la demostración.

Acróstico (JUEGO NUEVO)

Desarrollo:
1. El moderador sortea los personajes y el orden en el que los equipos darán su explicación.
2. El moderador le entrega una cartulina y marcadores a cada equipo.
3. Tendrán 5 minutos para escribir su acróstico.
4. Pasados los 5 minutos, de acuerdo al orden sorteado, cada equipo hará una presentación creativa de su acróstico.
5. Se debe tomar en cuenta la siguiente escala de evaluación:

   Ademanes   5-10 puntos
   Coordinación entre los 2 miembros del equipo 5-10 puntos
   Entonación   5-10 puntos
   Creatividad   5-10 puntos
   Contenido relacionado con el tema de estudio 5-10 puntos

Puntaje
50 puntos

Tiempo
1 minuto

Participantes
2 por equipo

Modalidad
Un equipo a la vez

Consultas:
Se permiten únicamente entre los dos miembros del equipo.

Infracción:
Se le descuentan 5 puntos al equipo que esté hablando entre si cuando otro equipo este haciendo su presentación.

Personajes:
- Moisés
- Faraón
- Séfora
- Gersón
- María
- Josué

Declamación

Desarrollo:
1. El moderador sortea el orden en el que pasan los equipos.
2. Cada equipo tendrá como máximo 1 minuto para presentar su poema.
3. Se debe considerar la siguiente escala de evaluación:

Ademanes	5-10 puntos
Coordinación entre los 2 miembros del equipo	5-10 puntos
Entonación	5-10 puntos
Letra inédita	5-10 puntos
Contenido relacionado con el tema de estudio	5-10 puntos

Consultas:
No se permiten.

Infracción:
Se le descuentan 5 puntos al equipo que esté hablando entre si cuando otro equipo este haciendo su presentación.

Ejemplo:

Jehová es mi fortaleza y mi cántico,
Y ha sido mi salvación.
Este es mi Dios, y lo alabaré;
Dios de mi padre, y lo enalteceré.

Jehová es varón de guerra;
Jehová es su nombre.
Echó en el mar los carros de Faraón y su ejército;
Y sus capitanes escogidos fueron hundidos en el Mar Rojo.

Los abismos los cubrieron;
Descendieron a las profundidades como piedra.
Tu diestra, oh Jehová, ha sido magnificada en poder;
Tu diestra, oh Jehová, ha quebrantado al enemigo.

Puntaje
50 puntos

Tiempo
1 minuto

Participantes
2 por equipo

Modalidad
Un equipo a la vez

Materiales

Dígalo con mímica

Desarrollo:
1. El moderador sortea el orden de participación y los temas.
2. El equipo asigna a un participante para hacer la mímica, los otros cuatro deberán adivinar el tema con las mímicas de su compañero, para ello tendrán un máximo de 2 minutos.
3. Al estar seguros de la respuesta, la deberán decir, si es correcta anotan el punteo para su equipo, si no es correcta, el moderador dará la respuesta y continuará con el siguiente equipo.

Consultas:
Solamente entre los 4 participantes que deben adivinar el tema.

Infracción:
Si el público presente u otros miembros del equipo interrumpen diciendo posibles respuestas, el juez lo indica y el moderador anula la participación del equipo en este juego únicamente.

Temas:
- El nacimiento de Moisés, 2:1-10
- La plaga de los piojos, 8:16-19
- La plaga de las moscas, 8:20-32
- La plaga de las úlceras, 9:8-12
- La plaga de las tinieblas, 10:21-29
- Los Israelitas cruzan el mar rojo, cap. 14
- Jehová da el maná, cap. 16
- La peña de Horeb, 17:1-7
- Las tablas de la ley, 32:15-16

Puntaje
25 puntos

Tiempo
2 minutos

Participantes
5 por equipo

Modalidad
Un equipo a la vez

Materiales
- Sobres con los temas (diferentes para cada equipo).

Dramatización

Desarrollo:

1. El moderador sortea el orden de participación y los temas.
2. Cada equipo tendrá 5 minutos para prepararse con ayuda de su coach, deben tomar en cuenta que el vestuario, escenografía, decoración, etc. lo deben conseguir en ese momento, utilizando lo que este a la mano y que el tema debe ser traído a la actualidad.
3. Pasados los 5 minutos, el moderador pedirá a los coach que se retiren y cada equipo tendrá un máximo de 5 minutos para presentar su drama.
4. Se debe tomar en cuenta la siguiente escala de evaluación:

Participación de todo el equipo	5-10 puntos
Capacidad de representación	5-10 puntos
Fluidez del diálogo	5-10 puntos
Uso de los recursos disponibles	5-10 puntos
Conservación de la enseñanza	5-10 puntos

Consultas:
Durante los primeros 5 minutos pueden consultar con el coach y entre ellos, durante la presentación no deben consultarse.

Infracción:
Se descuentan 10 puntos al equipo que estén hablando entre ellos mientras otro equipo se presenta.

Temas:
- Llamamiento de Moisés, 3:1-10
- La vara de Aarón, 7:8-13
- La plaga de sangre, 7:14-25
- Los Israelitas cruzan el mar rojo, 14:21-31
- Dios da el maná, 16:11-21
- Jetro visita a Moisés 18:1-10
- La idolatría de Israel 32:1-10

Puntaje
50 puntos

Tiempo
5 minutos

Participantes
Todo el equipo

Modalidad
Simultaneo para prepararse y un equipo a la vez para presentar el drama

Materiales
- Sobres con los temas (diferente para cada equipo).

Ultima hora

Desarrollo:
1. El moderador sortea el orden de participación y los temas.
2. Cada equipo tendrá 3 minutos para redactar de forma creativa una noticia basada en el tema que les tocó.
3. Pasados los 3 minutos, solamente un participante de cada equipo deberá leer su noticia en un máximo de 1 minuto.
4. Se debe tomar en cuenta la siguiente escala de evaluación:

Creatividad	5-10 puntos
Contenido relacionado con el tema de estudio	5-10 puntos
Fluidez del discurso	5-10 puntos

Consultas:
Únicamente se permiten entre los 4 participantes durante los primeros 4 minutos, además pueden consultar la biblia.

Infracción:
Se descuentan 10 puntos al equipo que estén hablando entre ellos mientras otro equipo se presenta.

Temas:
- Moisés mata a un egipcio y huye a Madian 2:11-25
- Egipto es herido con 10 plagas, cap. 7-10
- Muerte de los primogénitos, 12:29-36
- Los egipcios persiguen a los israelitas, cap. 14
- Llueve comida del cielo, cap. 16
- Sale agua de una roca, 17:1-7
- Idolatría en Sinaí, 32:1-20
- La ofrenda del pueblo es suspendida, 36:2-7
- Una nube sobre el tabernáculo, 40:34-38

ÉXODO

Puntaje
30 puntos

Tiempo
4 minutos

Participantes
4 por equipo

Modalidad
Un equipo a la vez

Materiales
- Hojas
- Lapicero

CATEGORÍA DE MÚSICA

La música es el arte de organizar los sonidos de forma sensible y coherente, con armonía, melodía y ritmo; el objetivo de esta categoría es enseñar al niño/a alabar de forma inteligente a Dios, pues lo harán con el conocimiento de la Palabra, con un fundamento bíblico y conocimiento espiritual.

ALGUNAS IDEAS:

- Solicite ayuda a los miembros del ministerio de alabanza.
- Propicie pequeños tiempos de alabanza en sus reuniones con el equipo.
- Identifique si algún niño/a tiene habilidades con los instrumentos o una voz privilegiada.
- Permita que los niños/as participen en la creación del canto inédito, así desarrollaran su creatividad.

Para una demostración local, distrital, de zona, nacional, etc. el moderador elegirá

1 juego de música

Los equipos sabrán los juegos que se realizarán únicamente hasta el día de la demostración.

En cuanto al **CANTO INÉDITO,** este se debe presentar en la demostración final.

Cantando el texto

Desarrollo:
1. El moderador sortea el orden de participación y los textos.
2. Cada equipo tendrá 1 minuto para leer el texto y ponerse de acuerdo.
3. Pasado el primer minuto y conforme al orden de participación, cada equipo presentará su texto cantándolo de forma creativa.
4. Se debe tomar en cuenta la siguiente escala de evaluación:

Creatividad de la presentación	5-10 puntos
Entonación y armonía	5-10 puntos

Consultas:
Durante el primer minuto pueden consultar con su coach.

Infracción:
Se descuentan 10 puntos al equipo que esté hablando entre ellos mientras otro equipo se presenta.

Textos:
Utilice los textos que se encuentran en la lista de textos para memorizar.

Puntaje
20 puntos

Tiempo
2 minutos

Participantes
Todo el equipo

Modalidad
Un equipo a la vez

Materiales
- 1 texto de la lista de textos a memorizar para cada equipo.

Canto inédito

Desarrollo:
Cada equipo deberá escribir un canto relacionado al tema de estudio, esto lo deben hacer con anticipación y ayuda de su coach, también pueden solicitar ayuda a miembros del ministerio de alabanza.

Se deben tomar las siguientes consideraciones:

- Letra inédita (inventada por el equipo)
- Letra relacionada con el tema de estudio.
- Música no necesariamente inédita, (utilizada en el medio cristiano)
- Dos estrofas como mínimo, cuatro como máximo.
- Tiempo máximo de duración tres minutos.

1. El moderador sortea el orden de participación.
2. Cada equipo tendrá un máximo de 3 minutos para presentar su canto, idealmente con música, mímicas y/o coreografía.
3. Se debe tomar en cuenta la siguiente escala de evaluación:

Letra inédita	5-10 puntos
Letra relacionada al tema de estudio	5-10 puntos
Música (entonación, armonía)	5-10 puntos
Creatividad en la presentación	5-10 puntos
Participación del equipo completo	5-10 puntos

Consultas:
No se permiten.

Infracción:
Se descuentan 20 puntos al equipo que esté hablando entre ellos mientras otro equipo se presenta.

Puntaje
50 puntos

Tiempo
3 minutos

Participantes
Todo el equipo

Modalidad
Un equipo a la vez

Materiales
-Los que cada equipo vaya a utilizar.

Ruleta musical (JUEGO NUEVO)

Desarrollo:

1. El moderador sortea el orden de participación y coloca la ruleta al frente de los espectadores.
2. Los participantes hacen una fila en el orden de participación a tres metros de distancia de la ruleta.
3. Cada niño/niña girará la ruleta y acorde al personaje que le corresponda tendrá como máximo 1 minuto para cantar un pequeño jingle musical. (estos jingles musicales deben ser preparados con anticipación con la ayuda del coach).
4. Se debe tomar en cuenta la siguiente escala de evaluación:

Creatividad de la presentación	5-10 puntos
Entonación y armonía	5-10 puntos

Consultas:
No se permiten

Infracción:
Se descuentan 10 puntos al equipo que esté hablando entre ellos mientras otro equipo se presenta.

Personajes:

- Moisés
- La hija de Faraón
- Aarón
- Faraón
- Jetro
- Séfora
- Gersón
- María
- Josué

Puntaje
20 puntos

Tiempo
1 minuto

Participantes
1 por equipo

Modalidad
Un equipo a la vez

Materiales
- Ruleta de personajes

esgrima infantil

CONTENIDO PARA LA MODALIDAD DE ESGRIMA BÍBLICO CON PREGUNTAS Y RESPUESTAS

Guia Para La Modalidad De Esgrima Bíblico Con Preguntas Y Respuestas.... 151

Versículos para Memorizar 158

Actividades para Enseñar el Versículo para Memorizar 79

Preguntas Para La Competencia 159

Tabla de Puntaje 199

Certificado de Culminación de Estudio 200

GUIA PARA LA MODALIDAD DE ESGRIMA BÍBLICO CON PREGUNTAS Y RESPUESTAS

ESGRIMA BÍBLICO INFANTIL

El Esgrima Bíblico Infantil es una parte opcional de los *Estudios Bíblicos para Niños*. Cada iglesia, y cada niño o niña, decide si participará en una serie de eventos competitivos.

Las competencias de Esgrima siguen las reglas que se describen en este libro. Los niños no compiten entre sí para determinar a un ganador. Las iglesias no compiten entre sí para determinar a una ganadora.

El propósito del Esgrima es que ayude a los niños a determinar lo que aprendieron acerca de la Biblia, disfrutar de los eventos de competencia, y crecer en su capacidad para mostrar actitudes y conductas cristianas durante los eventos competitivos.

En el Esgrima, cada niño o niña se desafía a sí mismo o a sí misma a fin de alcanzar un nivel digno de premio. En este acercamiento, los niños compiten contra una base de conocimiento, no unos contra otros. El Esgrima usa un acercamiento de opciones múltiples, permitiendo que cada participante responda todas las preguntas. Las preguntas con opciones múltiples ofrecen varias respuestas, y el niño escoge la correcta. Este acercamiento hace posible que todos los niños resulten ganadores.

MATERIALES PARA EL ESGRIMA

Cada niño necesita números en el Esgrima para responder las preguntas. Los números para el Esgrima son cuatro cuadrados de cartón, cada uno de los cuales tiene una etiqueta en el extremo superior con los números 1, 2, 3 y 4 respectivamente. Los números entran en una caja de cartón.

Usted puede hacer las cajas y los números de cartón para el Esgrima, como se ven aquí, se pueden comprar de Casa Nazarena Publicaciones en Kansas City, Missouri, Estados Unidos.

Si en su área no consigue las cajas y los números para el Esgrima, puede hacer sus propios números usando cartulina, platos de cartón, madera o el material que tenga disponible. Cada niño necesita un juego de números para el Esgrima.

Cada grupo de niños necesitará a una persona para que anote los puntos por sus respuestas. Al final de esta guía hay una hoja para puntaje de la cual pueden hacer copias. Use esta hoja para puntaje para mantener registro de las respuestas de cada niño.

Si es posible, entregue algún tipo de premio por el desempeño de los niños en cada competencia de Esgrima. Los premios que sugerimos son: certificados, ilustraciones adhesivas (pegatinas), cintas, trofeos o medallas. Al final de esta guía incluimos modelos de certificados.

Por favor, sigan estas reglas. Las competencias que no se realicen de acuerdo con las *Reglas y Procedimientos Oficiales del Esgrima Infantil* no calificarán para otros niveles de competencia.

EDADES Y GRADOS ESCOLARES

Los niños del 1° al 6° grado pueden participar en las competencias de Esgrima Infantil. Los que estén en 7o grado, no importa su edad, participan en el Esgrima de Adolescentes.

TIPOS DE COMPETENCIA

Competencia por Invitación Una competencia por invitación se realiza entre dos o más iglesias. Los directores locales de Esgrima Infantil, directores de zona/área de Esgrima Infantil, o directores distritales de Esgrima Infantil pueden organizar competencias por invitación. Las personas que organicen una competencia por invitación tienen la responsabilidad de preparar las preguntas para la competencia.

Competencia de Zona/Área

Cada distrito puede tener agrupaciones más pequeñas de iglesias que se denominan zonas. Si una zona tiene más esgrimistas que otra, el director distrital de Esgrima Infantil puede separar o combinar las zonas para crear áreas con una distribución más equitativa de esgrimistas. El término "área" significa que las zonas se han combinado o dividido. Las iglesias ubicadas en cada zona/área compiten en esa zona/área. El director distrital de Esgrima Infantil organiza la competencia. En las competencias de zona/ área se usan las preguntas oficiales.

Competencia Distrital

Los niños avanzan de la competencia de zona/área a la competencia de distrito. El director distrital de Esgrima Infantil determina las cualificaciones para la competencia y la organiza.

En las competencias distritales se usan las preguntas oficiales.

Competencia Regional

La competencia regional se realiza entre dos o más distritos. Cuando hay un director regional de Esgrima Infantil, él o ella determina las cualificaciones para la competencia y la organiza.

Si no hay un director regional, los directores de los distritos participantes organizan la competencia. En las competencias regionales se usan las preguntas oficiales.

Competencia Mundial de Esgrima

Cada cuatro años, la Oficina General de Esgrima Infantil en conjunto con Ministerios de Escuela Dominical y Discipulado Internacional patrocina un Esgrima Mundial. La Oficina General de Esgrima Infantil determina las fechas, los lugares, los costos, las fechas de las eliminatorias, y el proceso eliminatorio general para todas las competencias de Esgrima Mundial.

Envíe un mensaje electrónico a ChildQuiz@nazarene.org para solicitar más información.

DIRECTOR DISTRITAL DE ESGRIMA INFANTIL

El director distrital de Esgrima Infantil realiza todas las competencias de acuerdo con las Reglas y Procedimientos Oficiales del Esgrima Infantil. Él o ella tiene la autoridad para agregar procedimientos adicionales de Esgrima en el distrito, siempre y cuando no estén en conflicto con las Reglas y Procedimientos Oficiales del Esgrima Infantil. Cuando es necesario, el director distrital de Esgrima Infantil se pone en contacto con la Oficina General de Esgrima Infantil, para solicitar un cambio específico en las Reglas y Procedimientos Oficiales del Esgrima Infantil para un distrito. El director distrital de Esgrima Infantil hace decisiones y resuelve problemas dentro de las directrices de las Reglas y Procedimientos Oficiales del Esgrima Infantil. Si es necesario, el director distrital de Esgrima Infantil se pone en contacto con la Oficina General de Esgrima Infantil para solicitar una decisión oficial respecto a una situación específica.

DIRECTOR REGIONAL DE ESGRIMA INFANTIL

El director regional de Esgrima Infantil crea un equipo regional de liderazgo de Esgrima Infantil, que consiste de todos los directores distritales de Esgrima Infantil en la región. El director regional de Esgrima Infantil permanece en contacto con este equipo para que los procedimientos se mantengan consistentes en toda la región. Él o ella realiza y organiza las competencias regionales de acuerdo con las Reglas y Procedimientos Oficiales del Esgrima Infantil. El director regional de Esgrima Infantil se pone en contacto con la Oficina General de Esgrima Infantil para solicitar cualquier cambio en las Reglas y Procedimientos Oficiales del Esgrima Infantil para una región específica. Ante cualquier conflicto que pudiera surgir, él o ella lo resuelve aplicando las directrices de las Reglas y Procedimientos Oficiales del Esgrima Infantil. Si es necesario, el director regional de Esgrima Infantil se pone en contacto con la Oficina General de Esgrima Infantil para solicitar una decisión oficial respecto a una situación específica. Él o ella se pone en contacto con la Oficina General de Esgrima Infantil para incluir la fecha del esgrima regional en el calendario de la iglesia general.

En los Estados Unidos y Canadá, el cargo de director regional de Esgrima Infantil es un puesto en desarrollo. Actualmente esa persona no preside sobre los directores distritales de Esgrima Infantil en la región.

MODERADOR DEL ESGRIMA

El moderador lee las preguntas en la competencia de Esgrima. El moderador lee dos veces la pregunta y las respuestas de opción múltiple antes que los niños respondan la pregunta. Él o ella sigue las Reglas y Procedimientos Oficiales del Esgrima Infantil establecidos por la Oficina General de Esgrima Infantil y el director distrital/coordinador regional de Esgrima Infantil. En caso de un conflicto, la autoridad final es el director distrital/regional de Esgrima Infantil, quien consulta las Reglas y Procedimientos Oficiales del Esgrima Infantil. El moderador puede participar en diálogos con los anotadores del puntaje 153 y el director distrital/regional de Esgrima Infantil respecto a un cuestionamiento. El moderador puede establecer un receso.

ANOTADOR DEL PUNTAJE

El anotador del puntaje lleva registro de las respuestas de un grupo de niños. Él o ella puede participar en diálogos con los anotadores del puntaje y el director distrital/regional de Esgrima Infantil respecto a un cuestionamiento. Todos los anotadores del puntaje deben usar el mismo método y los mismos símbolos para asegurar el conteo correcto de los puntos.

PREGUNTAS OFICIALES DEL ESGRIMA

El director distrital de Esgrima Infantil es la única persona en el distrito que pue-de obtener una copia de las preguntas oficiales de la competencia de zona/área y distrito.

El director regional de Esgrima Infantil es la única persona en la región que puede obtener una copia de las preguntas oficiales de la competencia regional. Si no hay un director regional de Esgrima Infantil, un director distrital de Esgrima Infantil, cuyo distrito esté participando, puede obtener una copia de las preguntas oficiales de la competencia regional.

Cada año se enviarán por correo electrónico los formularios para solicitar las preguntas oficiales anuales. Contacte la Oficina General de Esgrima Infantil en ChildQuiz@nazarene.org para actualizar su dirección electrónica. A quienes las soliciten, las preguntas oficiales les llegarán por correo electrónico.

MÉTODOS DE COMPETENCIA

Hay dos métodos de competencia.

Método Individual

En el método individual de competencia, los niños compiten como individuos. El puntaje de cada niño está separado de todos los demás puntajes. Los niños de una misma iglesia pueden sentarse juntos, pero los puntajes individuales no se suman para obtener un puntaje como iglesia o equipo. No hay preguntas adicionales para los esgrimistas individuales.

El método individual es el único que se puede usar para la competencia de Nivel Básico.

Método Combinado

El método combinado une la competencia de esgrima individual y la de equipo. En este método, las iglesias pueden enviar esgrimistas individuales, equipos o una combinación a la competencia.

El director distrital de Esgrima Infantil determina el número de niños que se necesitan para formar un equipo. Todos los equipos deben tener el mismo número de esgrimistas. El número de niños que se recomienda para un equipo es cuatro o cinco.

Los niños de iglesias que no tienen suficientes esgrimistas para formar un equipo, pueden competir como esgrimistas individuales.

En el método combinado, los equipos califican para preguntas adicionales. Los puntos adicionales, otorgados por una respuesta correcta a una pregunta adicional, llegan a ser parte del puntaje total del equipo en vez de contarse como puntaje individual de un esgrimista. Hay preguntas adicionales con las preguntas oficiales para las competencias de zona/área, distrital y regional. Generalmente las preguntas adicionales consisten en decir un versículo de memoria.

El director distrital de Esgrima Infantil selecciona ya sea el método individual o el método combinado para la competencia de Nivel Avanzado.

EMPATES

Cuando esgrimistas individuales o equipos obtienen el mismo puntaje final, nunca se hace el desempate. Todos los esgrimistas individuales o equipos que empaten reciben el mismo reconocimiento, el mismo premio, y avanzan igualmente al siguiente nivel de competencia

PREGUNTAS ADICIONALES

Las preguntas adicionales son parte del Nivel Avanzado, pero solamente con equipos, no individuos. Los equipos deben calificar para una pregunta adicional. Las preguntas adicionales se hacen después de las preguntas 5, 10, 15 y 20.

A fin de calificar para una pregunta adicional, un equipo sólo puede tener tantas respuestas incorrectas como el número de miembros que hay en el equipo. Por ejemplo, un equipo de cuatro miembros puede tener cuatro o menos respuestas incorrectas.

Un equipo de cinco miembros puede tener cinco o menos respuestas incorrectas. Los puntos adicionales por una respuesta correcta llegan a ser parte del puntaje total del equipo, no del puntaje individual del niño.

El director distrital de Esgrima Infantil determina la manera en que los niños responden las preguntas adicionales. En la mayoría de los casos, el niño da la respuesta oralmente al anotador del puntaje.

Antes que se lea la pregunta adicional, el director local de Esgrima Infantil escoge a un miembro del equipo para que responda la pregunta adicional. El mismo niño puede responder todas las preguntas adicionales en una competencia, o un niño diferente puede responder cada pregunta adicional.

RECESOS [TIEMPO MUERTO]

El director distrital de Esgrima Infantil determina el número de recesos para cada iglesia. Cada iglesia recibe el mismo número de recesos, sin importar el número de esgrimistas individuales o equipos que tenga esa iglesia. Por ejemplo, si el director distrital decide dar un receso, cada iglesia recibe un receso.

El director distrital de Esgrima Infantil determina si habrá un receso automático durante la competencia, y el momento específico en que se dará el receso en cada competencia.

El director local de Esgrima Infantil es la única persona que puede pedir un receso para el equipo de una iglesia local.

El director distrital de Esgrima Infantil o el moderador puede pedir un receso en cualquier momento.

El director distrital de Esgrima Infantil, antes que empiece la competencia, determina la duración máxima de los recesos para la competencia.

PUNTAJE

Hay dos métodos para ganar puntos. El director distrital de Esgrima Infantil selecciona el método.

Cinco Puntos

- Dar cinco puntos por cada respuesta correcta. Por ejemplo, si un niño responde correctamente 20 preguntas en una vuelta de Nivel Avanzado, el niño gana un total de 100 puntos.

- Dar cinco puntos por cada respuesta adicional correcta en una vuelta de Nivel Avanzado de Esgrima en equipo. Por ejemplo, si cada miembro de un equipo de cuatro personas responde correctamente 20 preguntas en una vuelta de Nivel Avanzado, y el equipo responde correctamente cuatro preguntas adicionales, el equipo gana un total de 420 puntos.

En el Nivel Básico el puntaje será menor porque sólo hay 15 preguntas en cada vuelta, y solamente es una competencia individual.

Un Punto

Dar un punto por cada respuesta correcta de la siguiente manera:

- Dar un punto por cada respuesta correcta. Por ejemplo, si un niño responde correctamente 20 preguntas en una vuelta de Nivel Avanzado, el niño gana un total de 20 puntos.

- Dar un punto por cada respuesta adicional correcta en una vuelta de Nivel Avanzado de Esgrima en equipo. Por ejemplo, si cada miembro de un equipo con cuatro personas responde correctamente 20 preguntas en una vuelta de Nivel Avanzado, y el equipo responde correctamente cuatro preguntas adicionales, el equipo gana un total de 84 puntos.

En el Nivel Básico el puntaje será menor porque sólo hay 15 preguntas en cada vuelta, y solamente es una competencia individual.

CUESTIONAMIENTOS

Los cuestionamientos deben ser una excepción y no son comunes durante una competencia.

Presente un cuestionamiento sólo cuando la respuesta marcada como correcta en las preguntas es realmente incorrecta de acuerdo con la referencia bíblica dada para esa pregunta. Los cuestionamientos presentados por cualquier otra razón son inválidos.

Un esgrimista, un director de Esgrima Infantil, o cualquier otro participante en la competencia no puede presentar un cuestionamiento porque le desagrade la redacción de una pregunta o respuesta, o porque piense que una pregunta es demasiado difícil o confusa.

El director local de Esgrima Infantil es la única persona que puede presentar el cuestionamiento de una pregunta de la competencia.

Si una persona, que no sea el director local de Esgrima Infantil, intenta presentar un cuestionamiento, éste automáticamente se considera como "inválido".

Las personas que presentan cuestionamientos inválidos interrumpen la competencia y causan que los niños pierdan la concentración. Las personas que continuamente presenten cuestionamientos inválidos, o creen problemas discutiendo acerca de la decisión respecto a un cuestionamiento, perderán su privilegio de cuestionar preguntas por el resto de la competencia.

El director distrital de Esgrima Infantil, o el moderador en caso de ausencia del director distrital de Esgrima Infantil, tiene la autoridad para quitar el privilegio de cuestionar preguntas a alguna persona o a todas las personas que abusen de ese privilegio.

El director distrital de Esgrima Infantil determina cómo cuestionar una pregunta de la competencia antes del inicio de la competencia.

- ¿Será el cuestionamiento escrito o verbal?

- ¿Cuándo puede una persona cuestionar (durante una competencia o al final de ésta)?

En el inicio del año de esgrima, el director distrital de Esgrima Infantil debe explicar a los directores locales de Esgrima Infantil el procedimiento para presentar cuestionamientos.

El moderador y el director distrital de Esgrima Infantil seguirán los siguientes pasos para decidir respecto al cuestionamiento.

- Determinen si el cuestionamiento es válido o inválido. Para hacerlo, escuchen la razón del cuestionamiento. Si la razón es válida, es decir, la respuesta dada como la respuesta correcta es incorrecta de acuerdo con la referencia bíblica, sigan los procedimientos para cuestionamientos que el distrito ha formulado.

- Si la razón del cuestionamiento es inválida, anuncien que el cuestionamiento es inválido y la competencia continúa.

Si más de una persona cuestiona la misma pregunta, el moderador o el director distrital de Esgrima Infantil selecciona a un director local de Esgrima para que explique la razón del cuestionamiento.

Después que una pregunta tiene un cuestionamiento, otra persona no puede cuestionar la misma pregunta.

Si un cuestionamiento es válido, el director distrital de Esgrima Infantil, o el moderador en caso de que esté ausente el director, determina cómo proceder con la pregunta cuestionada. Elija una de las siguientes opciones:

Opción A: Eliminar la pregunta y no remplazarla. El resultado es que una competencia de 20 preguntas será sólo de 19 preguntas.

Opción B: Dar a cada niño los puntos que él o ella recibiría por una respuesta correcta a la pregunta cuestionada.

Opción C: Remplazar la pregunta cuestionada. Hacer una pregunta nueva a los esgrimistas.

Opción D: Dejar que los niños que dieron la respuesta que aparecía como la respuesta correcta en las preguntas oficiales conserven sus puntos. Dar otra pregunta a los niños que dieron una respuesta incorrecta.

NIVELES DE PREMIOS

El Esgrima Infantil tiene la filosofía de que todo niño tiene una oportunidad de responder a todas las preguntas, y que todo niño recibe reconocimiento por todas las respuestas correctas que da. Por tanto, el Esgrima Infantil usa la competencia de opciones múltiples, y los empates nunca se deshacen.

Los niños y las iglesias no compiten entre sí. Compiten para alcanzar un nivel de premiación. Todos los niños y todas las iglesias que alcanzan el mismo nivel de premiación, reciben el mismo premio. Los empates quedan como puntajes empatados.

Niveles de Premios que se Recomiendan:

- Premio de Bronce = 70-79% de respuestas correctas
- Premio de Plata = 80-89% de respuestas correctas
- Premio de Oro = 90-99% de respuestas correctas
- Premio Estelar de Oro = 100% de respuestas correctas Hagan todas las decisiones sobre puntajes y cuestionamientos antes de entregar los premios.

El moderador y los anotadores de puntaje deben estar seguros de que todos los puntajes finales son correctos antes de la entrega de premios.

Nunca le quiten el premio a un niño después que éste lo haya recibido. Si hay un error, los niños pueden recibir un premio superior, pero no un premio inferior. Esto se aplica a los premios individuales y a los premios de equipos.

ÉTICA EN LA COMPETENCIA

El director distrital de Esgrima Infantil es la persona en el distrito que tiene la responsabilidad de realizar las competencias de acuerdo con las Reglas y Procedimientos Oficiales del Esgrima Infantil.

- Escuchar las Preguntas Antes de la Competencia. Puesto que las competencias usan las mismas preguntas, no es apropiado que los niños y trabajadores asistan a otra competencia de zona/área, distrital o regional antes de participar en su propia competencia del mismo nivel. Si un trabajador adulto de Esgrima asiste a otra competencia, el director distrital de Esgrima Infantil puede hacer la decisión de descalificar a la iglesia de participar en su competencia. Si un padre y/o niño asiste a otra competencia, el director distrital de Esgrima Infantil puede hacer la decisión de descalificar a la iglesia de participar en su competencia.

- Conducta y Actitudes del Trabajador. Los adultos deben comportarse en una manera profesional y cristiana. Los diálogos respecto a desacuerdos con el director distrital de Esgrima Infantil, el moderador o los anotadores de puntaje deben realizarse en privado. Los trabajadores adultos de Esgrima no deben compartir con los niños información acerca del desacuerdo. Una actitud de cooperación y buen espíritu deportivo son importantes. Las decisiones y los fallos del director distrital de Esgrima Infantil son finales. Comunique estas decisiones en un tono positivo a los niños y adultos.

TRAMPA

Hacer trampa es algo serio. Trátelo seriamente. El director distrital de Esgrima Infantil, en diálogo con el Concilio de Ministerios de Niños del distrito, determina el procedimiento a seguir en caso de que un niño o un adulto haga trampa durante una competencia.

Asegúrese de que todos los directores locales de ministerios de niños, los pastores de niños y los directores locales de Esgrima Infantil reciban las reglas y procedimientos del distrito. Antes de acusar a un adulto o a un niño de haber hecho trampa, tenga pruebas o un testigo de que hubo trampa.

Asegúrese de que la competencia de esgrima continúe y que la persona acusada de hacer trampa no sea avergonzada delante de otros. El siguiente es un modelo de procedimiento.

- Si sospecha que un niño hizo trampa, pida a alguien que actúe como juez para observar las áreas, pero no señale a ningún niño de quien se sospeche. Después de algunas preguntas, pida la opinión del juez. Si el juez no vio ninguna trampa, continúe con la competencia.
- Si el juez vio a un niño haciendo trampa, pídale al juez que lo confirme. No tome ninguna acción hasta que todos estén seguros.
- Explique el problema al director local de Esgrima Infantil, y pida al director que hable en privado con la persona acusada.
- El moderador, el juez y el director local de Esgrima Infantil deben observar si se continúa haciendo trampa.
- Si continúa haciendo trampa, el moderador y el director local de Esgrima Infantil deben hablar en privado con la persona acusada.
- Si continúa haciendo trampa, el moderador debe comunicar al director local de Esgrima Infantil que eliminará el puntaje del niño de la competencia oficial.
- En el caso de que un anotador de puntaje haya hecho trampa, el director distrital de Esgrima Infantil le pedirá al anotador que se retire, y otro anotador de puntaje ocupará su lugar.
- En el caso de que alguien de la audiencia haga trampa, el director distrital de Esgrima Infantil se hará cargo de la situación en la manera más apropiada.

DECISIONES NO RESUELTAS

Consulte con la Oficina General de Esgrima Infantil respecto a decisiones que no se hayan resuelto.

LISTA DE VERIFICACIÓN PARA VERSÍCULOS DE MEMORIZACIÓN

EVENTO: _____ **NOMBRE:** _____ **TANTO:** _____

1 Dijo luego Jehová: "Bien, he visto la aflicción de mi pueblo que está en Egipto, y he oído su clamor a causa de sus exactores; pues he conocido sus angustias." Éxodo 3:7

Fecha de recitación ....

2 Mi escudo está en Dios, que salva a los rectos de corazón. Salmos 7:10

Fecha de recitación: ....

3 Y respondió Dios a Moisés: YO SOY EL QUE SOY. Y dijo: Así dirás a los hijos de Israel: YO SOY me envió a vosotros. Éxodo 3:14

Fecha de recitación: ....

4 En ti confiarán los que conocen tu nombre, por cuanto tú, oh Jehová, no desamparaste a los que te buscaron. Salmos 9:10

Fecha de recitación: ....

5 Asimismo yo he oído el gemido de los hijos de Israel, a quienes hacen servir los egipcios, y me he acordado de mi pacto. Éxodo 6:5

Fecha de recitación: ....

6 De Jehová es la tierra y su plenitud; el mundo y los que en él habitan. Salmos 24:1

Fecha de recitación: ....

7 Sabed, pues, que Jehová ha escogido al piadoso para sí; Jehová oirá cuando yo a él clamare. Salmos 4:3

Fecha de recitación: ....

8 Todo camino del hombre es recto en su propia opinión; pero Jehová pesa los corazones. Proverbios 21:2

Fecha de recitación: ....

9 Tu diestra, oh Jehová, ha sido magnificada en poder; tu diestra, oh Jehová, ha quebrantado al enemigo. Éxodo 15:6

Fecha de recitación: ....

10 Jehová es mi fortaleza y mi cántico, y ha sido mi salvación. Este es mi Dios, y lo alabaré; Dios de mi padre, y lo enalteceré. Éxodo 15:2

Fecha de recitación: ....

11 Jehová peleará por vosotros, y vosotros estaréis tranquilos. Éxodo 14:14

Fecha de recitación: ....

12 ¿Quién como tú, oh Jehová, entre los dioses? ¿Quién como tú, magnífico en santidad, terrible en maravillosas hazañas, hacedor de prodigios? Éxodo 15:11

Fecha de recitación: ....

13 Ahora pues, si diereis oído a mi voz, y guardareis mi pacto, vosotros seréis mi especial tesoro sobre todos los pueblos; porque mía es toda la tierra. Y vosotros seréis un reino de sacerdotes y gente santa. Éxodo 19:5-6

Fecha de recitación: ....

14 No tendrás dioses ajenos delante de mí. No te harás imagen, ni ninguna semejanza de lo que esté arriba en el cielo, ni abajo en la tierra, ni en las aguas debajo de la tierra. Éxodo 20:3-4

Fecha de recitación: ....

15 No tomarás el nombre de Jehová tu Dios en vano; porque no dará por inocente Jehová al que tomare su nombre en vano. Acuérdate del día de reposo para santificarlo. Éxodo 20:7-8

Fecha de recitación: ....

16 Honra a tu padre y a tu madre, para que tus días se alarguen en la tierra que Jehová tu Dios te da. Éxodo 20:12

Fecha de recitación: ....

17 No matarás. No cometerás adulterio. No hurtarás. No hablarás contra tu prójimo falso testimonio. Éxodo 20:13-16

Fecha de recitación: ....

18 No codiciarás la casa de tu prójimo, no codiciarás la mujer de tu prójimo, ni su siervo, ni su criada, ni su buey, ni su asno, ni cosa alguna de tu prójimo. Éxodo 20:17

Fecha de recitación: ....

19 Y pasando Jehová por delante de él, declaró: ¡Jehová! ¡Jehová! fuerte, misericordioso y piadoso; tardo para la ira, y grande en misericordia y verdad. Éxodo 34:6

Fecha de recitación: ....

20 Y él contestó: He aquí, yo hago pacto delante de todo el pueblo; haré maravillas que no han sido hechas en toda la tierra, ni en nación alguna. Éxodo 34:10

Fecha de recitación: ....

LECCIÓN 1: PREGUNTAS (NIVEL BÁSICO)

1.¿Qué sucedió después de que José y su generación murieron? (1:8-9)

1. Un nuevo rey que no conocía a José se levantó sobre Egipto.
2. El nuevo rey pensó que el pueblo de los hijos de Israel era mayor y más fuerte.
3. **Ambas respuestas son correctas.**

2.¿Cuántos hijos de Israel vivían en Egipto cuando el nuevo rey se levantó sobre Egipto? (1:7)

1. **Tantos que se llenó de ellos la tierra de Egipto.**
2. Alrededor de 100
3. Ninguno porque todos murieron.

3.¿Qué creía el nuevo rey que harían los hijos de Israel si viniera la guerra? (1:10)

1. Fabricarían armas para el enemigo.
2. **Se unirían a los enemigos de Egipto y pelearían contra Egipto.**
3. Dejarían de trabajar y se esconderían hasta que terminara la guerra.

4.¿Qué hizo el rey para evitar que los hijos de Israel se unieran a sus enemigos y se fuera de Egipto? (1:11)

1. Los obligó a edificar ciudades de almacenaje para Faraón.
2. Él puso sobre ellos comisarios de tributos que los molestasen con sus cargas.
3. **Ambas respuestas son correctas.**

5.¿Qué sucedió cuanto más fueron oprimidos los hijos de Israel? (1:12)

1. Lucharon contra los egipcios.
2. **Se multiplicaban y crecían.**
3. Todos murieron.

6.¿Qué orden les dio el rey a las parteras? (1:16)

1. Mata a todos los bebés hebreos.
2. No ayudes a las mujeres hebreas en el parto.
3. **Mata a los hijos, pero deja que las hijas vivan.**

7.¿Cómo se llamaban las parteras hebreas? (1:15)

1. Fúa y Raquel
2. **Sifra y Fúa**
3. Sifra y Rebeca

8.¿Por qué las parteras preservaron la vida a los niños hebreos? (1:17)

1. **Temían a Dios.**
2. No entendieron la orden del rey.
3. Ambas respuestas son correctas.

9.¿Qué pasó cuando las parteras preservaron la vida a los niños? (1:20-21)

1. Faraón dio la orden de matar a las parteras.
2. **Dios hizo bien a las parteras y él prosperó sus familias. El pueblo se multiplicó.**
3. Faraón impidió que las mujeres hebreas tuvieran hijos.

10.¿Qué mandó Faraón a todo su pueblo? (1:22)

1. Echad al río a todo hijo que nazca.
2. Preservad la vida a toda hija.
3. **Ambas respuestas son correctas.**

LECCIÓN 1: PREGUNTAS (NIVEL AVANZADO)

1.¿Quiénes entraron en Egipto? (1:1-5)

   1. **Jacob, los hijos de Israel y sus familias.**
   2. Los amos de esclavos, que buscaban trabajo
   3. Los magos, sabios, y hechiceros de Faraón.
   4. Jetro y sus hijas

2.¿Qué cambió en Egipto después de que José y toda su generación murieron? (1:7-10)

   1. Un nuevo rey se levantó sobre Egipto.
   2. Los hijos de Israel se multiplicaron y se llenó de ellos la tierra.
   3. El nuevo rey no confiaba en los hijos de Israel.
   4. **Todo lo anterior**

3. ¿Qué creía el nuevo rey que harían los hijos de Israel si viniera la guerra? (1:10)

   1. Que robarían toda la riqueza de Egipto
   2. **Se unirían a los enemigos de Egipto, pelearían contra Egipto, y se irían de la tierra.**
   3. Matarían a todos los niños egipcios.
   4. La Biblia no dice.

4.¿Cómo lidió Faraón con los hijos de Israel? (1:11)

   1. Él nombró a hebreos para gobernar en el lugar de José.
   2. Les dijo que volvieran a Canaán.
   3. **Puso sobre ellos comisarios de tributos que los molestasen con sus cargas.**
   4. Los ignoró.

5.¿Cómo trataron los comisarios de tributos a los hijos de Israel? (1:11-14)

   1. Les dieron muy poco trabajo y mucho descanso.
   2. **Amargaron su vida con dura servidumbre.**
   3. Los hicieron trabajar duro, pero les pagaron bien.
   4. Todo lo anterior

6.¿Qué ciudades edificaron los hijos de Israel para Faraón? (1:11)

   1. Tebas y el Cairo
   2. **Pitón y Ramesés**
   3. Betel y Jezarel
   4. Todo lo anterior

7. ¿Qué orden les dio Faraón a las parteras? (1:15-16)

   1. **Mata a los hijos, pero deja que las hijas vivan.**
   2. Envíe a los niños a Canaán, pero mantenga a las niñas en Egipto.
   3. Mata a las niñas, pero deja que los niños vivan.
   4. Mata a todos los bebés, niños y niñas hebreos.

8.¿Qué hicieron Sifra y Fúa, las parteras hebreas, acerca de la orden de Faraón de matar a los bebés hebreos? (1:17)

   1. Temían a Dios.
   2. No hicieron como les mandó Faraón.
   3. Preservaron la vida a los niños hebreos.
   4. **Todo lo anterior**

9.¿Qué hizo Dios por Sifra y Fúa? (1:20-21)

   1. Él dijo: "Gracias por salvar a los bebés varones".
   2. Las ayudó a escapar de Egipto.
   3. **Dios hizo bien a las parteras y él prosperó sus familias.**
   4. La Biblia no dice.

10.¿Qué mandó Faraón a todo su pueblo que hiciera? (1:22)

   1. ¡Alégrate porque los muchachos hebreos están muertos!
   2. **Echad al río a todo hijo que nazca, pero a toda hija preservad la vida.**
   3. Denuncie a cualquiera que albergue a niños hebreos.
   4. La Biblia no dice.

LECCIÓN 2: PREGUNTAS (NIVEL BÁSICO)

1.¿Qué hizo la mujer levita cuando no podía ocultar a su hijo más tiempo? (2:3)

1. Ella calafateó una arquilla de juncos con asfalto y brea.
2. Colocó la arquilla en un carrizal a la orilla del río.
3. **Ambas respuestas son correctas.**

2.¿Quién se puso a lo lejos para ver lo que acontecería al niño en la arquilla? (2:4)

1. **La hermana del hijo**
2. La madre del hijo.
3. El hermano del hijo.

3.¿Qué hizo la hija de Faraón cuando vio la arquilla? (2:5)

1. Ella lo sacó del río.
2. **Ella envió una criada suya a que la tomase.**
3. Ella envió una criada suya a que la destruyera.

4.¿A quién le pagó la hija de Faraón para criar al bebé Moisés? (2:8-9)

1. Una mujer egipcia
2. Uno de sus asistentes.
3. **Su propia madre.**

5.¿Qué vio Moisés cuando observó a su pueblo en sus duras tareas? (2:11)

1. **Un egipcio golpeaba a uno de los hebreos**
2. Los hebreos construyendo una pirámide
3. Ambas respuestas son correctas.

6.¿Qué hizo Faraón cuando oyó que Moisés había matado al egipcio? (2:15)

1. También convirtió a Moisés en esclavo.
2. **Procuró matar a Moisés.**
3. Envió a Moisés a la cárcel.

7.¿A dónde fue Moisés cuando huyó de delante de Faraón? (2:15)

1. Gosén
2. Canaán
3. **Madián**

8.¿Con quién se encontró Moisés en el pozo de Madián? (2:16,18)

1. Soldados del ejército de Faraón.
2. Su hermano Aarón
3. **Las siete hijas de Reuel, el sacerdote de Madián.**

9.¿Qué pasó en el pozo en Madián? (2:16-17)

1. **Moisés defendió a las hijas de Reuel de algunos pastores.**
2. Moisés decidió regresar a Egipto.
3. Algunos pastores expulsaron a Moisés.

10.¿Qué sucedió también mientras Moisés moraba en Madián? (2:21-22)

1. Se casó con Séfora.
2. Tuvo un hijo llamado Gersón.
3. **Ambas respuestas son correctas.**

LECCIÓN 2: PREGUNTAS PARA REVISIÓN (NIVEL AVANZADO)

1.¿Por qué la madre de Moisés lo escondió durante tres meses? (2:2)

1. Ella estaba avergonzada de él.
2. **Ella vio que era un hijo hermoso.**
3. Ella vio que era un hijo enfermo.
4. Ella quería una hija en lugar de un hijo.

2.¿Qué sucedió después de que la madre de Moisés lo escondió durante tres meses? (2:3-4)

1. Ella no podía ocultarle por más tiempo.
2. Ella lo colocó en una arquilla de juncos en un carrizal a la orilla del río.
3. La hermana de Moisés se puso a lo lejos, para ver lo que le acontecería.
4. **Todo lo anterior**

3.¿Cómo respondió la hija de Faraón cuando abrió la arquilla y el niño lloraba? (2:6)

1. **Ella tenía compasión del niño.**
2. Se enojó con su madre por haberlo colocado en una arquilla.
3. Ella sintió pena de haberlo rescatado.
4. Se sintió enojada con él por llorar.

4.¿Quién crio a Moisés? (2:7-10)

1. Una niñera egipcia en el palacio de Faraón
2. La hija de Faraón, desde el día que lo encontró.
3. **Primero su madre, luego la hija de Faraón cuando creció**
4. Todo lo anterior

5. ¿Por qué Moisés mató al egipcio? (2:11-12)

1. El egipcio comenzó una pelea con Moisés.
2. **El egipcio golpeaba a uno de los hebreos.**
3. El egipcio le robó su dinero.
4. El egipcio había matado a muchos esclavos hebreos.

6.¿Qué hizo Moisés con el cuerpo del egipcio muerto? (2:12)

1. Lo arrojó al rio.
2. Lo quemó.
3. **Lo escondió en la arena.**
4. No hizo nada y se alejó.

7.¿Por qué Moisés huyó de Egipto y se fue a Madián? (2:15)

1. Moisés descubrió que él era realmente un hijo de Madián.
2. Los hebreos lo expulsaron de Egipto.
3. **Faraón procuró matarlo.**
4. Todo lo anterior

9.¿Qué pasó en el pozo en Madián? (2:15-18)

1. Moisés se sentó junto al pozo.
2. Las hijas de Reuel vinieron a dar de beber a las ovejas de su padre.
3. Moisés defendió a las hijas de Reuel de los pastores.
4. **Todo lo anterior**

9.¿Qué nos dice Éxodo 2 sobre Reuel? (2:16)

1. Tuvo siete hijas.
2. Era el sacerdote de Madián.
3. Tenía un rebaño de ovejas.
4. **Todo lo anterior**

10.¿Cómo nombró Moisés a su primer hijo? (2:22)

1. Reuel, que significa "Pastor de Dios".
2. **Gersón y dijo: " Forastero soy en tierra ajena".**
3. Gersón y dijo: "Una nueva vida ha comenzado".
4. Ninguno de los anteriores

LECCIÓN 3: PREGUNTAS (NIVEL BÁSICO)

1.¿Quién murió mientras Moisés estaba en Madián? (2:23)

1. Jetro, el suegro de Moisés
2. **El rey de Egipto**
3. Ambas respuestas son correctas.

2.¿Qué hizo Dios cuando oyó el gemido des los hijos de Israel? (2:24-25)

1. Se acordó de su pacto con Abraham, Isaac y Jacob.
2. Dios miró y reconoció a los hijos de Israel.
3. **Ambas respuestas son correctas.**

3.¿Qué trabajo hizo Moisés para su suegro, Jetro? (3:1)

1. Luchó contra los enemigos de Jetro.
2. **Apacentó las ovejas de Jetro.**
3. Ambas respuestas son correctas.

4.¿Qué le dijo Dios a Moisés de la zarza ardiente? (3:5)

1. **" El lugar en que tú estás, tierra santa es".**
2. "¿Por qué mataste al egipcio?"
3. "¿Eres feliz en Madián?"

5.¿Por qué dijo Jehová que había descendido? (3:7-8)

1. Para ayudar a los hijos de Madián.
2. Para castigar a Moisés por escapar.
3. **Para librar a su pueblo de manos de los egipcios.**

6.¿Qué le dijo Moisés a Dios acerca de ir a Egipto? (3:11)

1. "Nunca volveré a Egipto".
2. **"¿Quién soy yo para que vaya a Faraón, y saque de Egipto a los hijos de Israel?"**
3. Ambas respuestas son correctas.

7.¿Qué será por señal a Moisés que Dios lo había enviado a Faraón? (3:12)

1. **Cuando haya sacado de Egipto al pueblo, servirá a Dios sobre ese monte.**
2. El rio se secaría.
3. Los hijos de Madián ayudarían a los hijos de Israel.

8.¿Qué dijo Dios cuando Moisés preguntó por su nombre? (3:14)

1. "Yo soy Jehová Dios Todopoderoso".
2. **" Yo SOY EL QUE SOY".**
3. "Yo soy el único Dios verdadero".

9.¿Qué dijo Dios que haría en Egipto? (3:20)

1. Él ordenaría a los hijos de Madián para que luchen contra los egipcios.
2. **Extendería su mano, heriría a los egipcios y haría maravillas.**
3. Haría esclavos a los egipcios.

10.¿Qué recibirían los hijos de Israel de los egipcios? (3:22)

1. Plata y oro
2. Ropa
3. **Ambas respuestas son correctas.**

LECCIÓN 3: PREGUNTAS (NIVEL AVANZADO)

1. ¿Qué sucedió en Egipto mientras Moisés estaba en Madián? (2:23)

1. El rey de Egipto murió.
2. Los hijos de Israel gemían a causa de la servidumbre.
3. Dios oyó el gemido de los hijos de Israel.
4. **Todo lo anterior**

2. ¿A dónde llevó Moisés las ovejas de Jetro? (3:1)

1. **Al Horeb, el monte de Dios**
2. Al oasis en el desierto
3. Al pozo para beber agua
4. A Egipto como un regalo para Faraón.

3. Cuando Moisés vio la zarza ardiente, ¿qué hizo? (3:2-3)

1. Dijo: "Debo estar loco".
2. **Dijo: "Iré yo ahora y veré esta grande visión".**
3. Movió las ovejas a una distancia segura.
4. Todo lo anterior

4. Cuando Moisés iba a ver a la zarza ardiente, ¿qué dijo Dios? (3:4-5)

1. "Esta zarza es peligrosa. Aléjate rápidamente."
2. "Encuentra a tu hermano Aaron. Debo hablar con los dos.
3. **"No te acerques; quita el calzado de tus pies."**
4. Todo lo anterior

5. ¿Qué mensaje le dio Jehová a Moisés? (3:7-8)

1. Había visto la aflicción de su pueblo.
2. Había conocido sus angustias.
3. Había descendido para librarlos de los egipcios.
4. **Todo lo anterior**

6. ¿Cómo respondió Moisés cuando Dios le dijo que lo estaba enviando a Egipto? (3:11)

1. "No puedo ir. Mi familia me necesita ".
2. "No quiero volver a pisar Egipto".
3. **"¿Quién soy yo para que vaya a Faraón, y saque de Egipto a los hijos de Israel?"**
4. Todo lo anterior

7. ¿Qué promesa le hizo Dios a Moisés? (3:12)

1. "Puedes hacerlo, Moisés. Creo en ti».
2. **"Estaré contigo".**
3. "Tendrás éxito con la ayuda de un gran ejército".
4. "Si haces esto, te haré famoso".

8. ¿Cómo iba a responder Moisés cuando los hijos de Israel le preguntaron quién lo había enviado? (3:14-15)

1. "El Dios del universo me ha enviado a vosotros".
2. "Jetro, el sumo sacerdote de Madián me ha enviado a vosotros".
3. **"YO SOY EL QUE SOY. YO SOY me envió a vosotros".**
4. "El ángel de Dios me ha enviado a vosotros".

9. ¿Qué iba a hacer Dios a los egipcios? (3:20-21)

1. Herir a los egipcios
2. Realizar maravillas entre ellos
3. Darle gracia al pueblo de Israel en los ojos de los egipcios
4. **Todo lo anterior**

10. ¿Qué llevarían los hijos de Israel cuando salieran de Egipto? (3:21-22)

1. **Llevarían plata, oro y ropa.**
2. Nunca abandonarían Egipto.
3. Se irían con nada más que su ropa.
4. Todo lo anterior

LECCIÓN 4: PREGUNTAS (NIVEL BÁSICO)

1.¿Qué le dijo Jehová a Moisés que echara en tierra? (4:2-3)

1. Su túnica
2. Sus sandalias
3. **Su vara**

2.¿Cuál fue la primera señal que Jehová le dio a Moisés para mostrar a los hijos de Israel? (4:2-4)

1. Su mano se convirtió en una culebra, y luego volvió a la normalidad.
2. **Su vara se hizo en una culebra y luego nuevamente en una vara.**
3. Se quedó ciego y luego pudo ver.

3.¿Cuál fue la segunda señal que Dios le dio a Moisés para mostrar a los hijos de Israel? (4:6-7)

1. Su mano se desprendió y luego volvió a crecer.
2. Se quedó ciego y luego pudo ver de nuevo.
3. **Su mano se volvió leprosa, y luego se volvió como la otra carne.**

4. ¿En qué aspecto se consideraba Moisés tardo o torpe? (4:10)

1. **Habla y lengua**
2. Comprensión y sabiduría.
3. Ambas respuestas son correctas.

5.Mientras Moisés le hablaba a Dios, ¿quién salía a recibirle? (4:14)

1. Faraón, el rey de Egipto.
2. **Aarón, el hermano de Moisés**
3. Gersón, el hijo de Moisés.

6.¿Cómo dijo Jehová que ayudaría a Moisés y Aarón? (4:15)

1. Le ayudaría a los dos a hablar
2. Les enseñaría qué hacer
3. **Ambas respuestas son correctas.**

7.¿Qué buenas noticias le dio Jehová a Moisés en Madián? (4:19)

1. **"Han muerto todos los que procuraban tu muerte".**
2. "No te preocupes. Faraón no puede encontrarte.
3. "Todos los hombres que querían matarte han salido de Egipto".

8.¿Con quién se reunieron Moisés y Aarón en Egipto? (4:29)

1. Faraón y todos los egipcios.
2. **Los ancianos de los hijos de Israel.**
3. El ejército hebreo.

9.¿Qué descubrieron los ancianos sobre Jehová? (4:31)

1. Que Jehová había visitado a los hijos de Israel.
2. Que había visto su aflicción.
3. **Ambas respuestas son correctas.**

10.¿Qué hicieron los ancianos después de escuchar que Jehová había visto su aflicción? (4:31)

1. **Se inclinaron y adoraron.**
2. Comenzaron a gritar de alegría.
3. Ambas respuestas son correctas.

LECCIÓN 4: PREGUNTAS (NIVEL AVANZADO)

1. ¿Qué le respondió Moisés a Jehová acerca de ir a Egipto? (4:1)
   1. "¿Qué pasa si no puedo volver a hacer las dos señales?"
   2. **" He aquí que ellos no me creerán, ni oirán mi voz"**
   3. "¿Qué pasa si Faraón intenta matarme?"
   4. Todo lo anterior

2. ¿Qué sucedió cuando Moisés sacó la mano de su seno? (4:6)
   1. Su seno se incendió, pero no se quemó.
   2. Su vara se convirtió en una culebra.
   3. El río se convirtió en sangre.
   4. **Su mano estaba leprosa.**

3. ¿Qué debía hacer Moisés si los hijos de Israel no creían en las dos primeras señales? (4:9)
   1. Mostrarles nuevamente, pero esta vez más despacio
   2. Orar para que entendieran y creyeran
   3. **Derramar las aguas del río en tierra.**
   4. Todo lo anterior

4. ¿Qué excusa usó Moisés para explicar por qué no podía hacer lo que Jehová le pidió? (4:10)
   1. "Faraón está tratando de matarme".
   2. "No puedo abandonar a mi familia. Ellos me necesitan.
   3. **"Nunca he sido hombre de fácil palabra … soy tardo en el habla y torpe de lengua".**
   4. Todo lo anterior

5. ¿Cómo dijo Jehová que ayudaría a Moisés? (4:12)
   1. "Levantaré un ejército entre los hijos de Israel".
   2. "Comenzaré una rebelión entre los egipcios y derrocarán a Faraón".
   3. "Enviaré a Jetro para ayudarte".
   4. **"Yo estaré con tu boca, y te enseñaré lo que hayas de hablar".**

6. ¿Qué dijo Dios que Moisés usaría para realizar señales milagrosas? (4:17)
   1. El libro de la ley de Moisés
   2. **La vara de Moisés**
   3. Las sandalias de Moisés
   4. Todo lo anterior

7. ¿Qué buenas noticias le dio Dios a Moisés en Madián? (4:19)
   1. "Los soldados de los hijos de Madián pueden derrotar al ejército de Faraón".
   2. **"Han muerto todos los que procuraban tu muerte".**
   3. "El nuevo Faraón te dará la bienvenida".
   4. Todo lo anterior

8. ¿Cómo supo Aaron de recibir a Moisés en el desierto? (4:27)
   1. Aaron escapó de Egipto y lo encontró por accidente.
   2. Moisés le envió un mensaje de Madián.
   3. **Jehová le dijo a Aarón que fuera.**
   4. Todo lo anterior

9. ¿Qué aprendieron los ancianos sobre Dios de Moisés y Aarón? (4:31)
   1. **Dios había visitado a los hijos de Israel, y que había visto su aflicción.**
   2. Dios tenía una gran cantidad de ángeles guerreros para ayudarlos.
   3. Dios iba a herir a Faraón con una plaga que lo mataría.
   4. Todo lo anterior

10. ¿Qué hicieron los ancianos cuando vieron las señales y supieron que Dios había visto su aflicción? (4:30-31)
    1. Fueron al faraón y le dijeron: "Nos vamos todos".
    2. **Se inclinaron y adoraron a Dios.**
    3. Formaron un ejército y atacaron a Faraón.
    4. Todo lo anterior

LECCIÓN 5: PREGUNTAS PARA REVISIÓN (NIVEL BÁSICO)

1.¿Qué mensaje de Dios dieron Moisés y Aarón en la presencia de Faraón? (5:1)

   1. "¡Obedece a Moisés y Aarón ahora!"
   2. **Deja ir a mi pueblo.**
   3. "Moisés y Aarón están volviendo a Madián".

2.¿Cuál fue la respuesta de Faraón al mensaje de Jehová? (5:2)

   1. "No conozco a Jehová ".
   2. "No dejaré ir a Israel".
   3. **Ambas respuestas son correctas.**

3.¿Qué les pidieron Moisés y Aarón a Faraón que les permitiera hacer? (5:3)

   1. Hacer un viaje a las montañas
   2. **Hacer un viaje de tres días al desierto**
   3. Ir en barco por el río Nilo.

4.¿Qué dijo Faraón que los capataces ya no podían dar al pueblo? (5:7)

   1. **Paja para hacer ladrillos**
   2. Más ayudantes
   3. Lugares para vivir

5.¿A dónde fueron los hijos de Israel a recoger rastrojo en lugar de paja? (5:12)

   1. Por toda la tierra de Canaán
   2. **Por toda la tierra de Egipto**
   3. Por toda la tierra de Babilonia

6.¿Qué esperaban los capataces que hicieran los hijos de Israel? (5:13)

   1. **Que acabaran la tarea de cada día en su día**
   2. Que trabajaran tanto de día como de noche.
   3. Que reunieran el doble de paja cada día.

7.¿Qué sucedió cuando los capataces no cumplieron con su tarea de ladrillos? (5:14)

   1. Fueron asesinados.
   2. **Fueron azotados.**
   3. Fueron encarcelados.

8. Después de que los capataces de los hijos de Israel se quejaron, ¿qué le dijo Jehová a Moisés? (6:1)

   1. "Ahora verás lo que yo haré a Faraón".
   2. "Porque con mano fuerte los dejará ir".
   3. **Ambas respuestas son correctas.**

9.¿Qué iba a hacer Jehová por el pueblo de Israel? (6:7-8)

   1. Convertirlos en un ejército fuerte para luchar contra Faraón
   2. **Tomarlos por su pueblo y meterlos en la tierra que juró dar a Abraham, Isaac y Jacob.**
   3. Ambas respuestas son correctas.

10.¿Por qué los hijos de Israel no escucharon a Moisés? (6:9)

   1. **A causa de la congoja de espíritu, y de la dura servidumbre**
   2. Porque estaban cansados
   3. Porque estaban enojados

LECCIÓN 5: PREGUNTAS (NIVEL AVANZADO)

1.¿Qué mensaje les dio Dios a Moisés y Aarón para Faraón? (5:1)

1. "Deja que mi pueblo construya un templo para mí en Gosén".
2. "Deja que mi pueblo construya su propia ciudad".
3. **"Deja ir a mi pueblo a celebrarme fiesta en el desierto".**
4. "Deja que mi pueblo vaya a la tierra de Madián".

2.¿Cómo respondió Faraón al mensaje de Moisés y Aarón de parte de Jehová sobre la fiesta en el desierto? (5:1-2)

1. "¿Quién es Jehová para que yo le obedezca?
2. "¿Quién es Jehová para que yo deje ir a Israel?"
3. "No conozco a Jehová, ni tampoco dejaré ir a Israel ".
4. **Todo lo anterior**

3.¿Qué pasó después de la primera reunión con Faraón? (5:7-8)

1. Faraón les dijo a los capataces que ayudaran al pueblo a encontrar paja.
2. **El pueblo tenía que recoger su propia paja y hacer la misma tarea de ladrillo.**
3. El pueblo tenía que hacer más ladrillo que antes.
4. El pueblo pudo hacer suficiente ladrillo con menos paja.

4. ¿A dónde fueron los hijos de Israel a recoger rastrojo en lugar de paja? (5:12)

1. **Por toda la tierra de Egipto**
2. Solo a Gosén
3. Al desierto
4. Por toda la tierra de Madián

5. ¿Qué dijo Faraón a los capataces de los hijos de Israel? (5:17-18)

1. Que podrían hacer menos ladrillo porque era difícil encontrar paja
2. Que les debería dar más paja
3. **Que estaban ociosos y que necesitaban trabajar**
4. Que estaban haciendo ladrillo defectuoso

6.¿Qué le preguntó Moisés a Jehová después de reunirse con los capataces? (5:22)

1. "Señor, ¿no dijiste que los ibas a liberar?"
2. **"Señor, ¿por qué afliges a este pueblo?"**
3. "¿Por qué Faraón no dejó ir al pueblo?"
4. "Señor, ¿puedo ir a casa a Madián?"

7.¿Cómo le respondió Jehová a Moisés? (6:1-7)

1. "Ahora verás lo que yo haré a Faraón".
2. "Porque con mano fuerte los dejará ir".
3. "Con mano fuerte los echará de su tierra".
4. **Todo lo anterior**

8.¿Qué acordó Dios cuando escuchó el gemido de los hijos de Israel? (6:5)

1. Su fuerza y poder para hacer milagros.
2. **Su pacto**
3. Su ira hacia Faraón
4. Sus planes para Moisés

9.¿Qué tenía que decir Moisés al pueblo? (6:6,8).

1. Jehová los liberará de su servidumbre.
2. Jehová los redimirá con brazo extendido.
3. Jehová los metería a la tierra que juró dar a Abraham, Isaac y Jacob.
4. **Todo lo anterior**

10.¿Cuál fue la respuesta de los hijos de Israel al mensaje que Moisés les dio de parte de Jehová? (6:9)

1. Pidieron una señal de Dios.
2. Creyeron y fueron alentados.
3. **No escuchaban a Moisés a causa de la congoja de espíritu.**
4. Querían hablar con Aarón.

LECCIÓN 6: PREGUNTAS (NIVEL BÁSICO)

1.¿Qué tenía que decir Moisés a Faraón? (6:28-29)

1. Que ya no le hablaría a Faraón acerca de Jehová.
2. **Todas las cosas que Jehová le dijo.**
3. Que se iba de Egipto

2.¿Qué le dijo Moisés a Jehová cuando le pidió que hablara con Faraón? (6:30)

1. **"He aquí, yo soy torpe de labios; ¿cómo, pues, me ha de oír Faraón?"**
2. "Faraón no me escuchó la primera vez".
3. "No le soy de agrado al Faraón".

3.¿Qué les dijo Jehová a Moisés y Aarón que hicieran cuando Faraón les pidiera que mostraran un milagro? (7:8-9)

1. Golpear la mano de Moisés con lepra
2. Decirle al agua del río que se convierta en sangre.
3. **Echar la vara de Aarón delante de Faraón, para que se convirtiera en culebra.**

4.¿Qué le hizo la vara de Aaron a las varas de los hechiceros? (7:12)

1. Las convirtió en piedra
2. **Las devoró**
3. Nada

5. ¿Cómo se sintió Faraón al final del primer milagro? (7:13)

1. Estaba asombrado y escuchó atentamente.
2. **Su corazón se endureció y no quería escuchar a Moisés ni a Aarón.**
3. Se sintió asustado y enojado.

6.¿Qué dijo Jehová sobre Faraón? (7:14)

1. "El corazón de Faraón está endurecido".
2. " No quiere dejar ir al pueblo ".
3. **Ambas respuestas son correctas.**

7.¿Qué dijo Jehová que pasaría cuando se convirtiera el agua del río en sangre? (7:17-18)

1. Los peces morirán.
2. El río hederá y los egipcios tendrán asco de beber el agua del río.
3. **Ambas respuestas son correctas.**

8.¿Qué hizo Aarón en presencia de Faraón y sus siervos? (7:20)

1. Vertió el agua en el río.
2. **Levantó su vara y golpeó el agua del río.**
3. Cavó a lo largo del río.

9.¿Por qué se endureció de nuevo el corazón de Faraón? (7:22)

1. **Los hechiceros de Egipto hicieron lo mismo con sus encantamientos.**
2. Los hechiceros no pudieron hacer lo mismo.
3. Estaba enojado con los hechiceros.

10.¿A dónde fue Faraón después de esto? (7:23)

1. A la ciudad
2. Al templo
3. **A su casa**

LECCIÓN 6: PREGUNTAS (NIVEL AVANZADO)

1.¿Qué dijo Jehová cuando le habló a Moisés en Egipto? (6:28-29)

1. "¡Moisés, deja de darme excusas!"
2. "Es hora de hacer los milagros que te enseñé".
3. **"Yo soy JEHOVÁ. Di a Faraón rey de Egipto todas las cosas que yo te digo.**
4. "Moisés, puedes regresar a Madián ahora".

2.¿Qué pregunta le hizo Moisés a Jehová? (6:30)

1. **"He aquí, yo soy torpe de labios; ¿cómo, pues, me ha de oír Faraón?"**
2. "No soy educado, ¿cómo puedo hablar con Faraón?"
3. "Me siento enfermo, ¿Podría alguien más ir a Faraón?
4. "Me estoy haciendo viejo, ¿por qué quieres que vaya?"

3.¿Qué les dijo Jehová a Moisés y Aarón a que serían para Faraón? (7:1)

1. Moisés sería un profeta para Faraón, y Aarón sería su sirviente.
2. **Moisés sería como dios para Faraón, y Aarón sería su profeta.**
3. Moisés sería un hechicero para Faraón, y Aarón sería su ayudante.
4. Moisés sería un rey para Faraón, y Aarón sería su consejero.

4.¿Qué le pasaría al corazón de Faraón aun cuando Jehová multiplicara sus señales y maravillas? (7:3)

1. Se ablandaría.
2. Se debilitaría.
3. **Se endurecería.**
4. Se moriría.

5.¿Qué les pediría Faraón a Moisés y Aarón cuando le entregaran el mensaje de Jehová? (7:9)

1. Preguntaría cuál es el nombre de Jehová.
2. **Les pediría que muestren un milagro.**
3. Preguntaría exactamente adónde planeaban ir los hijos de Israel.
4. Todo lo anterior

6.¿Cuál fue el primer milagro que hizo Aarón? (7:9)

1. **Su vara se hizo culebra.**
2. Su vara se hizo lagarto.
3. Su vara se hizo piedra.
4. Su vara se hizo oro.

7.¿Qué pasó con la vara de los hechiceros de Egipto? (7:12)

1. Se quebraron.
2. No se volvieron culebras.
3. **Se volvieron culebras y fueron devorados por la vara de Aarón.**
4. La Biblia no dice.

8.¿Cuál fue la primera plaga que enviaría Jehová? (7:17)

1. Todos los hombres se volverían leprosos.
2. **El agua del río se convertiría en sangre.**
3. Una gran tormenta de arena enterraría a Egipto.
3. El río se secaría.

9.Cuando el río se convirtiera en sangre, ¿qué pasaría? (7:18)

1. Los peces morirán.
2. El río hedería.
3. Los egipcios tendrían asco de beber el agua del río.
4. **Todo lo anterior**

10.¿Qué pasaría después de que el río se convirtiera en sangre? (7:22-24)

1. **Los hechiceros de Egipto hicieron lo mismo con sus encantamientos.**
2. Los egipcios se enfermaron.
3. Faraón finalmente se dio cuenta de lo poderoso que es Jehová.
4. Todo lo anterior

LECCIÓN 7: PREGUNTAS (NIVEL BÁSICO)

1. ¿Qué plaga vino siete días después de que Jehová golpeó el río? (7:25; 8: 2)

   1. **Ranas**
   2. Piojos
   3. Moscas

2. ¿Qué pasó cuando los hechiceros intentaron hacer subir ranas a la tierra? (8:7)

   1. No pudieron hacer que aparecieran ranas.
   2. **Pudieron hacer que vinieran ranas.**
   3. Sus ranas estaban rojas.

3. ¿Cuándo se fueron y murieron finalmente las ranas? (8:12-13)

   1. Siete días después,
   2. **Después de que Moisés clamó a Jehová,**
   3. Después de que Faraón clamó a Jehová.

4. ¿Qué pasó con el polvo cuando Aarón golpeó la tierra con su vara? (8:17)

   1. El polvo se volvió barro.
   2. El polvo se volvió ratas.
   3. **El polvo se volvió piojos.**

5. ¿Qué sucedió cuando los hechiceros usaron sus encantamientos para producir piojos? (8:18-19)

   1. Millones de piojos aparecieron.
   2. **No pudieron producir piojos.**
   3. Produjeron ranas en su lugar.

6. ¿Dónde dijo Jehová que estarían las moscas? (8:21-22)

   1. **Las moscas estarían en Egipto, pero no en Gosén.**
   2. Las moscas estarían en Egipto y en Gosén.
   3. Ambas respuestas son correctas.

7. ¿Qué le pasó a Egipto a causa de las moscas? (8:24)

   1. El río se volvió rojo.
   2. **La tierra fue corrompida.**
   3. La tierra mejoró.

8. ¿Qué quería Faraón que hiciera Moisés? (8:28)

   1. Que no fuera muy lejos
   2. Que orara por él
   3. **Ambas respuestas son correctas.**

9. ¿Qué sucedió cuando Moisés oró a Jehová acerca de las moscas? (8:30-31)

   1. Las moscas dejaron a Faraón, pero no a su pueblo.
   2. **No quedaron moscas después de que Moisés oró.**
   3. Moisés no oró por las moscas.

10. ¿Qué pasó después de que se fueron las moscas? (8:32)

    1. Faraón endureció su corazón.
    2. Faraón no dejaba ir al pueblo.
    3. **Ambas respuestas son correctas.**

LECCIÓN 7 — PREGUNTAS (NIVEL AVANZADO)

1.¿Qué sucedió siete días después de que Jehová golpeó el río? (7:25- 8:2)

1. Moisés fue a ver a Faraón nuevamente.
2. Moisés le dijo a Faraón que dejara ir al pueblo de Jehová.
3. Moisés dijo que las ranas castigarían a Egipto si Faraón no dejaba ir al pueblo.
4. **Todo lo anterior**

2.¿Cómo respondieron los hechiceros a la plaga de ranas? (8:7)

1. Corrieron y se escondieron porque creían que las ranas eran malvadas.
2. **También hicieron venir ranas sobre la tierra.**
3. No pudieron hacer que las ranas vinieran sobre la tierra.
4. Mataron a todas las ranas.

3.¿Qué les dijo Faraón a Moisés y Aarón que hicieran con la plaga de las ranas? (8:8)

1. Que atraparan a todas las ranas
2. Que mataran a todas las ranas
3. **Que oraran a Jehová para que fueran quitadas las ranas.**
4. Que convirtieran sus varas en culebras para comerse las ranas.

4.¿Qué pasó cuando murieron las ranas? (8:14-15)

1. Las juntaron en montones.
2. La tierra apestaba a causa de éstas.
1. Faraón endureció su corazón.
3. **Todo lo anterior**

5.¿Qué pasó como parte de la plaga de piojos? (8:17-19)

1. Aaron arrojó puñados de polvo al aire.
2. Los hechiceros también produjeron piojos.
3. **Los hechiceros no pudieron producir piojos.**
4. Había piojos en las bestias, pero no en los hombres.

6.¿Cómo respondió Faraón cuando los hechiceros no pudieron producir piojos? (8:19)

1. Dijo que los hijos de Israel podían hacer sacrificios a Dios en Egipto.
2. **Su corazón estaba endurecido y no escuchaba.**
3. Escuchó a los hechiceros.
4. Mató a los hechiceros.

7.¿En qué se diferenciaba la plaga de moscas de las tres primeras plagas? (8:22)

1. Jehová trataría de manera diferente con Gosén, donde habitaba su pueblo.
2. No habría ninguna clase de moscas en Gosén.
3. Jehová apartaría la tierra de Gosén y el pueblo de Faraón.
4. **Todo lo anterior**

8.¿Cómo afectó a Egipto la plaga de moscas? (8:24)

1. Las moscas cubrieron el río.
2. Las moscas llenaron solo los templos de Egipto.
3. **Las moscas corrompieron la tierra.**
4. Las moscas mataron a todo el ganado.

9.¿Cómo reaccionó Faraón ante la plaga de moscas? (8:28)

1. **Dijo que los hijos de Israel podían ir a ofrecer sacrificios a Jehová en el desierto, pero no muy lejos.**
2. Dijo que los hijos de Israel podían ir a las montañas, pero no al desierto.
3. Dijo que solo podían hacer un viaje de dos días.
4. Dijo que no le importaba qué tan lejos iban.

10.¿Qué sucedió cuando Moisés oró acerca las moscas? (8:30-31)

1. Las moscas dejaron a Faraón, pero no a sus oficiales.
2. Las moscas dejaron a Faraón y sus oficiales, pero no a su pueblo.
3. Faraón ablandó su corazón y dejó ir al pueblo.
4. **Jehová hizo lo que Moisés pidió.**

LECCIÓN 8: (NIVEL BÁSICO)

1.¿Qué pasó durante la plaga con el ganado? (9:4,6)

1. El ganado egipcio murió.
2. El ganado de los hijos de Israel no murió.
3. **Ambas respuestas son correctas.**

2.Cuando Faraón envió hombres para investigar la plaga del ganado, ¿qué descubrieron? (9:7)

1. **No había muerto uno del ganado de los hijos de Israel.**
2. El ganado egipcio estaba bien.
3. Los hijos de Israel no tenían ganado.

3.¿Qué palabra describe el corazón de Faraón después de la plaga en el ganado? (9:7)

1. Nervioso
2. **Duro**
3. Triste

4.¿En qué se convertiría la ceniza de horno que esparció Moisés? (9:9)

1. Un rocío sobre toda la tierra
2. Una nube sobre toda la tierra
3. **Un polvo sobre toda la tierra**

5.¿Qué le dijo Jehová a Moisés que le dijera a Faraón después de la plaga de las úlceras? (9:13-14)

1. "Deja ir a mi pueblo".
2. " Ahora yo extenderé mi mano para herirte a ti y a tu pueblo de plaga ".
3. **Ambas respuestas son correctas.**

6.¿Qué hicieron los siervos que temían la palabra de Jehová cuando escucharon que llovería granizo? (9:19-20)

1. Les dijeron a sus criados que siguieran trabajando.
2. **Enviaron sus criados y su ganado a casa.**
3. Enviaron a sus criados al río.

7.¿Dónde no granizó? (9:26)

1. **Gosén**
2. Egipto
3. Ambas respuestas son correctas.

8.¿Qué dijo Faraón antes de que cesara el granizo? (9:27)

1. "Mis hechiceros harán que este granizo se detenga".
2. **"He pecado esta vez; Jehová es justo".**
3. "Oraré a mis dioses para que detengan este granizo".

9.¿Qué le pidió Faraón a Moisés que hiciera? (9:28)

1. Cesa la tormenta
2. **Orad a Jehová para que cesen los truenos de Dios y el granizo.**
3. Pide que los hijos de Israel cesen la tormenta

10.Después de que cesó el granizo, ¿qué hizo Faraón? (9:34-35)

1. Se obstinó en pecar.
2. No dejó ir a los hijos de Israel.
3. **Ambas respuestas son correctas.**

LECCIÓN 8: PREGUNTAS (NIVEL AVANZADO)

1.¿Qué distinción hizo Jehová entre el ganado de Israel y Egipto? (9:4,6)

1. No hizo distinciones.
2. **El ganado egipcio murió y el ganado de los hijos de Israel vivió.**
3. El ganado egipcio se enfermó y el ganado de los hijos de Israel se mantuvo sano.
4. La Biblia no dice.

2.Después de la plaga del ganado, ¿qué reveló la investigación de Faraón? (9:7)

1. Que Moisés y Aarón habían muerto
2. Que solo había muerto parte del ganado egipcio
3. Que los granjeros de los hijos de Israel venderían a Faraón algo de ganado.
4. **Que ninguno del ganado de los hijos de Israel no había muerto.**

3.¿Qué sucedió cuando Moisés esparció hacia el cielo ceniza del horno delante de Faraón? (9:10-11)

1. Hubo sarpullido que produjo úlceras tanto en los hombres como en las bestias.
2. Los hechiceros no podían estar delante de Moisés a causa del sarpullido.
3. Hubo sarpullido en todos los egipcios
4. **Todo lo anterior**

4.¿Qué ordenó Jehová a Moisés que le dijera a Faraón después de la plaga de las úlceras? (9:13-14)

1. "Deja que mi pueblo vaya a Gosén".
2. **" Deja ir a mi pueblo. Enviaré esta vez todas mis plagas a tu corazón, sobre tus siervos y sobre tu pueblo ".**
3. "Deja que mi pueblo me adore todos los días en Egipto".
4. "Deja ir a mi pueblo, o enviaré a tus enemigos contra ti".

5.¿ Por qué dijo Jehová que Faraón estaba en su posición ?(9:16)

1. "Yo te he puesto"
2. "Para mostrar en ti mi poder"
3. "Para que mi nombre sea anunciado en toda la tierra"
4. **Todo lo anterior**

6.¿Qué plaga dijo Jehová que enviaría después de la plaga de úlceras? (9:18)

1. **"Granizo muy pesado, cual nunca hubo en Egipto, desde el día que se fundó hasta ahora."**
2. "La peor inundación que jamás haya ocurrido en Egipto"
3. "Una enorme nube de langostas"
4. "Un terrible tornado"

7. Antes del granizo, ¿quién se apresuró a llevar adentro a sus criados y ganado? (9:20)

1. Moisés y Aarón
2. **Siervos del faraón que temían de la palabra de Jehová.**
3. Las mujeres de Israel
4. Todo lo anterior

8.¿Dónde no granizó? (9:26)

1. **Gosén**
2. Egipto
3. Madián
4. Canaán

9.¿Qué dijo Moisés que haría cuando Faraón le pidió que orara a Jehová para que detuviera el granizo? (9:29)

1. Levantaría su vara y el granizo se detendría.
2. Oraría y Jehová enviaría la tormenta al mar.
3. Gritaría al cielo y el granizo se detendría.
4. **Extendía sus manos en oración a Jehová, y no habría más granizo.**

10.¿Cuál fue la respuesta Faraón después de la plaga del granizo? (9:28, 35)

1. **Rompió su promesa de dejar ir al pueblo.**
2. Finalmente dejó ir al pueblo.
3. Mostró amor por los hijos de Israel.
4. Dijo que era Faraón, y que no tenía que obedecer a Jehová.

LECCIÓN 9: PREGUNTAS (NIVEL BÁSICO)

1.Después de la plaga del granizo, ¿qué hizo Moisés? (10:1)

1. Habló con los hijos de Israel
2. **Fue a ver a Faraón con un mensaje de Jehová.**
3. Ambas respuestas son correctas.

2.¿Qué plaga cubriría la faz de la tierra y comería lo que escapó de la plaga anterior? (10:4-5)

1. **Langostas**
2. Granizo
3. Moscas

3.¿Qué le dijeron los siervos a Faraón cuando se enteraron de la plaga de langostas? (10:7)

1. "Deja ir a estos hombres".
2. "¿Acaso no sabes todavía que Egipto está ya destruido?"
3. **Ambas respuestas son correctas.**

4.¿Cuándo trajo el viento oriental las langostas a Egipto? (10:13)

1. **Por la mañana**
2. Por la tarde
3. Por la noche

5.¿Qué pasó a causa de la plaga de langostas? (10:15)

1. **No quedó cosa verde en Egipto.**
2. Faraón dejó ir a los hijos de Israel.
3. Ambas respuestas son correctas.

6.¿Por cuánto tiempo hubo densas tinieblas sobre toda la tierra de Egipto? (10:22)

1. Tres semanas
2. **Tres días**
3. Tres meses

7.¿Quién tuvo luz durante la plaga de densas tinieblas? (10:23)

1. Los egipcios
2. **Los hijos de Israel**
3. Ambas respuestas son correctas.

8.¿Cuál era la última plaga que Jehová traería sobre Egipto? (11:1,4-5)

1. **Muerte de los primogénitos**
2. Granizadas
3. Langostas

9.¿Cuándo ocurriría la última plaga? (11:4-5).

1. Al amanecer
2. En medio del día
3. **En la medianoche**

10.Durante la última plaga, ¿dónde habría un gran clamor? (11:6)

1. En Gosén
2. **En todo Egipto**
3. Ambas respuestas son correctas.

LECCIÓN 9: PREGUNTAS (NIVEL AVANZADO)

1.¿Cuál fue el mensaje de Jehová a Faraón después de la plaga del granizo? (10:3-4)

1. "¿Hasta cuándo no querrás humillarte delante de mí? "
2. "Deja ir a mi pueblo ".
3. " Si aún rehúsas dejarlo ir, he aquí que mañana yo traeré sobre tu territorio la langosta ".
4. **Todo lo anterior**

2.Antes de la plaga de langostas, ¿quién dijo Faraón que podía ir a adorar a Jehová? (10:11)

1. **Solo los varones.**
2. Solo los varones y el ganado.
3. Solo los varones, las mujeres y los niños.
4. Los jóvenes, los ancianos, los hijos, las hijas, los rebaños y las manadas.

3.¿Qué tipo de viento trajo las langostas a Egipto? (10:13)

1. Un viento del norte
2. Un viento del sur
3. **Un viento oriental**
4. Un viento occidental

4.¿Cómo afectarían las langostas a Egipto? (10:5, 6)

1. **Cubrirían la faz de la tierra, comerían lo poco que le quedaba a la gente y llenarían sus casas.**
2. Llenarían los platos y baldes de los egipcios y comerían su comida.
3. Cubrirían los edificios y se meterían en sus camas.
4. Llenarían los pozos y ríos.

5.¿Qué pasó después de la plaga de langostas? (10:21-22)

1. Un fuerte viento llevó las langostas a Madián.
2. Solo los hombres podían salir.
3. **La plaga de tinieblas vino durante tres días.**
4. Todo lo anterior

6.¿Qué fue inusual en las tinieblas? (10:21-23)

1. Se podía palpar las tinieblas.
2. Los egipcios no pudieron ver a nadie más durante tres días.
3. Los hijos de Israel tenían luz en sus habitaciones.
4. **Todo lo anterior**

7.¿Qué le dijo Moisés a Faraón que necesitarían para servir a Jehová? (10:26)

1. **Su ganado**
2. Un poco de madera
3. Una carga de piedras
4. Todo lo anterior

8. ¿Cuál fue la última plaga sobre Faraón y Egipto? (11:1, 5)

1. Egipto estaría bajo tinieblas durante tres meses.
2. **Todo primogénito de Egipto y todo primogénito de las bestias moriría.**
3. Los hijos de Israel matarían a los primogénitos de los egipcios.
4. Todo lo anterior

9.¿Cuándo comenzaría la última plaga? (11:4)

1. Al amanecer
2. Al mediodía
3. Al atardecer
4. **A la medianoche**

10.¿Qué se escucharía por todo Egipto durante la última plaga? (11:6)

1. Un silencio total
2. Perros ladrando
3. Fuerte risa entre los hijos de Israel
4. **Un gran clamor**

LECCIÓN 10: PREGUNTAS (NIVEL BÁSICO)

1. En el día 10 del primer mes, ¿qué animal debía elegir cada familia de Israel? (12:2-3)

1. **Un cordero**
2. Una vaca
3. Un caballo

2.¿Dónde estaba los hijos de Israel para poner la sangre del cordero? (12:7,22)

1. En el suelo frente a sus casas
2. En las paredes de sus casas
3. **En los dos postes y en el dintel de las casas**

3.¿Cuál era el nombre de la comida que los hijos de Israel debían comer apresuradamente? (12:11)

1. La fiesta del maná
2. **La Pascua de Jehová**
3. Ambas respuestas son correctas.

4.¿A quién golpearía Jehová a la medianoche de la Pascua? (12:12)

1. Todos los egipcios
2. **Todo primogénito de hombres y bestias.**
3. Todos los hijos de Israel

5.¿Dónde se alojarían los hijos de Israel mientras Jehová pasaba por la tierra? (12:22-23)

1. **En sus casas**
2. En sus campos.
3. La Biblia no dice.

6.¿Por qué hubo un gran clamor en Egipto a la medianoche? (12:29-30)

1. "Jehová hirió a todo primogénito en Egipto".
2. "No había casa donde no hubiese un muerto".
3. **Ambas respuestas son correctas.**

7.¿Qué dijo Faraón la noche que Jehová pasó por Egipto? (12:30-32)

1. "Id, servid a Jehová, como habéis dicho".
2. "Tomad también vuestras ovejas y vuestras vacas, como habéis dicho, e idos".
3. **Ambas respuestas son correctas.**

8.¿Cuántas personas partieron de Egipto? (12:37-38)

1. 60,000 hombres
2. **Cerca de 600,000 hombres, más niños, una multitud de gente, y ovejas y ganado**
3. 6,000 hombres y niños.

9.¿Por qué la masa estaba sin levadura? (12:39)

1. **No habían tenido tiempo ni para prepararse comida.**
2. Les gustó de esa manera.
3. No tenían hornos.

10.¿Cuánto tiempo habitaron los hijos de Israel en Egipto? (12:40)

1. 1,000 años
2. **430 años**
3. 430,000 años

LECCIÓN 10: (NIVEL AVANZADO)

1. En el décimo día del mes, ¿qué debía tomar cada familia de Israel? (12: 3-5)

1. **Un cordero de un año, ya sea de oveja o de cabra**
2. Un ternero de un año
3. Una paloma o pichón
4. Un faisán o pollo

2. ¿Qué iban a hacer los hijos de Israel con las ovejas o cabras que eligieran? (12:6-8)

1. Mantendrían a los animales como un recordatorio de la fidelidad de Dios.
2. **Iban a asar y comer la carne y pondrían la sangre en los dos postes y en el dintel de las casas.**
3. Quemarían los animales por completo en un altar.
4. Llevárselos cuando salieran de Egipto.

3. ¿Cómo iban a comer los hijos de Israel la cena de Pascua? (12:11)

1. Con sus lomos ceñidos
2. Con los calzados en los pies y el bordón en la mano
3. Apresuradamente
4. **Todo lo anterior**

4. ¿Qué iba a hacer Jehová cuando pasara por Egipto? (12:12)

1. Enfrentaría a Faraón directamente
2. Elegiría la oveja para cada familia
3. **Heriría a todo primogénito y ejecutaría sus juicios en todos los dioses de Egipto.**
4. Todo lo anterior

5. ¿Por qué ninguna plaga de mortandad heriría a los hijos de Israel? (12:13)

1. La sangre sería una señal para ellos.
2. Jehová vería la sangre.
3. Jehová pasaría de ellos.
4. **Todo lo anterior**

6. ¿Qué debían hacer los hijos de Israel durante la Fiesta de los Panes sin Levadura? (12:15-16)

1. Comer solo frutas y verduras
2. **Comer panes sin levadura y no trabajar en los días de convocación, excepto para preparar alimentos.**
3. Comer la carne que había sido sacrificada a Jehová.
4. Celebrar una fiesta en honor a Faraón

7. ¿Por qué Faraón llamó a Moisés y Aarón durante la noche? (12:31-32)

1. **Les dijo que se fueran, que se llevaran sus ovejas y vacas con ellos, y que lo bendijeran.**
2. Ordenó a los guardias que los arrojaran a prisión.
3. Les dijo que nunca podrían salir de Egipto.
4. Les dijo que dejaran todo atrás y que simplemente se fueran.

8. ¿Qué se llevaron los hijos de Israel de los egipcios? (12:35-36)

1. Pan y agua
2. Frutas y verduras.
3. **Oro, plata y vestidos.**
4. Solo ganado

9. ¿Qué sucedió después de que Faraón dijo que los hijos de Israel se podían ir? (12:37-38, 42)

1. Partieron de Ramsés a Sucot.
2. Una grande multitud de gente subió con ellos.
3. Ovejas y muchísimo ganado subió con ellos.
4. **Todo lo anterior**

10. ¿Cuánto tiempo vivieron los hijos de Israel en Egipto? (12:40)

1. 500 años
2. **430 años**
3. 800 años
4. La Biblia no dice.

LECCIÓN 11: PREGUNTAS (NIVEL BÁSICO)

1. ¿Por qué Dios no los llevó a los hijos de Israel por el país filisteo? (13:17)
   1. **No quería que se enfrentaran a la guerra.**
   2. Porque iba a ser un viaje más largo.
   3. Ambas respuestas son correctas.

2. ¿Cómo guio Jehová a los hijos de Israel? (13:21)
   1. Con una columna de nube de día
   2. Con una columna de fuego de noche
   3. **Ambas respuestas son correctas.**

3. ¿Por qué inició Faraón su carro para viajar? (14:6-8)
   1. Quería visitar a los filisteos.
   2. **Planeaba seguir a los hijos de Israel.**
   3. Ambas respuestas son correctas.

4. ¿Qué vieron los hijos de Israel cuando acamparon en Pi-hahirot frente a Baal-zefón? (14:9-10)
   1. **Los egipcios venían tras ellos**
   2. Los filisteos luchando contra los egipcios
   3. Ambas respuestas son correctas.

5. ¿Qué dijo Moisés que Jehová haría por los hijos de Israel? (14:14)
   1. Esconderlos de Faraón
   2. Líbralos de los filisteos
   3. **Pelear por ellos**

6. ¿Qué pasó con la columna de nube que iba delante de los hijos de Israel? (14:19-20)
   1. Se movió sobre el Mar Rojo.
   2. **Iba entre el campamento de los egipcios y el campamento de Israel.**
   3. Se convirtió en una columna de fuego que consumió a Faraón.

7. ¿Qué hizo Jehová toda la noche? (14:21)
   1. Expulsó a los egipcios de regreso a Egipto.
   2. **Hizo que el mar se retirase por recio viento oriental.**
   3. Ambas respuestas son correctas.

8. ¿Cómo era el mar cuando los hijos de Israel lo atravesaron? (14:22)
   1. Había un muro de agua a la derecha y a la izquierda.
   2. El suelo estaba seco.
   3. **Ambas respuestas son correctas.**

9. ¿Qué dijeron los egipcios cuando cayeron las ruedas de sus carros? (14:25)
   1. "¡Vamos a perseguirlos a pie!"
   2. **"Jehová pelea por ellos contra los egipcios".**
   3. Ambas respuestas son correctas.

10. ¿Qué vieron los hijos de Israel después de que el mar regresó a su lugar? (14:30)
    1. Barcos llenos de filisteos
    2. **Egipcios muertos en la orilla**
    3. Restos de carros egipcios.

LECCIÓN 11: PREGUNTAS (NIVEL AVANZADO)

1.¿Por qué ordenó Jehová a los hijos de Israel que viajaran por el desierto y luego regresaran al mar? (13:17-18, 14:2-3)

   1. No estaba seguro de cuál era la mejor dirección.
   2. **Quería evitarles guerra con los filisteos y que hicieran pensar a Faraón que estaban encerrados en la tierra.**
   3. Los hijos de Israel necesitaban más tiempo para prepararse.
   4. Querían volver a ver la playa.

2.¿Por qué Moisés tomó los huesos de José de Egipto? (13:19)

   1. Todavía no habían enterrado los huesos.
   2. Faraón lo obligó.
   3. **José hizo que los hijos de Israel juraran llevarse sus huesos fuera de Egipto.**
   4. No había suficientes tumbas en Egipto.

3.¿Quién estaba en la columna de nube y en la columna de fuego? (13:21)

   1. Moisés
   2. **Jehová**
   3. Un ángel de Jehová
   4. Todo lo anterior

4.¿Cuál era el propósito de la columna de nube y fuego? (13:21)

   1. Para proteger a los animales
   2. Dar sombra a los hijos de Israel
   3. **Para guiar a los hijos de Israel de día y alumbrar el camino de noche.**
   4. Todo lo anterior

5.¿Qué hizo Faraón después de que los hijos de Israel huyeron de Egipto? (14:5-6)

   1. Hizo un tratado con los filisteos.
   2. **Cambió de opinión y persiguió a los hijos de Israel.**
   3. Pidió a los filisteos que lo ayudaran a perseguir a los hijos de Israel.
   4. Nunca volvió a salir de Egipto.

6.¿Quién persiguió y alcanzó a los hijos de Israel en Pi-Hahirot? (14:9)

   1. Los carros de Faraón
   2. La gente de Faraón a caballo
   3. El ejército de Faraón
   4. **Todo lo anterior**

7.¿Qué dijo Moisés cuando los hijos de Israel vieron a los egipcios siguiéndolos? (14:10, 13)

   1. "Debemos pedirle a Jehová que salga de Egipto y nos ayude".
   2. Señores: Debemos estar firmes y luchar".
   3. **"Estad firmes, y ved la salvación que Jehová hará hoy ".**
   4. "No se preocupen, le pedí a Jehová que viniera del cielo y nos protegiera".

8.¿Qué sucedió cuando se acercaban los egipcios? (14:19-22)

   1. La columna de nube iba entre el campamento de los egipcios y el campamento de Israel.
   2. Hizo que el mar se retirase por recio viento oriental.
   3. El pueblo cruzó el mar en tierra seca.
   4. **Todo lo anterior**

9.¿Por qué dijeron los egipcios: "Huyamos de delante de Israel, porque Jehová pelea por ellos"? (14:25)

   1. Estaban ansiosos por volver a casa.
   2. **Jehová quitó las ruedas de sus carros.**
   3. Sus caballos corrían salvajes.
   4. Estaban cansados.

10.Después de que las aguas volvieron, ¿dónde yacían los egipcios? (14:30)

   1. **Muertos en la orilla**
   2. Dormidos en sus camas.
   3. Sentados en sus carros
   4. En el desierto

LECCIÓN 12: PREGUNTAS (NIVEL BÁSICO)

1.¿Qué dijo Jehová que llovería para el pueblo? (16:4)

   1. Agua
   2. **Pan**
   3. Ambas respuestas son correctas.

2.¿En qué día el pueblo debía guardar el doble de pan? (16:5)

   1. **El sexto día**
   2. El primer día
   3. El séptimo día

3.¿Contra quién dijo Moisés que murmuró el pueblo? (16:8)

   1. Moisés
   2. Aarón
   3. **Jehová**

4.¿Qué dijo Dios que los hijos de Israel comerían al caer la tarde? (16:12)

   1. Pan
   2. **Carne**
   3. Nada

5.¿Qué sucedió cuando no obedecieron y algunos dejaron pan para otro día? (16:20)

   1. Hedió.
   2. Crio gusanos
   3. **Ambas respuestas son correctas.**

6.¿Qué pasó con el pan cuando el sol calentaba? (16:21)

   1. **Se derretía.**
   2. Se convertía en codorniz.
   3. Ambas respuestas son correctas.

7.¿Qué hizo el pueblo en el séptimo día? (16:27, 30)

   1. Reposaba.
   2. Algunos del pueblo salieron a recoger pan, y no hallaron.
   3. **Ambas respuestas son correctas.**

8.Después de que Dios les dio comida, ¿qué pidieron los hijos de Israel? (17:2)

   1. Sombra
   2. **Agua**
   3. Ambas respuestas son correctas.

9.Sin agua, ¿qué pensaban los hijos de Israel que pasaría? (17:3)

   1. Que morirían de sed.
   2. Que sus hijos y ganado morirían de sed.
   3. **Ambas respuestas son correctas.**

10.¿Qué dijo Jehová que sucedería cuando Moisés golpeara la peña? (17:6)

   1. Saldría fuego abrasador.
   2. **Saldría agua.**
   3. Ambas respuestas son correctas.

LECCIÓN 12: PREGUNTAS (NIVEL AVANZADO)

1.¿Por qué los hijos de Israel murmuraban contra Moisés y Aarón? (16:2-3)

1. Pensaron que iban en la dirección equivocada.
2. **Dijeron que Moisés y Aarón los matarían de hambre a todos.**
3. Escucharon que los egipcios vendrían a llevárselos de regreso a Egipto.
4. Todo lo anterior

2.¿Dónde dijeron los hijos de Israel que comieron hasta saciarse? (16:3)

1. **En Egipto**
2. En sus festivales
3. Cerca del Mar Rojo
4. Todo lo anterior

3.¿Qué dijo Jehová que haría cuando el pueblo murmurara por no tener comida? (16:4)

1. Haría crecer trigo en el desierto.
2. **Haría llover pan.**
3. Multiplicaría el pan que tenían.
4. Todo lo anterior

4.¿Cuánto maná recogió cada hijo de Israel? (16:16-18, 21)

1. Suficiente para todos sus vecinos
2. Suficiente para la semana
3. Suficiente para tres días
4. **Según lo que pudiere comer**

5.¿Qué dijo Jehová sobre el pan que les dio? (16:16, 19, 22)

1. Los hijos de Israel solo debía recoger para ese día según lo que pudiere comer.
2. Ninguno debía dejar nada de ello para la mañana excepto el sexto día.
3. Debían recoger el doble en el sexto día.
4. **Todo lo anterior**

6.¿Qué sucedió cuando algunas personas no obedecieron a Moisés y dejaron de pan para otro día? (16:20)

1. **Crio gusanos, y hedió.**
2. Se secó y se endureció.
3. Desapareció.
4. Se convirtió en arcilla.

7.¿Qué dijo Jehová acerca de la recolección de pan en el séptimo día? (16:29)

1. "Esas personas encontrarían pan, pero no codornices".
2. **" Estese, pues, cada uno en su lugar, y nadie salga de él en el séptimo día".**
3. "Enviaré serpientes para matarlos".
4. Ninguno de los anteriores

8.¿Cuál fue la segunda cosa de la que murmuraron los hijos de Israel? (17:1-2)

1. Querían ir en dirección diferente.
2. No les gustaba ir de un lugar a otro.
3. **No había agua para beber.**
4. Todo lo anterior

9.¿Qué hizo Jehová para proporcionar agua para la sed del pueblo? (7:5-6)

1. Le dijo a Moisés que pasara delante del pueblo con algunos de los ancianos.
2. Moisés tendría que golpear la peña en Horeb.
3. Saldría agua de la peña.
4. **Todo lo anterior**

10.¿Por qué Moisés llamó a este lugar Masah y Meriba? (17:7)

1. **Por la rencilla de los hijos de Israel, y porque tentaron a Jehová**
2. Porque los hijos de Israel se perdieron
3. Porque los hijos de Israel encontraron comida y agua
4. Porque los hijos de Israel empezaban a regresar a Egipto

LECCIÓN 13: PREGUNTAS (NIVEL BÁSICO)

1. ¿Dónde acamparon los hijos de Israel cuando llegaron al desierto del Sinaí? (19:2)
   1. **Delante del monte**
   2. Junto al río
   3. En la jungla

2. ¿A dónde fue Moisés cuando llegaron al desierto del Sinaí? (19:3)
   1. Se quedó con el pueblo.
   2. **Se subió a Dios, quien lo llamó desde la montaña.**
   3. Ambas respuestas son correctas.

3. ¿Cómo dijo Jehová, que sacó a los hijos de Israel de Egipto? (19:4)
   1. **Sobre alas de águilas**
   2. En los lomos de un caballo
   3. En los caparazones de las tortugas

4. Cuando Dios habló desde el monte, ¿cómo dijo que los hijos de Israel deberían actuar? (19:5)
   1. Deben sacrificar un cordero
   2. **Deben dar oído a su voz, y guardar su pacto.**
   3. Deben celebrar la muerte de los egipcios.

5. ¿En qué se convertirían los hijos de Israel si obedecían a Jehová? (19: 5-6)
   1. El tesoro especial de Jehová.
   2. Un reino de sacerdotes y gente santa
   3. **Ambas respuestas son correctas.**

6. Estando en el monte, ¿qué dijo el pueblo que haría? (19:8)
   1. **Todo lo que Jehová ha dicho**
   2. No dijeron que harían
   3. La Biblia no dice.

7. ¿Cómo se veía el monte cuando Jehová descendió? (19:16)
   1. Hubo truenos y relámpagos.
   2. Hubo una espesa nube sobre el monte.
   3. **Ambas respuestas son correctas.**

8. ¿Qué hizo el pueblo cuando escuchó el sonido de bocina muy fuerte? (19:16)
   1. **Estremeció.**
   2. Se rieron.
   3. Se escaparon y nunca regresaron.

9. ¿A quién fue a buscar Moisés cuando bajó del monte? (19:24)
   1. Un hombre de cada familia
   2. **Aarón**
   3. Ambas respuestas son correctas.

10. ¿Qué advertencia le dio Jehová al pueblo? (19:24)
    1. **No traspasar el límite para subir a Jehová.**
    2. Que se asegurara que solo los ancianos subieran a ver a Jehová.
    3. Ambas respuestas son correctas.

LECCIÓN 13: PREGUNTAS (NIVEL AVANZADO)

1.¿Qué pasó cuando los hijos de Israel llegaron al desierto del Sinaí? (19:2)

   1. El maná y las codornices dejaron de llegar todos los días.
   2. Moisés, Aarón y su hermana subieron al monte de Dios.
   3. **Los hijos de Israel acamparon delante de monte.**
   4. Todo lo anterior

2.¿Qué mensaje de Jehová iba a dar Moisés a los hijos de Israel? (19:3-4)

   1. " Visteis lo que hice a los egipcios ".
   2. " Os tomé sobre alas de águilas ".
   3. " Os he traído a mí ".
   4. **Todo lo anterior**

3.¿Qué dijo Jehová que los hijos de Israel serían para él? (19:5-6)

   1. Una gente santa
   2. Un reino de sacerdotes
   3. Un tesoro especial
   4. **Todo lo anterior**

4.¿Cuál fue la respuesta de los hijos de Israel cuando escucharon lo que Jehová había dicho acerca de ellos? (19:8)

   1. Murmuraron de comer maná y codornices.
   2. **Dijeron que harían todo lo que Jehová dijo.**
   3. Ellos obedecerían a Jehová si Él los sacaba del desierto.
   4. Todo lo anterior

5.¿A dónde sacó Moisés al pueblo para recibir a Dios? (19:17)

   1. Fueron al río.
   2. Se pararon junto a su campamento.
   3. Salieron al desierto.
   4. **Se detuvieron al pie del monte.**

6.¿Qué sucedió cuando Jehová descendió al monte? (19:16, 18)

   1. Hubo un sonido de bocina muy fuerte.
   2. Vino espesa nube sobre el monte.
   3. Vinieron truenos y relámpagos.
   4. **Todo lo anterior**

7.¿Qué le dijo Dios a Moisés que advirtiera al pueblo para que no cayera? (19:21)

   1. No comer levadura nunca
   2. **No traspasar los límites para ver a Jehová.**
   3. No llevar nada de Egipto con ellos.
   4. No cruzar el Mar Rojo.

8.¿Cuál fue el mandato que Jehová le dio a Moisés? (19:23)

   1. Que, si el pueblo se acercaba demasiado, les caería un rayo.
   2. Que Moisés debía bañarse en el río antes de subir al monte.
   3. Que nadie, incluido Moisés, debe subir al monte.
   4. **Que debía señalar límites en el monte, y santificarlo.**

9.¿Por qué le pidió Jehová a Moisés que descendiera del monte? (19:24)

   1. Para ayudar a su hermana a subir
   2. Para subir las ofrendas.
   3. **Para traer a Aaron**
   4. Todo lo anterior

10.¿Qué dijo Moisés cuando bajó del monte al ver al pueblo? (19:25)

   1. **Les contó todo lo que dijo Jehová.**
   2. Les dijo que tuvieran paciencia y esperaran.
   3. Les dijo que se prepararan para irse.
   4. Les dijo cómo prepararse para el sacrificio.

LECCIÓN 14: PREGUNTAS (NIVEL BÁSICO)

1.¿Qué hizo Jehová por los hijos de Israel? (20:1-2)
   1. **Los sacó de Egipto**
   2. Los dejo quedarse en Egipto
   3. Ambas respuestas son correctas.

2.¿Cuántos dioses podrían tener los hijos de Israel delante de Jehová? (20:3)
   1. Uno
   2. **Ninguno**
   3. Ambas respuestas son correctas.

3.¿Qué no debían tomar en vano los hijos de Israel? (20:7)
   1. **El nombre de Jehová**
   2. El tabernáculo
   3. Sus herramientas sagradas

4.¿Cómo iban a recordar los hijos de Israel el día de reposo? (20:8)
   1. **En santificarlo**
   2. Teniendo una fiesta
   3. Jugando juegos

5.¿Cuántos días debían trabajar los hijos de Israel en una semana? (20:9)
   1. Siete días
   2. **Seis días**
   3. Dos días

6.¿Qué día bendijo y santificó Jehová? (20:11)
   1. **El día de reposo**
   2. Todos los días
   3. El tercer día de la semana

7.¿Por qué deberían los hijos de Israel honrar a sus padres y madres? (20:12)
   1. Para que pudieran comer más saludablemente
   2. **Para que sus días se alarguen en la tierra que Jehová su Dios les da**
   3. Para que se mantuvieran fuera de problemas

8.¿Qué dijo Dios sobre el asesinato y el robo? (20:13, 15)
   1. Dijo que a veces estaba bien.
   2. Dijo que todo el mundo hace estas cosas.
   3. **Dijo: no matarás ni hurtarás.**

9.¿Cómo se veía el monte de Dios? (20:18)
   1. **El monte humeaba.**
   2. El monte se veía normal.
   3. Ambas respuestas son correctas.

10.Cuando los hijos de Dios observaban las vistas y sonidos extraños del monte, ¿qué hicieron? (20:18:19)
   1. Se pusieron de lejos.
   2. Le pidieron a Moisés que les hablara de parte de Dios.
   3. **Ambas respuestas son correctas.**

LECCIÓN 14: PREGUNTAS (NIVEL AVANZADO)

1.¿De qué lugar sacó Dios a los hijos de Israel? (20:2)

1. La tierra de los filisteos.
2. La tierra de Jerusalén
3. **La casa de servidumbre**
4. Todo lo anterior

2.¿Ante quién no deberían tener otros dioses los hijos de Israel? (20:3)

1. **Ante Jehová su Dios**
2. Ante Moisés
3. Ante Aaron
4. Ante Faraón

3.¿De qué forma los hijos de Israel no debían hacerse imagen? (20:4)

1. Cualquier cosa en el cielo.
2. Cualquier cosa en la tierra.
3. Cualquier cosa por debajo de las aguas.
4. **Todo lo anterior**

4.¿Qué debían hacer los hijos de Israel durante seis días antes del sábado? (20:9)

1. **Trabajar y hacer su obra**
2. Descansar y relajarse
3. Comer y beber
4. Jugar y celebrar

5.Después que Dios creó todo en seis días, ¿qué hizo en el séptimo día? (20:11)

1. Escribió las leyes.
2. **Reposó.**
3. Habló con Moisés.
4. Nombró las plantas y los animales.

6.¿Cómo debían tratar los hijos de Israel a sus padres y madres? (20:12)

1. No debían escucharlos
2. Debían escucharlos a veces.
3. **Debían honrarlos**
4. Todo lo anterior

7.¿Qué prometió Dios si los hijos de Israel honraban a sus padres y madres? (20:12)

1. Prometió que recibirían una bendición.
2. **Prometió que se alarguen sus días en la tierra que Jehová les estaba dando.**
3. Prometió que vivirían para siempre.
4. Prometió que recibirían una herencia.

8.¿Qué no deberían codiciar los hijos de Israel? (20:17)

1. La casa de su prójimo
2. La esposa de su prójimo
3. El buey o el asno de su prójimo
4. **Todo lo anterior**

9.¿Por qué vino Dios a probar a los hijos de Israel? (20:20)

1. **Para que no pecaran.**
2. Para evitar que se pelearan entre ellos
3. Para asegurarse de que escucharan
4. Dios pensó que no escucharían

10.¿Qué tipo de temor evitaría que los hijos de Israel pecaran? (20:20)

1. El temor a Moisés
2. El miedo a Aarón
3. **El temor a Dios**
4. Todo lo anterior

LECCIÓN 15: PREGUNTAS (NIVEL BÁSICO)

1.¿Quién dijo Jehová que debería subir a verlo? (24:1)

   1. Moisés, Aarón, Nadab, Abiú
   2. Setenta de los ancianos
   3. **Ambas respuestas son correctas.**

2.¿Podían todos acercarse a Jehová? (24:2)

   1. Sí
   2. **No**
   3. La Biblia no dice.

3.¿Qué dijo el pueblo cuando escuchó todas las palabras y leyes de Jehová? (24:3)

   1. **"Haremos todas las palabras que Jehová ha dicho".**
   2. "No queremos obedecer a Jehová".
   3. Ambas respuestas son correctas.

4.¿Con que motivo envió Moisés a los jóvenes de los hijos de Israel? (24:5)

   1. Ir a buscar agua
   2. A recoger maná para el día.
   3. **A ofrecer holocaustos**

5.¿A quién vieron Moisés, Aarón, Nadab, Abiú y setenta de los ancianos cuando subieron al monte? (24: 9-10)

   1. Nadie
   2. **Al Dios de Israel**
   3. Ambas respuestas son correctas.

6.¿A quiénes se les iban a dar las tablas, la ley y los mandamientos? (24:12)

   1. Josué
   2. **Moisés**
   3. Ambas respuestas son correctas.

7.¿Quién era el servidor de Moisés? (24:13)

   1. **Josué**
   2. Aarón
   3. Nadab

8.¿En qué día llamó Jehová a Moisés de en medio de la nube? (12:16)

   1. El primer día
   2. El sexto día
   3. **El séptimo día**

9.¿Cómo se veía la cumbre del monte para los hijos de Israel? (24:17)

   1. **Como un fuego abrasador**
   2. Como si estuviera lloviendo
   3. Como si estuviera nevando

10.¿Cuánto tiempo estuvo Moisés en el monte? (24:18)

   1. 7 días y noches
   2. **40 días y noches**
   3. 4 días y noches

LECCIÓN 15: PREGUNTAS (NIVEL AVANZADO)

1.¿Quién iba a subir con Moisés al monte para adorar? (24:1-2)

1. Setenta de los ancianos solamente
2. **Aarón, Nadab, Abiú y setenta de los ancianos**
3. Los jóvenes hijos de Israel
4. Todo lo anterior

2.¿Quién debía acercarse a Jehová mientras los demás adoraban a distancia? (24:1-2)

1. Aarón, Nadab y Abiú
2. Setenta de los ancianos
3. **Moisés**
4. Todo lo anterior

3.¿Qué hizo Moisés cuando se levantó temprano en la mañana después de escribir todas las palabras de Jehová? (24:4)

1. Levantó una tienda especial.
2. Hizo que se preparara una gran fiesta.
3. **Edificó un altar al pie del monte.**
4. Todo lo anterior

4.¿Dónde sacrificaron los jóvenes hijos de Israel a los becerros? (24:4-5)

1. En medio del campamento
2. En el monte
3. **Sobre el altar que Moisés edificó al pie del monte.**
4. Justo en el exterior del campamento junto al desierto

5.¿Cuántas veces dijo el pueblo que haría todas las palabras que Jehová había dicho? (24:3,7)

1. Una vez
2. **Dos veces**
3. Tres veces
4. Cuatro veces

6.¿Qué roció Moisés sobre el altar y el pueblo? (24:6,8)

1. **Sangre**
2. Agua
3. Maná
4. Leche

7.¿Quién leyó el libro del pacto al pueblo? (24:7)

1. Aaron
2. **Moisés**
3. Dios
4. Los ancianos

8.¿Qué les pasó a los líderes cuando vieron a Dios en el monte? (24:11)

1. Estaban cegados.
2. **Comieron y bebieron.**
3. Se quedaron dormidos.
4. Cantaron y oraron.

9.¿Qué le daría Jehová a Moisés cuando subiera al monte con Josué? (24:12-13)

1. Un nuevo bastón.
2. La capacidad de hacer más milagros
3. **Tablas de piedra, la ley y los mandamientos.**
4. Todo lo anterior

10.¿Qué sucedió cuando Moisés entró en la nube en el monte? (24:14, 17-18)

1. Se quedó cuarenta días y cuarenta noches.
2. Los hijos de Israel vieron lo que parecía un fuego abrasador en la cumbre del monte.
3. Los ancianos debían esperar a Josué y Moisés.
4. **Todo lo anterior**

LECCIÓN 16: PREGUNTAS (NIVEL BÁSICO)

1. ¿Qué deberían tomar los hijos de Israel para Jehová? (25:1-2)
   1. Maná
   2. **Una ofrenda**
   3. Ambas respuestas son correctas.

2. ¿Cuáles eran algunas de las ofrendas que debían tomar los hijos de Israel? (25: 3-6)
   1. Oro y plata
   2. Pelo de cabras y aceite para el alumbrado
   3. **Ambas respuestas son correctas.**

3. ¿Dónde planeaba morar Jehová? (25:8)
   1. En Egipto
   2. En el monte lejos de los hijos de Israel
   3. **En medio de ellos**

4. ¿Cuál era el nombre del santuario que el pueblo iba a hacer para Jehová? (25: 8-9)
   1. **El tabernáculo**
   2. El lugar de descanso
   3. La casa de Dios

5. ¿Cómo sabrían Moisés y el pueblo las reglas para construir el Tabernáculo y las cosas que iban en él? (25:9)
   1. Moisés crearía el patrón.
   2. **Jehová les mostraría el diseño.**
   3. Ambas respuestas son correctas.

6. ¿De qué iba a estar hecha el arca? (25:10)
   1. Piedra
   2. Ladrillos
   3. **Madera de acacia**

7. ¿Con qué se cubriría el arca? (25:11)
   1. Plata
   2. Bronce
   3. **Oro**

8. ¿Cómo se cargaría el arca? (25:14)
   1. **Con varas**
   2. En un carrito
   3. En las manos de los hijos de Dios

9. ¿Dónde deberían quedar los querubines en la cubierta del arca? (25:18)
   1. En el medio
   2. **En los extremos**
   3. La Biblia no dice.

10. ¿Qué necesitaban poner dentro del arca? (25:21)
    1. **El testimonio**
    2. Objetos de Egipto como recordatorios de cómo Dios los rescató
    3. Ambas respuestas son correctas.

LECCIÓN 16: PREGUNTAS (NIVEL AVANZADO)

1.¿Quién debía tomar una ofrenda para Jehová? (25:1-2)
1. Setenta de los ancianos solamente
2. **Todo varón que la diere de su voluntad, de corazón.**
3. Solo Aarón y sus hijos
4. Todo el mundo estaba obligado a dar algo.

2.¿Qué quería Jehová que los hijos de Israel hicieran con todas las cosas que dieron? (25:8)
1. Que levantaran un monumento para recordar siempre lo que Dios hizo por ellos en el desierto.
2. Que le hicieran una estatua de lo que vieron los ancianos cuando estaban en el monte.
3. **Que le hicieran un santuario para su habitación.**
4. Todo lo anterior

3.¿Cómo sabrían los hijos de Israel el aspecto que debería tener el Tabernáculo y sus utensilios? (25:9)
1. Moisés y Aarón crearían el diseño.
2. **Jehová les mostraría el diseño.**
3. Los ancianos del pueblo lo diseñarían.
4. Debían copiar el patrón de un templo egipcio.

4.¿Cómo era el arca? (25:10-13)
1. **Estaba hecha de madera de acacia cubierta de oro y tenía anillos en sus cuatro esquinas.**
2. Estaba hecha de oro puro y tenía anillos en la parte superior.
3. Era de oro y plata sobre madera de acacia y no tenía anillos.
4. Era de oro con anillos de plata a los lados.

5.¿Por qué el arca necesitaba anillos de oro? (25:12-16)
1. Se pondrían velas en los anillos como ofrenda.
2. Se pondrían cadenas de oro en los anillos para jalar el arca.
3. El pueblo sostendría el arca de los anillos para cargarla.
4. **Se colocarían varas en los anillos para levantar y llevar el arca.**

6.¿Dónde pondría Moisés el Testimonio que Dios le iba a dar? (25:16)
1. **En el arca**
2. Sobre la mesa
3. En una cueva
4. En el monte

7.¿Qué se colocó en cada extremo de la cubierta del arca? (25:19-20)
1. Toros sagrados
2. **Querubines con las alas extendidas, sus rostros el uno enfrente del otro.**
3. Águilas con las alas plegadas
4. Ninguno de los anteriores

8.¿Qué debía poner Moisés encima del arca? (25:21)
1. **El propiciatorio**
2. El arca del Testimonio
3. La jarra de maná
4. Un poco de oro de Egipto

9.¿Cómo obtendría Moisés el testimonio del arca? (25:21)
1. **Dios se lo daría.**
2. Aparecería en la mañana.
3. Aaron lo escribiría.
4. Ya lo tenía.

10.¿Dónde se reuniría Jehová con Moisés y para darle sus mandamientos? (25:22)
1. **Sobre el arca entre los dos querubines**
2. Cerca del altar donde se hicieron las ofrendas
3. En el desierto
4. En sus sueños

LECCIÓN 17: PREGUNTAS (NIVEL BÁSICO)

1. ¿De qué estaba hecha la mesa? (25:23-24)
   1. Madera de gofer
   2. **Madera de acacia**
   3. Bronce

2. ¿Qué debía estar sobre la mesa continuamente? (25:30)
   1. Maná
   2. **El pan de la proposición**
   3. Ambas respuestas son correctas.

3. ¿De qué estaba hecho el candelero? (25:31)
   1. Bronce puro
   2. Plata pura
   3. **Oro puro**

4. ¿Cómo alzarían el tabernáculo? (26:30)
   1. **Conforme al modelo que Dios le mostró a Moisés en el monte**
   2. Conforme al modelo que Moisés mostró a los ancianos de Egipto
   3. Conforme al modelo que Jetro le mostró a Moisés en Madián

5. ¿Qué estaba separando el velo? (26:33)
   1. El arca del testimonio del pan de la proposición
   2. **El lugar santo del lugar santísimo**
   3. Ambas respuestas son correctas.

6. ¿Qué había en el lugar santísimo? (26:34)
   1. El arca del testimonio
   2. El propiciatorio
   3. **Ambas respuestas son correctas.**

7. ¿De qué estaban hechos los utensilios del altar? (27:3-6)
   1. Plata
   2. **Bronce**
   3. Oro

8. ¿Quiénes iban a servir a Dios como sacerdotes? (28:1)
   1. Aarón, Nadab y Abiú
   2. Eleazar e Itamar
   3. **Ambas respuestas son correctas.**

9. ¿Qué debían vestir los sacerdotes? (28:2-4)
   1. **Vestiduras sagradas**
   2. Sandalias doradas
   3. Ambas respuestas son correctas.

10. ¿Qué tipo de hombres calificados harían las vestiduras de los sacerdotes? (28:3)
    1. Los que hacían la ropa de los sacerdotes egipcios.
    2. **Aquellos a quienes Jehová les había llenado de espíritu de sabiduría.**
    3. Ambas respuestas son correctas.

LECCIÓN 17: PREGUNTAS (NIVEL AVANZADO)

1.¿Qué debía estar sobre la mesa continuamente? (25:30)

1. El aceite para el alumbrado
2. **El pan de la proposición**
3. Una fuente de bronce
4. La jarra de plata

2.¿Qué muebles había en el tabernáculo? (26: 33-35; 27:20-21; 30: 1, 6)

1. Solo el arca del Testimonio
2. El arca y el propiciatorio sobre el arca
3. El arca, la mesa y el altar del incienso.
4. **El arca del testimonio, la mesa, las lámparas, y el altar del incienso.**

3.¿Qué se pondría sobre el altar? (27:1-6)

1. Oro
2. Plata
3. **Bronce**
4. Todo lo anterior

4.¿Qué rodeaba al tabernáculo? (27:6)

1. Un atrio
2. Cortinas
3. Postes y bases
4. **Todo lo anterior**

5.¿Qué separaba el lugar santo del lugar santísimo? (26:31,33)

1. El arca del Testimonio
2. **Un velo**
3. Una fuente de bronce para lavarse
4. Candeleros de oro

6.¿Quién mantendría las lámparas encendidas desde la tarde hasta la mañana? (27:20-21)

1. Moisés y Josué
2. Los líderes de las doce tribus
3. Los ancianos
4. **Aarón y sus hijos.**

7.¿Qué les daría a Aarón y a sus hijos dignidad y honor? (28:2,4)

1. Planificar el acabado del tabernáculo
2. Hacer los muebles para el tabernáculo
3. **Vestiduras sagradas hechas especialmente para ellos.**
4. Mantener las lámparas encendidas

8.¿Cómo obtuvieron los sacerdotes sus vestiduras sagradas? (28:3-4)

1. Jehová dio a las mujeres capacitadas la sabiduría para hacer las vestiduras.
2. Moisés las trajo de Egipto.
3. **Jehová dio a los hombres la llenura del espíritu santa y sabiduría para hacerlos.**
4. Dios se los dio a Moisés en el monte Sinaí.

9.¿Dónde estaba colocada la fuente de bronce para lavarse? (30:18)

1. Entre los candeleros y la mesa
2. **Entre el tabernáculo de la reunión y el altar**
3. Entre el arca del Testimonio y el velo
4. Entre el altar del incienso y la entrada

10.¿Cuándo debían lavarse Aarón y sus hijos con el agua en la fuente de bronce? (30:19-21)

1. **Siempre que entraran al tabernáculo de reunión o se acercaran al altar**
2. Antes de entrar al patio
3. Siempre que entraran al tabernáculo de la Presencia
4. Siempre que terminaran su trabajo

LECCIÓN 18: PREGUNTAS (NIVEL BÁSICO)

1.¿Cuándo le pidió el pueblo a Aarón que les hiciera dioses? (32:1)
   1. Tan pronto como Moisés subió al monte
   2. Tan pronto como Moisés se perdió de vista
   3. **Después de que Moisés tardaba en descender del monte.**

2.¿Qué les dijo Aarón a los hijos de Israel que le trajeran? (32:2)
   1. Sus collares de plata
   2. **Sus zarcillos de oro**
   3. Sus brazaletes de bronce

3.¿Qué edificó Aarón delante del becerro? (32:5)
   1. **Un altar**
   2. Escaleras
   3. Ambas respuestas son correctas.

4.¿Qué hicieron los hijos de Israel después de presentar ofrendas al becerro? (32:6)
   1. Se sentaron a comer y beber.
   2. Se levantaron a regocijarse
   3. **Ambas respuestas son correctas.**

5.¿Por qué le dijo Jehová a Moisés que descendiera del monte? (32:7)
   1. Porque Moisés había completado su obra
   2. **Porque el pueblo se había corrompido**
   3. Porque Moisés necesitaba descansar

6.¿Qué dijo Jehová que los hijos de Israel habían hecho de pronto? (32:8)
   1. **Apartarse de camino que Dios les mandó**
   2. Obedecerle todos sus mandamientos
   3. Ambas respuestas son correctas.

7.¿A quién quería Jehová convertir en una gran nación? (32:10)
   1. Aaron
   2. **Moisés**
   3. Joshua

8.¿Qué le pidió Moisés a Jehová que acordara? (32:13)
   1. **El pacto que juró a Abraham, Isaac e Israel**
   2. Tiempos del pasado en que el pueblo obedecía
   3. Ambas respuestas son correctas.

9.¿Cuándo arrojó Moisés las tablas de sus manos? (32:19)
   1. Cuando vio el becerro
   2. Cuando vio las danzas
   3. **Ambas respuestas son correctas.**

10.¿A quién le pidió Moisés que viniera a él cuando vio al pueblo desenfrenado? (32:25-26)
   1. **Quienes estaban por Jehová**
   2. Quienes estaban quietos
   3. Quienes todavía tenían aretes de oro

LECCIÓN 18: PREGUNTAS (NIVEL AVANZADO)

1.¿Qué le pidió el pueblo que hiciera a Aarón? (32:1)

1. Un nuevo altar
2. Un tabernáculo más grande
3. **Dioses**
4. Todo lo anterior

2.¿En qué forma hizo Aarón la imagen? (32:4)

1. En forma de una serpiente
2. **En forma de un becerro**
3. En forma de las pirámides
4. En forma del monte Sinaí

3.¿Cómo celebró el pueblo la fiesta del becerro? (32:6)

1. Madrugaron.
2. Presentaron holocaustos y otras ofrendas.
3. Comieron, bebieron y se levantó a regocijarse.
4. **Todo lo anterior**

4.¿A quién quería consumar Jehová? (32:7-10)

1. Aaron y sus hijos
2. Solo los levitas
3. **Todo el pueblo**
4. Josué y Caleb

5.¿Por qué le pidió Moisés a Jehová que acordara su pacto? (32: 10-13)

1. 1. Para que Jehová no se encendiera su furor contra su pueblo.
2. Para evitar las burlas de los egipcios
3. Para que Jehová no consumara el pueblo.
4. **Todo lo anterior**

6.¿Cuáles eran las tablas que Moisés tenía en sus manos cuando descendió del monte? (32: 15-16)

1. Tablas de la profecía
2. **Tablas del testimonio**
3. Tablas del pacto de Abraham
4. Tabletas de oro.

7.¿Qué hizo Moisés con las tablas cuando vio el becerro y la danza? (32:19)

1. Se las dio a Joshua para que los sostuviera.
2. Se las dio a Aarón para que los leyera al pueblo.
3. **Las arrojó al pie del monte.**
4. Las llevó de regreso a la montaña.

8.¿Qué hizo Moisés con el becerro de oro? (32:20)

1. Lo quemó.
2. Lo molió hasta reducirlo a polvo.
3. Lo esparció sobre las aguas y lo dio a beber a los hijos de Israel.
4. **Todo lo anterior**

9.¿Qué dijo Moisés que había hecho Aarón? (32:21)

1. Que había traído destrucción al pueblo
2. Que había retrasado su entrada a la Tierra Prometida
3. **Que había traído sobre el pueblo tan gran pecado**
4. Que le enseñó al pueblo una lección importante

10.¿Qué le dijo Moisés al pueblo que haría por ellos? (32:30)

1. **El subiría el monte y trataría de aplacar a Jehová acerca del pecado de pueblo.**
2. Trataría de encontrar un camino más corto a Canaán.
3. Intentaría encontrar más oro
4. Todo lo anterior

LECCIÓN 19: PREGUNTAS (NIVEL BÁSICO)

1.¿Qué le dijo Jehová a Moisés que hiciera? (34:1)
   1. Una nueva vara para caminar
   2. **Dos tablas de piedra**
   3. Ambas respuestas son correctas.

2.¿A dónde le dijo Jehová a Moisés que fuera después de hacer las tablas? (34:2)
   1. **Al monte de Sinaí**
   2. Al Mar Rojo
   3. Al campamento israelita

3.¿Quién vino y se paró con Moisés en el monte? (34:5)
   1. Aaron
   2. Joshua
   3. **Jehová**

4.¿Cómo se describió Jehová a sí mismo? (34: 6-7)
   1. El Dios tardo para la ira
   2. El Dios misericordioso
   3. **Ambas respuestas son correctas.**

5.¿Qué declaró Jehová que vería el pueblo? (34:10)
   1. Las obras maravillosas que haría Moisés
   2. **Las obras maravillosas que haría Jehová**
   3. Ambas respuestas son correctas.

6.¿Qué le dijo Jehová a Moisés que no debía hacer? (34:12-14)
   1. No hacer una alianza con los moradores de la tierra donde había de entrar.
   2. No inclinarse a ningún otro dios
   3. **Ambas respuestas son correctas.**

7.¿Cuántos días dijo Jehová que los hijos de Israel deberían trabajar? (34:21)
   1. Cinco días
   2. **Seis días**
   3. Siete días

8.¿Cuánto tiempo estuvo Moisés en el monte? (34:28)
   1. **Cuarenta días y cuarenta noches**
   2. Cuatro días y cuatro noches
   3. Catorce días y catorce noches

9.¿Qué le pasó al rostro de Moisés después de hablar con Jehová? (34:29)
   1. Su rostro era joven otra vez.
   2. Sus arrugas habían desaparecido.
   3. **Su rostro resplandecía.**

10.¿Cómo respondieron los hijos de Israel cuando vieron el rostro resplandecido de Moisés? (34:30)
   1. **Tenían miedo de acercarse a él.**
   2. Se rieron de él.
   3. Le pidieron que explicara lo sucedido.

LECCIÓN 19: PREGUNTAS (NIVEL AVANZADO)

1.¿Qué le dijo Jehová a Moisés que hiciera antes de subir el monte Sinaí? (34:1-4)

1. Ora durante tres días
2. **Alisa dos nuevas tablas de piedra.**
3. No comas ni bebas durante tres días
4. Todo lo anterior

2.¿Que haría el pueblo frente al monte al subir Moisés para presentarse a Jehová? (34:3)

1. Nadie debía subir con Moisés.
2. Nadie debía aparecer en todo el monte.
3. Ningún rebaño debía pastar delante del monte.
4. **Todo lo anterior**

3.¿Qué dijo Dios acerca de sí mismo cuando se encontró con Moisés en el monte? (34:6-7)

1. Es misericordioso y tardo para la ira.
2. Es fuerte y piadoso.
3. De ningún modo tendrá por inocente al malvado.
4. **Todo lo anterior**

4.¿Qué le pidió Moisés a Jehová que hiciera? (34:9)

1. Que iniciara un nuevo linaje a través de Moisés.
2. **Que perdonara el pecado del pueblo y lo tomara por su heredad.**
3. Que castigara a los culpables con una plaga
4. Todo lo anterior

5.¿Qué dijo Jehová que el pueblo vería? (34:10)

1. Cuán hermosa es la obra que Jehová hará por ti
2. Cuán asombrosa es obra que Jehová hará por ti
3. **Cuán maravillosa es obra que Jehová hará por ti**
4. Todo lo anterior

6.¿Qué pasaría con los amorreos, cananeos y jebuseos? (34:11)

1. **Serían echados de delante del pueblo por Jehová.**
2. Serían acabados con una plaga.
3. Vivirían entre los hijos de Israel y aprenderían a adorar a Jehová.
4. Todo lo anterior

7.¿Qué dijo Jehová que los hijos de Israel no deberían hacer con los moradores de la tierra? (34:12)

1. Casarse con ellos
2. Hablar con ellos
3. Vivir cerca de ellos
1. **4.Hacer alianzas con ellos**

8.¿Qué le dijo Jehová a Moisés que escribiera mientras estaba en el monte? (34:27)

1. Instrucciones para construir el tabernáculo
2. **Instrucciones para el pacto que hizo con Moisés y con Israel**
3. Instrucciones para derrotar a los enemigos de Israel.
4. Instrucciones para viajar a la tierra prometida

9.¿Qué iban a hacer los hijos de Israel con los altares, estatuas e imágenes de los moradores de la tierra? (34:13)

1. Construir el altar de Dios sobre ellos
2. **Derribarlos y quebrarlos**
3. Ignorarlos
4. Adorar a Dios en ellos

10.¿Por qué Aarón y los hijos de Israel tenían miedo de acercarse a Moisés? (34:29-30)

1. Porque Moisés estaba enojado.
2. Porque Moisés estaba cegado.
3. **Porque su rostro resplandecía.**
4. Porque estaba parado demasiado cerca del monte.

LECCIÓN 20: PREGUNTAS (NIVEL BÁSICO)

1.¿Qué debía hacer Moisés el primer día del mes primero? (40:2-3)
   1. Levantar el tabernáculo
   2. Poner el arca en el tabernáculo
   3. **Ambas respuestas son correctas.**

2.¿Qué iba a usar Moisés para lavar a Aarón y a sus hijos? (40:12)
   1. Sangre
   2. **Agua**
   3. Ambas respuestas son correctas.

3.¿Quiénes iban a servir como sacerdotes? (40: 13-15)
   1. **Aaron y sus hijos**
   2. Moisés y Josué
   3. Ambas respuestas son correctas.

4.¿Qué ofreció Moisés en el altar del holocausto? (40:29)
   1. Ofrendas
   2. Holocaustos
   3. **Ambas respuestas son correctas.**

5.¿Dónde puso Moisés la fuente? (40:30)
   1. **Entre el tabernáculo de la reunión y el altar**
   2. Encima de la mesa en el tabernáculo
   3. Junto al arca del testimonio

6.¿Para qué usaron Aarón y sus hijos la fuente? (40:31)
   1. **Para lavarse las manos y los pies**
   2. Para lavar las ofrendas
   3. Ambas respuestas son correctas.

7.¿Cuándo usaron Aarón y sus hijos la fuente para lavarse? (40:32)
   1. Cuando entraban en el tabernáculo de reunión
   2. Cuando se acercaban al altar
   3. **Ambas respuestas son correctas.**

8.¿Dónde erigió Moisés el atrio? (40:33)
   1. En medio del tabernáculo
   2. **Alrededor del tabernáculo y el altar**
   3. Entre el tabernáculo y el altar

9.¿Qué llenó el tabernáculo? (40:34)
   1. **La gloria de Jehová**
   2. Una niebla ardiente
   3. Toques de trompeta

10.¿Qué estuvo a la vista de todos los hijos de Israel en todas sus jornadas? (40:38)
   1. El espíritu de Moisés
   2. **La nube o el fuego de Jehová**
   3. Ambas respuestas son correctas.

LECCIÓN 20: PREGUNTAS (NIVEL AVANZADO)

1. ¿A quién se le dijo que levantara el tabernáculo? (40:1-2)

    1. Aaron
    2. **Moisés**
    3. Los hijos de Israel
    4. Los hijos de Aarón

2. ¿Dónde iban a lavarse Aarón y sus hijos? (40:12)

    1. **A la puerta del tabernáculo de reunión**
    2. Dentro del tabernáculo de reunión
    3. Dentro del atrio
    4. Fuera del atrio

3. ¿Qué se requería de Aarón antes de que pudiera servir a Dios como sacerdote? (40:13)

    1. Tenía que presentarse a Moisés.
    2. Tenía que subir al monte Sinaí.
    3. **Tenía que ser vestido con las vestiduras sagradas, ungido y consagrado.**
    4. Tenía que ser bautizado.

4. ¿Cómo se prepararon los hijos de Aarón para la unción? (40:12, 14-15)

    1. Fueron lavados
    2. Estaban vestidos con túnicas
    3. Estaban ungidos
    4. **Todo lo anterior**

5. ¿Qué lograría la unción de Aarón y sus hijos? (40:15)

    1. Serían ungidos en un club secreto.
    2. Se convertirían en mejores amigos para siempre.
    3. **Les servirá por sacerdocio perpetuo, por sus generaciones**
    4. Nunca más tendrían que hacer tareas desagradables.

6. ¿Cómo ofreció Moisés holocaustos y ofrendas? (40:29)

    1. De la misma manera que lo había hecho en Madián
    2. Con muchas canciones y bailes especiales
    3. **Como Jehová le había mandado**
    4. Con un corazón atormentado

7. ¿Qué puso Moisés en la fuente? (40:30)

    1. Agua para beber.
    2. Sangre de los sacrificios
    3. El pan de la proposición
    4. **Agua para lavar**

8. ¿Por qué no pudo Moisés entrar en el tabernáculo de reunión? (40:35)

    1. **La gloria de Jehová lo llenó.**
    2. No tenía sacrificio de animales.
    3. Dios estaba enojado con él.
    4. Todo lo anterior

9. ¿Qué había sobre el tabernáculo? (40:38)

    1. Una cubierta
    2. **Una nube o fuego**
    3. Una tormenta
    4. Todo lo anterior

10. ¿Qué vio toda la casa de Israel durante todas sus jornadas? (40:38)

    1. El monte de Dios
    2. El mar rojo
    3. **La nube o fuego de Jehová**
    4. La estrella de David

Tabla de Puntaje

Nombre de Iglesia/Equipo: _____

Instrucciones: En el nivel inicial de MEBI se usan 15 preguntas, en el avanzado se usan 20 preguntas. Lee las reglas y apégate a ellas.

Nombres: Vuelta 1	1	2	3	4	5	6	7	8	9	10	11	12	13	14	15	16	17	18	19	20	Total
Puntos adicionales del equipo																					
Puntaje total del equipo																					

Nombres: Vuelta 1	1	2	3	4	5	6	7	8	9	10	11	12	13	14	15	16	17	18	19	20	Total
Puntos adicionales del equipo																					
Puntaje total del equipo																					

Nombres: Vuelta 1	1	2	3	4	5	6	7	8	9	10	11	12	13	14	15	16	17	18	19	20	Total
Puntos adicionales del equipo																					
Puntaje total del equipo																					

IGLESIA DEL NAZARENO MESOAMÉRICA

SE COMPLACE EN PRESE
EL PRESENTE CERTIFICA

POR HABER COMPLETADO SATISFACTORIAMENTE EL ESTUDIO BÍBLICO PARA NIÑOS

Y VOSOTROS ME SERÉIS UN REINO DE SACERDOTES, Y GENTE SANTA. ÉXODO 19:6A

PASTOR   COACH